本书出版受浙江省哲学社会科学规划重大课题
"创意设计融合智能技术提升新经济新动能的实现路径研究"
（21XXJC01ZD）资助

罗仕鉴　朱媛　田馨◎著

新经济
新设计
新动能

数智创意提升新经济新动能

NEW ECONOMY　　NEW DESIGN　　NEW MOMENTUM

DIGITAL CREATIVITY PROMOTES
NEW ECONOMY AND NEW MOMENTUM

浙江大学出版社

·杭州·

图书在版编目（CIP）数据

新经济　新设计　新动能：数智创意提升新经济新动能 / 罗仕鉴，朱媛，田馨著. -- 杭州：浙江大学出版社，2024.6. -- ISBN 978-7-308-25091-7

Ⅰ．F121.3-39

中国国家版本馆CIP数据核字第2024VW2806号

新经济　新设计　新动能：数智创意提升新经济新动能
罗仕鉴　朱　媛　田　馨　著

策划编辑	吴伟伟
责任编辑	陈思佳（chensijia_ruc@163.com）
责任校对	宁　檬
封面设计	雷建军
出版发行	浙江大学出版社
	（杭州市天目山路148号　邮政编码310007）
	（网址：http://www.zjupress.com）
排　　版	杭州林智广告有限公司
印　　刷	杭州宏雅印刷有限公司
开　　本	710mm×1000mm　1/16
印　　张	19.75
字　　数	305千
版 印 次	2024年6月第1版　2024年6月第1次印刷
书　　号	ISBN 978-7-308-25091-7
定　　价	98.00元

版权所有　侵权必究　　印装差错　负责调换

浙江大学出版社市场运营中心联系方式：0571-88925591；http://zjdxcbs.tmall.com

前 言
FOREWORD

随着信息时代的不断发展变化，新一轮科技革命和产业变革正在创造历史性的机遇，当下人类社会正由信息时代逐渐步入人工智能 2.0 时代。世界也从二元空间（"物理—人类"空间）演变为三元空间（"信息—物理—人类"空间）。随着社会的变迁，产业与经济模式也在发生变化，新经济的概念正是在这种背景下提出的。

"新经济"这一新名词最早出现在美国的《商业周刊》上，特指在经济全球化背景下，信息技术（IT）革命以及由信息技术革命带动的、以高新科技产业为龙头的经济高速发展的经济现象。2016 年的《政府工作报告》提出了新经济的概念。新经济覆盖面广泛，不仅仅指第三产业中的互联网、物联网、云计算等新兴产业和业态，还涉及第一、二、三产业中与技术融合的产业和业态，以及各产业和业态的融合发展等。自党的十八大以来，党中央做出了我国经济进入新常态的判断，面临新旧动能转换的节点，提出了创新、协调、绿色、开放、共享的新发展理念。我国经济已由高速增长阶段转向高质量发展阶段，在实现经济转型和产业升级的过程中，新技术能否形成新动能，新动能能否带动新经济，是政府部门、产业界和学术界普遍关心的问题。

新经济是以科技创新为核心的新结构和新形态，但也不完全是一种经济现象或技术现象，而是一种由技术到经济的演进范式、虚拟经济和实体经济逐渐生成联结的经济形态。在这种演进和联结的过程中，创意设计作为高知识性、高附加值的创新活动发挥着重要作用。一直以来，创意设计不仅创造了品类多样的新产品、新工艺、新装备、新的服务方式，同时也创新和提升了产品的应用功能、质量效益、品牌信誉，创造了市场价值与经济价值。

在新的智能时代，数字化、网络化、智能化通过在线实时的方式深度融合了全球创新资源，造就了设计制造、经营服务、消费应用的新生态；信息互联网络、人工智能、深度学习、超级材料和生物材料、3D 打印、智能制造等核心技术的突破，为设计创新提供了新手段。当下，网络交互设计、群智协同设计、3D + X·VR/AR 设计等成为新方式；设计智能工具软件与体系、数据/算法驱动设计、智慧控制/嵌入软件、区块链技术保护知识产权等成为新热点；设计创新云平台、产业云生态、经营服务新业态成为新前沿。

在三元空间和数字经济时代，创意设计如何以场景体验的创新推进实现模式、产业与业态的更新，从而推进社会、环境和产业的可持续发展，构建新时代经济发展的新动能，是摆在设计研究人员面前的重要问题。创意设计与智能新技术的融合，形成了一种新的设计形态，我们可以称之为智能创意设计（intelligent creative design，ICD）。智能创意设计不仅为新时代带来新的模式、产业和业态，也为新时代新经济注入新动能。创意设计与智能技术的融合已经成为新时代不可阻挡的趋势，也是新时代激发新经济新动能的重要力量。

新设计在当今社会中扮演着至关重要的角色，为新经济注入了新的动能。随着科技的不断发展和社会的不断变革，新设计不仅是一种创新的方式，还是推动新经济发展的关键力量。本书将分别从时代之变、设计更迭、内外兼修、四维驱动 4 个方面，具体从新经济的背景和环境、创意设计与智能技术融合模式、智能创意设计提升新经济新动能的内生路径和外协路径以及四维动能引擎展开阐述。

一、时代之变

新经济的诞生是由一系列重大的时代变化和发展趋势推动的。随着信息技术、互联网技术、移动通信技术，以及各种智能技术的飞速发展，一场前所未有的技术革命爆发了。互联网的普及和应用、大数据的崛起、云计算和人工智能等新兴技术的兴起，改变了生产、分销、销售和消费的方式，催生了新经济的发展。越来越多的创业公司和初创企业积极寻求新的技术应用场景、新的商业模式、产品和服务，传统行业也积极参与转型升级，共同推动了经济的创新和发展。许多国家通过对科技创新的资金支持、创业孵化器建设、人才引进等积极政策来支持新经济的发展。人们通过对新经济诞生的背景和环境的研究，阐述新经济的概念和内涵，并通过对各国具体的新经济支持政策的研究来发掘新设计助推新经济的支撑点。

二、设计更迭

在过去的几十年里，设计的定义和范畴发生了显著变革。设计的演进不仅映射了社会需求的变迁，亦彰显了创新在当代社会中的核心地位。发展至今，设计不再仅仅关乎外观，而且更加注重体验，面向的产业和应用范围也愈加广泛。新技术的发展一方面为创意设计的展开提供了更便利、更快捷、更智慧的帮助，另一方面也要求创意设计本身不断发展，以适应新技术带来的社会及生产等方面的变革。人们从创意设计在数字时代的新发展、新内涵、新特征等角度，对创意设计与智能技术融合模式进行阐述，构建从融合 1.0 工具阶段到融合 2.0 平台阶段，再到融合 3.0 思维阶段的发展轨迹。

三、内外兼修

新设计不仅仅是形式上的变革，更是一种思维方式和方法论的革新。我们通过智能创意设计提升新经济、新动能的内生、外协两条路径，阐释新时代下，以新设计形态的智能创意设计提升新经济、新动能的模式。内生路径指的是智能化、网络化、数字化为设计产业本身带来内驱力，通过应用新设计资源、强化数据思维、强化平台思维等方式，从主体、技术、业态、模式等方面为设计产业输入新动能；外协路径主要指建立"设计＋科技＋经济"多重学科交叉驱动的创新网络，分别从文化产业、制造产业、信息产业等多领域，以新视野探讨智能创意设计，从而激发新动能。

四、四维驱动

智能创意设计对新经济、新动能的驱动力可以分成 4 个维度——创意性、技术性、文化性、商业性，我们称之为四维动能引擎。创意性就像发动机，提供了创新的灵感和创新的力量，智能创意设计能够大力推动创新发展，助力新经济。技术性是燃料，提供了创意实现的手段，通过各种先进技术工具，使创意成为现实。文化性则是灯塔，指引智能创意设计关注传统，关注多元文化和文化认同，让智能创意设计更具深度和内涵，对新经济的文化价值及社会价值起到提升作用。商业性是目的地，使设计赋能各行各业，并转化为商业机会，在市场中生根发芽，取得成功。四维动能引擎共同构建了智能创意设计的驱动力，为新经济的发展提供了充沛动力。

由此，我们提出了新时代下设计的新发展方向——智能创意设计，其融合了智能技术和创意设计，激发了新经济的新动能。我们作为新设计形态的研究者，在探讨智能创意设计的概念与模式外，进一步通过大量的案例探讨了智能创意设计激发新经济新动能的内生路径与外协路径，并提出了创意性、技术性、文化性、商业性的四维动能引擎，希望借助对新经济背景下发展起来的新设计模式和新动能路径的构建，为新经济的助推、新设计的发展、新动能的激发贡献智慧。

由衷地感谢浙江省哲学社会规划重大课题"创意设计融合智能技术提升新经济新动能的实现路径研究"（21XXJC01ZD）对本书的支持，使得我们对这一领域有了更深入的认识和了解，以便更好地投入到相关的研究与设计工作当中。感谢朱嫒、田馨、于慧伶、顾坚诚、陈安儿、邢天谣、咸煜格等同学的参与和贡献。其中，顾坚诚参与了第一章和第三章的撰写，陈安儿参与了第二章的撰写，朱嫒参与了第四章（一、二、三、四、五）的撰写，田馨参与了第五章（一、二、三）的撰写，咸煜格参与了第四章（六）及第五章（四、五、六）的撰写，邢天谣参与了第六章的撰写，于慧伶参与了第七章的撰写。感谢浙江大学出版社张琛副总经理、吴伟伟主任、陈思佳编辑对本书出版的支持和帮助。

目 录
CONTENTS

第一章　新经济：面向未来的经济形态 / 001
　　一、新经济是什么 / 003
　　二、新经济发展的政策支持 / 010

第二章　新设计：数智时代的设计进化 / 019
　　一、创意设计是什么 / 022
　　二、创意设计的发展 / 023
　　三、新型智能技术的大爆炸 / 032
　　四、创意设计与智能技术的融合进程 / 043

第三章　新动能：智能创意设计撬动新经济 / 065
　　一、智能创意设计与新经济关系模式 / 068
　　二、智能创意设计提升新动能路径 / 075
　　三、智能创意设计赋能产业发展 / 091

第四章　文化新模式：IP引领价值驱动 / 095
　　一、数智时代的文化产业 / 097
　　二、文博与非遗：虚实融合的新体验 / 101
　　三、短视频与直播：文化主体的集体狂欢 / 114
　　四、影视与游戏："IP + 造势" / 128
　　五、旅游与体育：文旅体融合 / 134
　　六、教育与艺术：以文化人 / 145

第五章 制造新业态：线上线下 C2D2M / 159

一、数智时代的制造产业 / 162

二、装备与交通：创新智慧、安全绿色 / 176

三、电子与汽车：智能生活、便利出行 / 190

四、医疗与康养：老有所医、健康生活 / 206

五、家居与家电：个性居所、情趣生活 / 212

六、鞋服与饰品：形象共塑、国潮崛起 / 221

第六章 信息新场景：数据为王 服务至上 / 237

一、数智时代的信息产业 / 239

二、数字社交：随时随地交流 / 244

三、数字办公：在线办公新场景 / 252

四、数字商业：交易新模式 / 256

五、数字健康：个性化精准施治 / 261

六、数字民生：便捷生活新方式 / 263

七、数字治理：智能高效协同 / 265

第七章 四维动能引擎 / 267

一、创新性：优质与多元齐发 / 270

二、技术性：新技术加持创意 / 276

三、人文性：综合赋能社会意义 / 286

四、商业性：创意变现和持续发展 / 292

五、四维引擎动能：不同领域的表现 / 298

第一章
新经济：面向未来的经济形态

CHAPTER 1

> 问渠那得清如许，为有源头活水来。
> ——朱熹《观书有感》

新经济，这一面向未来的经济形态，正借助智能科技与创意设计的融合，展现出勃勃生机。智能科技为新经济注入了无限活力，创意设计则引领着新经济扬帆起航。我们以全新的视角审视这一经济形态，以期解读其背后的奥秘与实现路径。

新经济 新设计 新动能

新经济的兴起与信息科技的飞速发展密不可分，数字化、网络化、智能化则成为新经济的特征。新技术的不断涌现和快速发展，为新经济的兴起提供了强有力的支撑。互联网、物联网、大数据、人工智能等新技术不断取得突破。这些新技术的出现和应用，使得信息的传播和交流变得更加便捷、高效，各种设备和物品都能够相互连接并实现智能化，数据的收集、分析和利用变得更加高效、准确，机器自主学习和自主决策成为可能。这些技术的应用，不仅使得生产效率得到了极大的提高，同时也使得产品和服务的质量得到了提升，从而推动了新经济的崛起。同时，新经济的发展也促进了新技术的研究和开发。新经济的发展需要大量的技术支持和投入，这为新技术的研究和开发提供了广阔的市场与丰富的机会，推动了新技术的不断突破和创新，同时也促进了新技术的研究和开发。

一、新经济是什么

想要推动新经济的发展，则须深刻认识新经济到底代表着什么，从而挖掘其内涵和重要特征。新经济具有典型的时代特征，不同时期、不同发展状况的新经济内涵存在差异性。[1] 我们可以通过了解不同的时代背景和经济形势，来解释新经济的内涵和特征。

---

[1] 黄征学. 到底什么是新经济 [J]. 中国经贸导刊, 2016(31): 41-43.

新经济（new economy）的概念最早出现在美国《商业周刊》1996 年 12 月 30 日发表的《新经济的胜利》一文中。[1] 它是指在经济全球化背景下，信息技术带来的新一轮技术革命以及由此带动的以高新科技产业为代表的经济。新经济具有低失业率、低通货膨胀率、低财政赤字、高增长的特点，被认为是一种持续、快速、健康发展的经济。它不是指经济中的某个板块，而是指一个经济整体。除了高科技产业外，其他传统产业经高科技改造后也会成为新经济的组成部分。有别于以传统工业为支柱、以自然资源为主要依托的工业时代经济形态，新经济是一种以高技术产业为支柱、以智力资源为主要依托的新型经济。

党的十八大以来，党中央、国务院高度重视新经济发展，对新经济的内涵和外延都进行了明确的界定。2014 年，习近平总书记在国际工程科技大会的主旨演讲中指出，未来几十年，新一轮科技革命和产业变革将同人类社会发展形成历史性的交汇，工程科技进步和创新将成为推动人类社会发展的重要引擎。信息技术成为率先渗透到经济社会生活各领域的先导技术，将促进以物质生产、物质服务为主的经济发展模式向以信息生产、信息服务为主的经济发展模式转变。[2]

李克强总理在 2016 年的《政府工作报告》中指出，发展新经济必须培育壮大新动能，要推动新技术、新产业、新业态加快成长，以体制机制创新促进分享经济发展，建设共享平台，做大高技术产业、现代服务业等新兴产业集群，打造动力强劲的新引擎。[3] 新经济包含了第一、二、三产业，涵盖了各种新兴产业部门、各种创新形式以及对传统产业的提升。新经济被视为经济增长和发展的新动力，是中国经济"凤凰涅槃"的希望。新经济运用信息网络等现代技术，推动生产、管理和营销模式的变革，重塑产

---

[1] 胡鞍钢，王蔚，周绍杰，等.中国开创"新经济"——从缩小"数字鸿沟"到收获"数字红利"[J].国家行政学院学报，2016(3):4-13.
[2] 习近平.让工程科技造福人类，创造未来[N].人民日报，2014-06-04(02).
[3] 李克强.政府工作报告——2016 年 3 月 5 日在第十二届全国人民代表大会第四次会议上[J].中国集体经济，2016(8): 14-25.

业链、供应链、价值链，改造提升传统动能，使之焕发新的生机与活力。[①]

国务院印发的《"十三五"国家信息化规划》指出，新经济是以信息技术为基础、以知识和技术为核心、以高新技术产业和创新创业为特征的一种新型经济。

2016年，中国社科院发布的《中国新经济发展报告》将新经济定义为"以互联网、大数据、云计算、物联网等新一代信息技术和新材料、新能源、生物技术、人工智能等新型产业为代表的新经济领域"。

2020年，新冠疫情对制造业、服务业等行业产生了直接或间接的影响，同时也加速了线上商业的发展，越来越多的消费者在家中购物、订餐、远程办公和娱乐，电子商务等线上渠道的营业额大幅增加，线上直播、云会议、电子签名等业态的需求大幅增加，社交媒体、在线教育和数字娱乐等也得到了爆发式的增长。国家统计局于2022年7月6日发布的数据显示，2020年，尽管受到新冠疫情的巨大冲击和严峻复杂国际形势的影响，我国新产业、新业态、新商业模式仍继续保持增长。由此可见，新经济在复杂的市场环境下，具有很强的生命力以及自适应能力。[②]

随着互联网、大数据、物联网、人工智能、区块链、云原生、元宇宙等智能技术的迅猛发展，世界进入了一个崭新的发展阶段。新技术、新模式、新产业层出不穷，构建了新场景。随着国民经济的发展、人们生活水平的提升及个性化需求的增加，智能创意设计能够充分发挥设计引领作用，并充分地将技术应用于实际生产，通过新的产业和新的业态，如"互联网＋"、人工智能、大数据、物联网、新能源等，逐步改变传统产业的生产方式和商业模式，为经济增长注入新活力，提供新动能。

[①] 黄征学.到底什么是新经济[J].中国经贸导刊，2016(31)：41-43.
[②] 参见：《2020年我国"三新"经济增加值相当于国内生产总值的比重为17.08%》（http://www.stats.gov.cn/sj/zxfb/202302/t20230203_1901145.html）。

（一）从传统经济到新经济

新经济概念的提出并不是要颠覆传统概念中的第一、二、三产业的划分，而是将新的信息智能技术融入各个产业，在经济要素中占有逐渐重要的位置，从而改变经济形态。

在第一次产业革命之前，农业经济持续了几千年，人类采用比较落后的生产技术，使用犁、锄、刀、斧等生产工具和马车、木船等交通运输工具，主要从事第一产业——农业，并辅以手工业。尽管在这几千年中科学技术也有一定的发展，生产工具也在不断地改进，但这种生产方式没有质的改变。此时的农业经济要素中的劳动力要素主要指劳动者的体力，因为在当时，人的智力差别不大，劳动力效率主要是对人的体力的评价；生产资料要素则主要是以土地和水为代表的自然资源，经常受到自然灾害、战争瘟疫等影响。对农业经济来说，设计是同步于手工业的创造环节，没有独立的专业人员从事设计，人的智力和技术虽然对设计的优劣有决定性的作用，但由于其作为经济要素的影响有限，所以设计对于农业经济的影响也有限。

自19世纪第一次产业革命爆发后，科学技术取得了巨大的发展，拖拉机、机床等取代了农业及手工业生产工具，汽车、轮船、飞机替代了马车等交通工具，生产效率得到了极大提升。科学技术对经济产生重大影响，成为重要的经济要素。劳动力要素受科学技术的影响，产生了个体间的差异，有了更细的专业和职业分野。生产资料要素也从单纯的土地和水等自然资源，扩展到铁矿石、煤、石油等自然资源，并开始制约经济发展。产业形式也在第一产业以外拓展出第二产业——工业，随着工业化进程的不断推进，第三产业——服务业也慢慢形成、发展。现代设计在工业化的发展进程中发轫，并逐渐壮大成熟，形成了专门的学科和职业，并细分出各种设计门类。设计与工业生产关系紧密，是一种为使用者和生产者双方的利益服务，针对产品的外形、功能和使用价值的创造性活动。人们通常在产品制造前期进行产品设计，在产品制造后进行产品的营销设计，如包装、广告等设计，以提升产品的附加价值。这也是工业经济时代存在的"微笑曲线"（smiling curve）所描述的经济现象。

自1998年，英国政府正式提出创意经济的概念，发展创意产业就被发达国家提升到发展的战略层面。创意设计伴随创意经济的产生与发展，服务于第一、二、三产业，以创意为核心进行价值创造。就经济要素而言，创意经济更依赖于劳动力要素中的智力资源以及科学技术要素，而且对生产资料中的自然资源的依赖不像传统农业经济或工业经济这么强。所以创意设计作为重要的智力资源，应用科学技术要素作为智力增值的重要手段，都对创意经济有着重要影响。

虽然《新经济的胜利》中提到了新经济这一新概念，但新的经济形态跟随新的技术产生，并没有冠以某个技术的名称。这也正是由于技术发展迅猛且日新月异，无法用一个固定的技术称谓去描述或定义这种新的经济形态。这种从20世纪90年代开始出现的、由经济全球化和信息技术革命推动的、以高新技术产业为龙头的高度繁荣的经济现象就被定义为新经济。1998年，凯文·凯利在《新经济新规则》（New Rules for the New Economy）一书中指出，新经济就是关于通信的经济，随之诞生的互联网思维颠覆了传统的经济规则。[①]

（二）新经济的"六新"

新经济由新技术、新主体、新产业、新业态、新商业模式和新生产要素构成，成为推动我国经济发展的新动力。新经济以技术创新为引领，以创新者为主体，以新产业、新业态、新商业模式为核心，主要以数据、人才和资本等新生产要素为支撑。创新驱动发展战略推动了我国创新能力不断增强，将创意设计与智能技术相结合，促进了诸多新产业、新业态和新

[①] 凯文·凯利. 新经济新规则[M]. 刘仲涛，等译. 北京：电子工业出版社，2014:3.

商业模式的繁荣发展。随着社会进步，多样化和个性化的需求不断涌现。为适应这些需求，提高供给质量变得至关重要，并逐渐成为高质量发展的强大驱动力。在这一过程中，政府和企业需不断创新，以实现可持续、高质量的经济增长。

新技术是新经济的基础，包括人工智能、大数据、云计算、物联网、区块链等。这些新技术的应用与创新改变了传统产业的生产方式和商业模式，提高了生产效率和质量，并推动了新产品和新服务的涌现。新技术的引入提高了生产效率，通过自动化、智能化和数字化等手段，实现了资源的更好利用，降低了成本，推动了经济的增长。此外，新技术催生了创新的浪潮，为企业提供了创新工具和方法，推动了市场竞争力的提升。

新经济的发展促使新主体诞生。经济主体从传统企业转变为由新兴企业、科研机构和政府等多方面的角色形成的多元化新主体体系。这种变化为新经济的创新发展提供了更广泛的参与和支持，推动了创新的持续涌现和经济的可持续增长。新兴企业和创业者以技术创新与商业模式创新为核心，敏捷、灵活地适应市场需求，推动了经济结构的转型和升级。传统企业为了适应新的经济环境，提升市场竞争力，开始加大科技创新投入，引入新技术和新业务模式，推动企业转型升级。科研机构和高等院校发挥着重要的科技创新和人才培养作用。它们开展前沿科学研究，推动技术的突破和创新，为新经济的发展提供源源不断的科技支持和人才支持。政府通过制定创新政策和提供相应的扶持措施，推动创新企业的发展和创新生态的建设。同时，政府还积极培育创新创业氛围，搭建创新交流平台，推动创新资源的聚集和共享。

新产业是指基于互联网、物联网、云计算、人工智能、大数据、5G等新科技成果和新智能技术而形成的新型经济活动。新产业是新经济发展的引擎。首先，新产业的发展促进了经济结构的优化，推动了传统产业的转型与升级。其次，新产业的快速发展带来了新的就业机会和创新机会，提供了更多的就业岗位。最后，新产业的发展还推动了科技创新和知识产权保护，提升了国家的技术实力和竞争力。具体表现为：新技术应用于产业化直接催生的新产业，我们可以称之为智能产业化；传统产业采用新兴智能技术所转型的新产业，我们可以称之为产业智能化。新产业产生新动能，新动能引领新经济，新经济支撑经济发展。

新业态是指适应多元化、多样化和个性化的产品或服务需求，依靠技术创新和应用，在现有产业和领域中衍生出的新环节、新链条和新活动形态。① 基于不同产业间的组合，企业内部价值链和外部产业链环节的分化、融合，行业跨界的整合，以及嫁接信息及互联网技术所形成的新型企业、商业乃至产业的组织形态，在线零售、共享出行、在线教育、远程办公等新业态涌现而出，通过数字化和互联网技术改变了传统行业的商业模式，提供了更加便捷与个性化的产品和服务，满足了消费者多样化的需求。

新商业模式是指为了实现用户价值和企业持续赢利的目标，对各种内、外要素进行整合和重组，形成的高效且具有独特竞争力的商业运营模式。② 传统的商业模式以货币和商品的等价交换为基础。新经济发展过程中，免费经济、意向经济、方案经济、功能经济、社交经济和分享经济等新商业模式快速崛起，占领了市场，为消费者提供了新的交换模式。新模式具体表现为，将智能技术与产业创新相融合，将硬件服务与软件服务相结合，以及提供一站式的消费、娱乐、休闲和服务，等等。以共享经济模式为例，企业通过共享资源和服务，实现资源的最大限度利用和效率提升，如共享出行、共享办公空间、共享租房等。

新经济涌现了一些新生产要素，如数据、人才和资本。数据成为新经济的重要生产要素和核心资源，人才成为推动创新和提高竞争力的关键因素，资本为新经济的发展提供了必要的支持和动力。大数据、云计算、人工智能等技术的快速发展，为数据的收集、存储、处理和分析提供了更好的手段。数据的广泛应用使得企业能够更好地了解市场需求、消费者行为、

---

① 尹波. "三新"经济统计工作的探索实践与思考 [J]. 浙江经济, 2023(4): 51-53.
② 尹波. "三新"经济统计工作的探索实践与思考 [J]. 浙江经济, 2023(4): 51-53.

产品改进等信息，从而提高决策的准确性和效率。数据驱动的商业模式和创新，如个性化推荐、精准营销、智能化服务等，成为新经济中的重要发展趋势。

二、新经济发展的政策支持

新经济的发展离不开政策的支持。技术加速创新的背景下，各国竞相制定对应的发展战略，出台鼓励政策，跟上时代的步伐。新经济策略为新兴产业和企业提供了清晰的发展方向和目标，使得相关行业能够明确自身定位并集中精力推动发展。新经济策略还可以为新经济领域创造良好的投资环境，吸引国内外资本参与，提高资金的流动性和利用效率。此外，新出台的鼓励策略还能够减少企业在创新过程中的风险，为其提供税收优惠、金融支持等优惠措施，从而激发企业创新活力和积极性。

制定发展战略和出台鼓励政策还有助于促进新经济领域的技术研发和人才培养。政府可以通过支持研究机构、高校等开展前沿技术研究，推动产学研合作，为新经济发展提供源源不断的创新动力。同时，政策还可以引导人才培养方向，从而满足新经济发展对高素质人才的需求，为经济转型升级提供有力保障。

随着技术的进步，生产力不断提升，新质生产力提供的原动力正在不断拉动经济的增长，各个国家都在制定符合国情的新经济策略，中国也不例外。从 2010 年国务院决定推动新兴产业发展开始，与新经济有关的发展战略和鼓励策略扶持、驱动着新经济高速发展。

（一）美国的新经济发展策略

美国的新经济发展，重点在于数字经济。

20 世纪 90 年代开始，作为互联网技术的创新者、信息时代的引领者，美国政府大力支持、推进数字技术和数字经济的发展。历经数十年，美国的数字战略不断更新，并调整战略布局和发力点。这对世界各国探索经济发展道路都有着显著的借鉴作用。

自1991年发布《高性能计算法案开始》，美国有计划地针对互联网信息技术、宽带技术、云计算、大数据、机器人、人工智能、5G等诸多科技领域发布重磅政策，推进战略布局。我们可以将其分为4个主要的时期，即以技术创新和信息基础设施建设为重点的"克林顿—小布什"时期、以推进新技术应用为重点的奥巴马时期、以聚焦国际竞争为重点的特朗普时期、以提升全球数字规则制定方面的领导力为重点的拜登时期。① 根据发布的时间顺序，本书整理了美国的新经济发展策略（见图1-1）。

图1-1 美国的新经济发展策略

---

① 程海烨.拜登政府的数字合作战略：意图、行动与限度[J].世界经济与政治论坛，2022(4):22-43.

（二）英国的新经济发展策略

从 2009 年商业创新和技能部（BIS）与文化、媒体和体育部（DCMS）联合发布《数字英国》开始，英国不断出台新的数字经济策略。包括英国议会、英国政府、英国王室在内，都出台了与数字战略发展相关的策略，为英国数字经济发展保驾护航。

英国于 2017 年出台《英国数字战略》（UK Digital Strategy）的政策文件，阐述了英国希望成为启动和发展数字业务、试验新技术或进行高级研究的最佳场所，以期使英国数字行业能够保持世界领先地位。2022 年，英国科技和数字经济部发布新版本《英国数字战略》。该战略由 7 个方面组成，聚焦于打造数字基础设施和让人们获得所需要的数字技能，并通过数字基础设施建设和数字技能构建进行数字化转型，从而建立更具包容性、竞争力和创新性的数字经济，提升英国在数字标准治理领域的全球领导地位。英国的新经济发展策略（见图 1-2）。

图 1-2　英国的新经济发展策略

（三）欧盟的新经济发展策略

为提升在数字经济领域的竞争力，欧盟制定了一系列的政策与法规（见图 1-3）。欧盟的数字经济政策可以追溯到 20 世纪末。早在 1993 年，欧盟就发布了《成长、竞争力与就业白皮书》，强调了信息社会时代需要重视网络基建。在 2000 年的《里斯本战略》中，欧盟提出了要在 2010 年前成为"以知识为基础的、世界上最有活力和竞争力的经济体",并继续推进信息社会的发展。2005年,欧盟提出建设欧盟信息社会的五年战略计划——《i 2010战略》,标志着欧盟数字经济进入了新的发展阶段。2010年之后,欧盟加快了数字经济发展的脚步。2010年的《欧洲数字计划》、2015年的《单一数字市场战略》、2016年的《欧洲工业数字化战略》、2018年的《欧盟人工智能战略》,进一步强调数字技术与经济的深度融合。2020年,欧盟更是紧锣密鼓地发布了用于指导欧洲适应数字时代的总体规划——《塑造欧洲数字未来》《欧洲新工业战略》《欧洲数据战略》《欧洲人工智能白皮书》等,旨在重新定义并扩大其数字主权,建立基于规则和标准的数字空间框架。在2021年3月初,欧盟发布了《2030数字指南针:欧洲数字十年之路》,详细描述了欧盟2030年实现数字化转型的愿景、目标和途径。①

图1-3 欧盟的新经济发展策略

---

① 谢琳灿.欧盟数字立法最新进展及启示[J].中国改革,2022(6): 79-82.

（四）日本的新经济发展策略

日本政府在数字经济发展方面虽取得一定成果，但相较于其他国家，发展仍显不足。从 1995 年发布的《面向 21 世纪的日本经济结构改革思路》中关于重点发展技术产业的安排可以看出，日本的产业结构趋于成熟。然而，其在数字经济和数字化转型方面整体处于战略劣势。

自 2000 年以来，日本的数字经济政策经历了三个阶段：第一个阶段是 2000—2012 年，注重数字信息技术在经济社会的应用，先后推出《e-Japan 战略》《u-Japan 战略》《i-Japan 战略》；第二个阶段是 2013—2015 年，强调以机器人革命为突破口，带动产业结构变革，出台《日本再兴战略》；第三个阶段是 2016 年以来，致力于"超智能社会 5.0"计划，利用人工智能、物联网、大数据等推动向数字化、智能化社会转型，先后发布《科学技术创新综合战略 2016》《日本制造业白皮书》《综合创新战略》《第二期战略性创新推进计划（SIP）》等。[1]

2020 年，日本政府迅速设立数字厅，对中小企业信息化设备、超级计算机和量子密码通信等领域进行投资，但仍需进一步改革。值得借鉴的方面包括坚持机构改革统领、强化数字技术创新、推动制造业与工业互联网深度融合、建设具有日本特色的数字社会等。日本的新经济发展策略见图 1-4。

图 1-4　日本的新经济发展策略

---

[1] 蓝庆新，彭一然. 日本"数字新政"战略动机与发展特征 [J]. 人民论坛，2020(25): 128-131.

（五）中国的新经济发展策略

在新一轮科技革命和产业变革不断深入发展的背景下，数字经济已经成为新经济的主导趋势。数字化转型作为数字经济的核心内容，正在迅速改变着各行各业的运营方式和商业模式，各国都在竞相出台推进新经济发展的法律法规政策，力求在数字化浪潮中拔得头筹，掌握新经济的话语权。受内外部多重因素的影响，我国新经济发展面临的形势正在发生深刻变化。新经济发展过快，导致出现发展不平衡、不充分、不规范的问题，所以迫切需要转变发展方式，这势必需要与时俱进的政策法规来指引其发展。

正确的产业政策、科技政策和社会政策支持、引领着智能技术创新的方向和重点。积极的财政和稳健的货币政策为新经济产业提供了充足的金钱支持和良好的金融环境，能够为新经济的发展创造新的机遇。

1. 国家层面

"十三五"时期，中国深入实施数字经济发展战略，不断完善数字基础设施，加快培育新业态、新模式，在推进数字产业化和产业数字化方面取得了积极成效。2020年，中国数字经济核心产业增加值所占国内生产总值（GDP）比重达7.8%[1]，数字经济为经济社会持续健康发展提供了强大动力。这些成绩离不开中国政府对于发展新经济的预先布局与长期坚持，中央及各地方陆续出台了相关支持政策以推进新经济发展。国家政策规划了新经济发展方向，点明了新经济主要任务及重点领域，并以制度创新、财政支持等措施为新经济产业发展营造了良好环境。

2010年发布的《国务院关于加快培育和发展战略性新兴产业的决定》提出，重点发展节能环保产业、新一代信息技术产业、生物产业、高端装备制造业、新能源、新材料等一批战略性新兴产业，强化科技创新，积极培育市场，深化国际合作，加大财税政策支持。

---

[1] 参见：《"十四五"数字经济发展规划》（https://www.gov.cn/gongbao/content/2022/content_5671108.htm?eqid=c4953645000079740000000002648l6dfc）。

2016 年的《政府工作报告》提出要培育壮大新动能，加快发展新经济；推动新技术、新产业、新业态加快成长，促进分享经济发展，建设共享平台，做大高技术产业、现代服务业等新兴产业集群；运用信息网络等现代技术，推动生产、管理和营销模式变革，重塑产业链、供应链、价值链。

2016—2020 年，中国政府陆续出台了《"十三五"国家战略性新兴产业发展规划》《智能制造发展规划 2016—2020》《国务院办公厅关于创新管理优化服务培育壮大经济发展新动能加快新旧动能接续转换的意见》《关于支持新业态新模式健康发展，激活消费市场带动扩大就业的意见》，为新经济增长提供了策略上的指导，也表达了坚定不移发展新经济的决心。

2020 年出台的《中共中央关于制定国民经济和社会发展第十四个五年计划和 2035 年远景目标的建议》明确指出，要坚持创新驱动发展，全面塑造发展新优势，不断强化国家战略科技力量，瞄准人工智能、量子信息、集成电路、生命健康、脑科学、生物育种、空天科技、深地深海等前沿领域，推进科研机构资源共享，提升企业创新能力，激发人才的创新活力；加快发展现代产业体系，推动经济体系优化升级，提升产业链供应链现代化水平，发展战略性新兴产业，加快发展现代服务业，统筹推进基础设施建设，加快数字化发展。

2021 年，《中华人民共和国国民经济和社会发展第十四个五年规划和 2035 年远景目标纲要》中提到，要加强关键数字技术创新应用，聚焦高端芯片、操作系统、人工智能关键算法、传感器等关键领域。加快推动数字产业化，培育壮大人工智能、大数据、区块链、云计算、网络安全等新兴数字产业，提升通信设备、核心电子元器件、关键软件等产业水平。推进产业数字化转型，实施"上云用数赋智"行动，推动数据赋能全产业链的协同转型。

2022 年，《"十四五"数字经济发展规划》发布，强调要以数据为关键要素，以数字技术与实体经济深度融合为主线，加强数字基础设施建设，完善数字经济治理体系，协同推进数字产业化和产业数字化，赋能传统产业转型升级，培育新产业新业态新模式。瞄准传感器、量子信息、网络通信、集成电路、关键软件、大数据、人工智能、区块链、新材料等战略性前瞻性领域……以数字技术与各领域融合应用为导向，推动行业企业、平台企业和数字技术服务企业跨界创新，优化创新成果快速转化机制，加快创新技术的工程化、产业化。

2022年4月，国务院下发《中共中央关于加快建设全国统一大市场的意见》，提出要发挥超大规模市场在丰富应用场景与放大创新收益方面的优势，以市场引导创新资源配置，同时完善自主创新成果市场化的体制机制，推动技术创新与新产业发展。中国的新经济发展策略见图1-5。

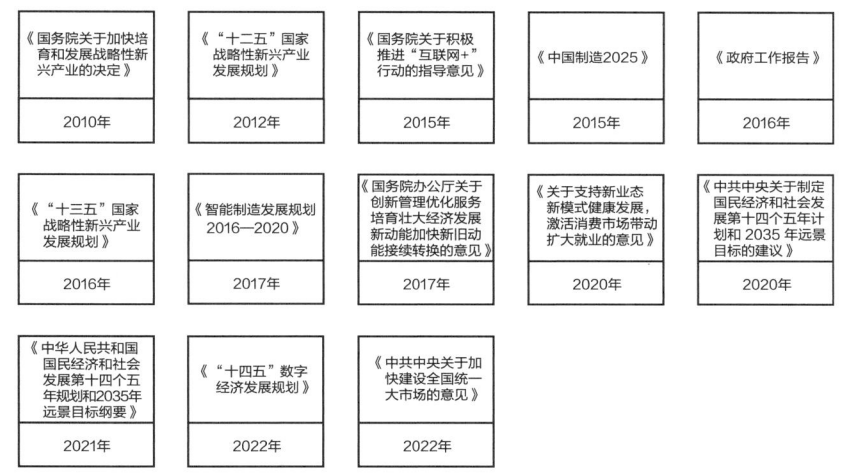

图 1-5　中国的新经济发展策略

2. 浙江省层面

自2003年起，随着"八八战略"的提出，数字浙江的重要性逐渐凸显。浙江省被确定为全国首批创新型试点省份，为数字经济的发展奠定了基础。2017年12月的浙江省委经济工作会议明确将发展数字经济视为"一号工程"，突出了其战略地位。2018年7月，浙江省全面提出了实施数字经济"一号工程"的发展战略。

为更加有力地发挥人工智能的"头雁效应",浙江省把发展人工智能产业作为全面推进浙江数字化改革、深入实施数字经济"一号工程2.0版"的重要驱动力,在打造智能经济、普惠数智民生、构建整体智治上迈出更大步伐,忠实践行"八八战略",奋力打造"重要窗口"。①

近年来,浙江省一直以数字经济"一号工程"为牵引,努力构建完备的数字经济政策体系。2019年,浙江省继续推进数字经济"一号工程",组织设立了100亿元数字经济产业基金,打造了100个"无人车间""无人工厂",扶持了100个数字骨干企业,推进了100个数字化重大项目,实施了100个园区数字化改造。②

2021年,《浙江省数字经济促进条例》是全国首部以促进数字经济发展为主题的地方性法规,第一次从法律层面,将发展数字经济列为社会经济发展的重要战略,体现了浙江省在发展数字经济的策略引领工作方面的前瞻性。

2021年,《浙江省数字经济发展"十四五"规划》发布,明确指出要加快数字产业化,提高数字产业规模能级,做强高科技基础产业,做优新兴产业,布局未来产业。同时也要持续推进产业数字化,大力推进新智造,推进产业"大脑"建设、工业互联网的创新发展。全力推动服务业数字化转型,打造数字贸易中心、新兴金融中心,发展数字生活新服务,推动生产性服务数字化转型,着力发展智慧农业。突出数字化改革引领,提升智力数字化水平,贯彻落实《浙江省数字经济促进条例》等法律法规。③

---

① 参见:《2021浙江省人工智能行业发展报告》(https://www.zdpi.org.cn/txtread.php?id=16406)。
② 参见:《浙江省人民政府办公厅关于印发浙江省数字经济发展"十四五"规划的通知》(https://www.zj.gov.cn/art/2021/6/18/art_1229019364_2305064.html)。
③ 参见:《浙江省人民政府办公厅关于印发浙江省数字经济发展"十四五"规划的通知》(https://www.zj.gov.cn/art/2021/6/18/art_1229019364_2305064.html)。

第二章
新设计：数智时代的设计进化

2 CHAPTER

> 阳春布德泽，万物生光辉。
> ——佚名《长歌行》

　　智能技术的崛起为设计领域带来了新的机遇和挑战。在数智时代，设计不再仅仅是连接人与科技、人与社会的桥梁，而且已成为一种融合了智能与创意的新艺术形式。创意设计与智能技术的完美结合，使得设计有了无限可能，也促使设计进化成为必然趋势。通过深入剖析创意设计的发展历程、新型智能技术的崛起过程，以及创意设计与智能技术的融合进程，可以探索设计领域的巨大变革和无限可能。

新经济 新设计 新动能

在过去的几十年里,设计的定义和范围发生了巨大的变化,从最初的"就批量生产的工业产品而言,凭借训练、技术知识、经验、视觉及心理感受,而赋予产品材料、结构、构造、形态、色彩、表面加工、装饰以新的品质和规格"[1],逐渐发展演变为"通过创新的产品、系统、服务和体验推动创新、建立商业成功并带来更好的生活质量"的解决问题的过程,成为一种集合了服务设计、体验设计、战略设计等多个层面的综合性概念。设计的这一演进不仅折射出社会需求之变迁,亦彰显出创新在当代社会中日益凸显的重要地位。大数据和人工智能的应用,使创意设计可以由更精准的、大规模的数据来驱动。一方面,设计师可以通过分析用户数据进行个性化设计;另一方面,人工智能辅助设计师进行设计,极大地提升了设计效率。物联网技术的兴起,使设计不仅需要考虑各类触点产品在庞大网络中的互联性,还需要对人机交互、语音识别等新型交互技术进行研究,来缩小人与技术之间的"交互落差"。智能材料和可穿戴设备改变了人与世界交互的形态,将智能技术融入服装和配饰的设计,也改变了服装和配饰的设计思维与设计方法。虚拟和增强现实技术也随着虚拟端技术的逐渐成熟以及硬件端技术的不断升级,为设计带来了新的可能性,创造了更具沉浸感和创新性的用户体验。智能创意设计作为新设计,是融合了智能技术的新设

---

[1] 参见:国际工业设计协会(World Design Organization)对工业设计的定义(https://wdo.org/about/definition/)。

计形态、新设计思维、新设计方法。从共享经济、数字化创意产业到人工智能，融入智能技术的创意设计作为新设计，为新经济提供了丰富的创新资源。

一、创意设计是什么

"创意设计"是创意与设计的复合词，是将创造性的思维和理念通过设计的方式进行表达，其领域涉及工业设计、建筑设计、室内设计、景观设计、包装设计、广告设计、服装设计、视觉传达设计、动漫设计等。[1]

创意是创与意的结合，词源为英文中的create，可以翻译成"创造""设计""引起"等。部分国外学者认为，创意代表人的创造力，其主体是人。

创意作为人类特有的一种创新能力，能够帮助人类完成对科技、文化、产品的创造。其内涵是运用主观的认知、思想能力和经验，使得原本不关联的思想产生联系，创造出新的要素。创意是点子、想法，也是策划、思路或解决方法。它可以是我们对新发明或新技术的感知，也可以是对新的组合方式、商业模式或市场需求的预测和敏锐洞察。理查德·佛罗里达认为，创意是加工原有的数据、感觉或物质，从而生成新的有用东西的能力。他称其为创意资本，即通过人才构建的新理念、新技术、新商业模式、新文化形式和新产业。[2]

随着市场经济的发展，特别是社会分工的细化，创意从人力资本中独立出来，成为一种独立的、越来越重要的生产要素。它具有高度的难以言喻性、不确定性和互补性。从经济运行的角度来看，创意是创意经济的源头和核心，是创意经济发展的主要动力和主导因素。[3]

---

[1] 尹宏，王苹. 创意设计促进文化产业与实体济融合 [J]. 西南民族大学学报（人文社科版），2016(6): 159-163.
[2] 郭梅君. 创意产业发展与中国经济转型的互动研究 [D]. 上海：上海社会科学院，2011.
[3] 郭梅君. 创意产业发展与中国经济转型的互动研究 [D]. 上海：上海社会科学院，2011.

"设计"一词在《现代汉语词典》中，既指操作的过程，又指操作的结果。它表示在具体操作之前，有目的地根据想法、需求进行规划和方法制定。设计是一种非常能代表人类特征的活动，其本质是在符合设计内在秩序的情况下，通过创造性思维对现有的资源进行重新整合、诠释，使目标元素满足人类的需求。设计是对生活方式的再塑造，从生活中来，又回到生活中去。现在的生活满足你的需要吗？如果不，你会怎样改善它呢？设计正是源于我们对周围世界的需求、探索和尝试。我们生活的世界是一个"人造"的世界，我们使用的手机、玩的电子游戏、使用的碗筷、乘坐的交通工具等都不是自然诞生的。当周围的世界不能满足人类最基本的生存需求时，"想要更多""想要更好"的需求就会推动设计发展。我们习以为常的生活，其实是历经变迁、汇集无数设计的产物。

创意设计作为人类的一种技能和创造性工作，其理念在于将蕴含创新创造的思维、理念用设计的方式进行整合与表达。涵盖专业领域包括视觉传达设计、新媒体艺术设计、建筑设计、广告设计、包装设计、工业设计、环境设计等。创意设计作为全世界发展最快、最具活力的文化服务行业之一，具有经济性、技术性、文化性等特点。其应用涉及工业、科技、文化等行业，不仅能提升经济效益，改造生活方式与行为，还能向国内外输送文化价值，为人类社会创造精神力量。

创意设计与社会经济发展存在必然的联系。随着互联网、大数据、人工智能的不断升级，创意设计将成为社会经济发展的助推力，满足人类的精神需求，也改变着人类的生活方式。创意设计活动是人类精神活动的产物。人们对美的追求会形成一种无形的市场。人类通过创意设计，对产品、服务、装备进行设计与规划，能够提升产业效益，促进经济发展。

二、创意设计的发展

最初的人工制品通常是以原材料成本低、制造难度低、适合大批量复制的宗旨进行设计的。这些人工制品凭借着稳定的品质控制和优秀的性价比，最初在人们的生活中占据了主导地位。但随着人们的生活条件不断改善，不满足于同质化的人们开始追求有个性的和风格独特的设计产品。这些产品不仅需要满足人们对实用性的需求，还要在外观和功能性上具有一定的创新与创意，以便和其他同类产品明确区分开。例如，最开始的青铜器只是形态简单的工具，随着技术和工艺发展，人们开始大量采用纹饰制作的方法，才出现了像四羊方尊这样精美、富有生气的作品。如今，青铜器不光是各大博物馆的馆藏品，还与区块链技术结合，成为拥有"身份证"的数字化作品。例如，2021年，湖北省博物馆的镇馆之宝越王勾践剑的数字藏品上线。用户购买后可在小程序中翻转、放大藏品，从各个角度看清细节，并拥有自己的收藏证明。本质上来说，人们对个性和独特设计的追求是人们对于自身存在感的追求。人们在群体活动中需要通过购买和使用一些与众不同的设计产品，来将自己和群体中的其他人区分开，从而在别人心目中树立个体形象，增强自己在群体中的存在感。这种对存在感的追求正是马斯洛需求层次理论中的尊重需要。

为了满足人们的这种对于个性产品的需求，创意设计逐渐从设计中细分出来，成为一个独立的研究和实践领域。创意设计是在设计中引入一个或多个新变量，从而产生新颖设计的活动。创意设计通过改造一个原本非常简单的东西或想法，衍生出它的另一种表现方式，从而设计出富有创意的产品。创意设计的发展离不开技术的革新。所有的设计都是与技术相辅相成的，因此新技术的创造会为设计带来更多的可能性，从而促进创意设计的发展。这些基于新技术的创意设计通常能够在社会中创造突破性的价值，带来社会变化。例如，汽车在最初作为代替马车的交通工具出现时，由于噪声大且可靠性差，并没有很快地普及。但是，随着内燃机技术的飞速发展，汽车的这些缺点很快就被其突破性的通行效率和保养的便利性给掩盖，从而在世界范围内迅速普及。汽车的出现还进一步影响了人们的生活方式和居住方式。在有了汽车以后，人们可以突破地理位置的局限，一天之内可往返的距离大幅度提升，从而使得城市的规模急剧扩大。但随着汽车的普及，人们开始不满足于只将汽车作为代步工具。此时，创意设计再一次发挥了作用，一些定位豪华或者前卫的、造型新颖的汽车被设计出来。例如，美国 20 世纪 50 年代流行的具有火箭造型的汽车，满足了人们对个性化的追求。由此可以看出，技术的突破是创意设计的驱动力，而创意设计又会带动厂商开发新的技术以满足设计的需要，两者相辅相成，密不可分。

自从创意设计被提出，这个领域经历了多次变迁和进化，已经成为一个跨学科、综合性的专业。同时，创意设计结合最新的、最前沿的智能技术，实现了充分发展，并为行业赋能。对于智能技术来说，创意设计能够拓展其应用场景。智能技术的发展决定了创意设计的高度，创意设计需要应用智能技术实现创新。智能技术本身并不是生产力，而是为提供新服务奠定基础。因此，随着人们对创意设计产出效率的要求提高，创意设计可以融合智能技术来满足日益复杂的社会需求。

随着互联网通信的快速发展，人类的需求不断增长，创意设计的作用也在不断扩大。人类的生存空间从最初的"物理—人类"二元世界进入了"人类—物理—信息"三元空间。经历了农业时代、工业时代和网络时代后，人类进入了信息智能时代。社会发展带来了新的消费、出行、场景和体验，多样化的生活场景也助推着创意设计的发展。

（一）创意设计的时代环境变迁

马克思曾经指出，所有具有划时代意义的体系都是根据产生这些体系的时代需要而形成的。创意设计发展的历史思潮中，每一个想法的涌现都与时代紧密相连。创意设计的实现方式、手段和产物都会受到不同时期经济、文化、社会和技术等的影响。

随着技术水平的不断提高，创意设计也在不断发展。在生产力水平较低的原始社会，人们只能利用当地的资源，根据自然景观、动植物等进行联想并绘制出简单的象征性符号。由于缺乏纸张等记录工具，人们只能将图案和文字绘制在石壁上。在文字发明之前，人们只能用结绳记事的方式记录，用图腾来代替信仰。在生产力和科学知识受到限制的情况下，人类进行基础创意活动的过程和方式也受到了限制。因此，创意设计具有鲜明的时代特征，当代人类可能难以理解其他时代的作品，但在任何时代，人类的创新精神都未曾消失。

创意设计与时代经济是相辅相成的。随着时代的发展，创意设计得到了更多的机遇和发展空间，同时也为时代发展做出了巨大的贡献。继农耕时代、工业时代和信息时代设计 1.0、设计 2.0、设计 3.0 之后，设计迈入了数据智能设计 4.0 时代（见图 2-1）。从设计 1.0 到设计 4.0，设计的进化一直紧跟着生产力的进化。智能技术作为当今崛起的新型生产力，让智能化从产品生产制造阶段逐渐向产业链上游延伸到了设计和创意阶段。[1]

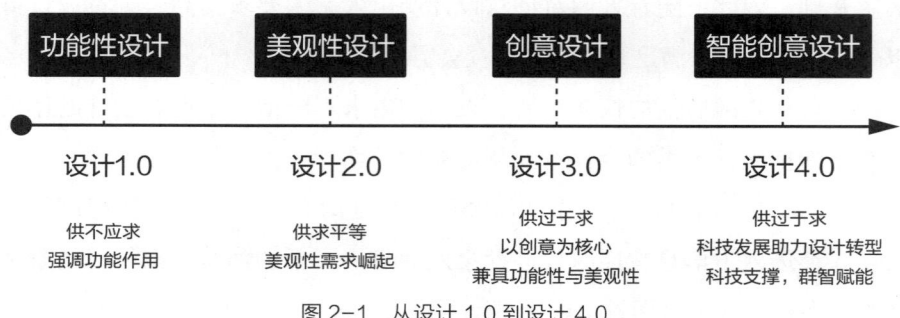

图 2-1 从设计 1.0 到设计 4.0

在农业时代，人类最初的创意设计是为了解决基本的生存问题。由于当时对自然资源和工具的利用非常有限，人类制造的产品主要是生活必需品，如石器、陶器和青铜器等。这个时期的设计处于设计 1.0 时代，具有单向性和地域性的特点。由于技术和生产力的限制，需求者与供应者之间的交易模式仅限于点对点沟通。另外，由于地域的局限性，产品之间处于彼此独立、缺乏交流的状态。

---

[1] 路甬祥, 孙守迁, 张克俊. 创新设计发展战略研究 [J]. 机械设计, 2019(2): 1-4.

随着产业革命、信息技术、软件、生产设备、机器人和工厂自动化等方面的新进展，创意产业的工作模式得到改变，我们进入了设计 2.0 时代，生产服务模式愈发清晰，消费者与生产者之间从点式联结进化为链式联结，生产水平和消费需求都达到了新的高度。

网络时代的到来伴随着设计 3.0 时代的到来。其供应链比工业时代更加成熟，大数据的发展催化着线上经济与供应链的发展，消费者、企业、供应商等产品开发流程的多线联结更加成熟。毫无疑问，新兴的网络技术可以带动创意设计，为消费者提供更多选择。

在信息时代，受到信息技术和智能技术的引领，人类可以使用的实体和虚拟工具的数量与种类都涌向了新的高峰。同时，我们也进入了第四个阶段，即设计 4.0 时代。在智能计算技术、数字网络、虚拟现实等前沿技术和知识的辅助下，创意设计从方式、方法到设计对象，再到供应生产环节，都形成了新的产业网模式。群智设计和数字原生为创意设计注入了新的活力，技术对设计的驱动力逐渐弱化，创意设计的影响力不断扩大，为促进经济升级、社会进步、智能制造、绿色共生等问题做出了设计方面的贡献。

（二）创意设计的对象拓展

创意设计从最初只关注产品本身，逐渐扩展到人和物的结合，再到人、物和环境的综合考虑。当产品的基本功能得到满足后，人们对产品的要求变得更高。其中，常见的要求是根据人体工学原理设计产品，使产品从更加安全、高效、舒适的层面满足人与物之间的互动需求。因此，创意设计的对象不再局限于单纯的物体，而是将人和物结合在一起考虑。在这种"人—物"关系中，设计可以涉及感官体验、功能性、行为方式和认知等方面。这种设计对象的转变意味着我们不再只设计物质产品，还可以将设计拓展到非物质领域。此外，在设计中，我们不仅关注产品本身，还注重用户设计行为的过程逻辑。

物质需求得到满足后，人们开始追求更多富有想象力的体验场景。因此，创意设计的对象又从人和物的结合扩展到人、物和环境的综合考虑。人们对感官体验、人文思想、经济结构、伦理道德以及由此产生的特定行为和思想观念提出了新的要求。

在新的情境下，设计活动的对象不再局限于单个物品的设计，设计师可以直接参与创造过程。创意设计的标的可以是自动化生产线，通过参与构建具备自动设计能力的复杂系统，支持各种产品和服务的智能化、批量生成。与工业时代中大规模生产的标准化产品不同，在智能技术背景下，产品呈现出个性化差异，千人千面。[1] 设计将不再局限于物理空间，而且会拓展到数字世界的原始资源。在数字智能环境下，实现虚拟和实际的共同创作将为用户提供丰富的体验，并涵盖生活的各个方面。

（三）创意设计的技术进步

18世纪60年代，第一次产业革命爆发，蒸汽机的发明使人类进入了蒸汽时代。100多年后，电气和内燃机的发明推动了第二次产业革命的爆发，人类迎来了电气时代。相对于第一次产业革命的不完全的科学与技术结合，第二次产业革命实现了质的飞跃，推动了生产力的突破和社会的发展。计算机的出现使得社会信息传播进入了加速的状态，信息技术成为人们学习和互动的窗口，同时也为人类活动开创了新的模式。大数据、人工智能和区块链等智能技术的蓬勃发展预示着智能时代的到来。

许多科学家和艺术家在数字技术与艺术设计的交叉领域中做探索。早在20世纪70年代，艺术家阿罗德·科昂就开始使用计算机进行艺术创作。他将计算机人工智能与艺术结合的工作引起了人们的关注。例如，他创建了AARON绘画程序。这个程序可以指挥一个像机械爬虫一样的装置在纸上移动，画出特定的图案。20世纪80年代，艺术家安迪·沃霍尔，波普艺

---

[1] 周子洪，周志斌，张于扬，等. 人工智能赋能数字创意设计：进展与趋势[J]. 计算机集成制造系统，2020(10)：2603-2614.

术之父，用电脑为歌手黛比·哈利绘制了一幅数码肖像画。当时计算机技术还不够发达，但这些先驱者们开创了计算机设计应用的新篇章。智能技术的突破为人们进一步探索计算机辅助创意提供了新的可能性。

从创意流程的角度来看，智能技术成功地将智能化的创意设计从设计流程和生产制造阶段的下游延伸到上游的设计和创意阶段。从辐射范围来看，在信息时代的创意设计中，大数据、人工智能、区块链等高新技术为设计创新提供了新思路和新机会。这些技术在3D打印、智能制造、群智创新、增强现实、生物材料等领域都有突出贡献。从线上到线下，从现实到虚拟，从普遍适应到个性化，从功能到美观，从单纯的满足功能到创意创新，再到虚拟时空内的数字原生设计，人类空间得到拓展，创意设计得到进化。

因此，技术通过多次、多维度的积累和改进，由量变促成质变，从单一发展到多元，最终完成了从简单到复杂的蜕变。技术方式进步与创意设计发展相辅相成，在不同的领域和阶段，创意设计与智能技术的结合都有不同的表现。

（四）创意设计的主体角色演变

在数字经济时代，设计需要满足用户的体验和情感需求，而不仅仅是功能需求。虽然功能需求是设计的基础，但体验和情感需求深入地影响了用户的行为方式。因此，在数字经济时代，设计价值更多地体现在对人的体验需求的满足上，而不是体现在某个具体产品或服务的特点上。设计师的角色也发生了转变，他们不再是单纯的造物者，而且要成为跨学科的通才，以满足现代社会的要求。在新兴的服务主导逻辑下，用户的价值来自供应商和客户的共同创造，并通过双方的互动及资源整合来实现。因此，运营管理一方面是基于多元协同的创意设计管理，即利用智能技术提升群智协同创新的质量与效率；另一方面则是对创意设计内容和结果的持续迭代与管理优化，即结合用户反馈形成动态的创意设计并进行迭代输出，不断完善设计。

设计师的角色随着社会生产力的发展发生了极为深刻的变化。在数字化时代，设计不再是简单的造物活动，设计师也不能局限于物质的创造和改变。现代社会对人才的要求更加严格，尤其对于设计师这个专业职业群体。他们与未来的生活变化息息相关，具有改变人类生存环境的潜力。正如诺曼在《未来设计》中所提到的，设计师必须成为跨学科的通才。

设计活动的主体也不再局限于设计师，越来越多的非设计人士也能利用智能设计工具参与到设计活动中。例如，建模工具通过融合多类技术向实时化、显性化和友好交互方向演进。首先，通过融合高性能计算、5G传输、云渲染等技术，从计算、传输、呈现多个角度全面提升实时性。其次，借助3D展示、模型轻量化等技术实现显性化表达，降低理解门槛。最后，结合AR/VR技术提升交互友好性，工业、城市、医疗等领域的建模工具不断丰富接口和数据格式，以适配虚拟现实平台，实现数字孪生和虚拟现实的融合应用。

（五）创意设计的链路活态转化

设计链路活态转化是指将传统的设计流程变成一个由创意设计和人工智能共同创造的设计循环。在过去的设计方式中，设计师通常会按照一条线性的路径，从用户研究开始，经过功能和形式设计，最终完成产品的设计。但是，随着智能技术的进步和应用，设计流程已经发生了改变。现在，设计师不再仅仅通过用户研究来寻找需求并提供解决方案，而是与用户一起参与整个产品生命周期的设计和优化过程，提供更加个性化的服务体验。因此，设计不再是产品生产过程中的一个单一步骤，而是一个以用户为中心、借助人工智能的设计循环，并贯穿整个产品生命周期。[①]

创新一直以来都是推动企业发展的重要因素，然而随着时代的变迁，

---

① 罗仕鉴，朱媛，田馨，等．智能创意设计激发文化产业"四新"动能[J]．南京艺术学院学报（美术与设计），2022(2)：71-75．

创新模式也在发生着变化。自第四次产业革命以来，人工智能、大数据和区块链等技术虽然仍在高速发展，但相比前三次产业革命（即机械化革命、电气化革命和信息化革命），现阶段的技术发展已不再呈线性增长的趋势。因此，完全依靠新技术来驱动设计已经不能满足企业的创新需求，单纯的技术引领已无法帮助企业抢占足够的市场份额。这也就意味着，企业需要新的产业模式来帮助完成迭代升级。越来越多的新场景，例如社交平台、服务系统等，都将技术平台化、产业化。这表明，技术已经不再是企业竞争的唯一支撑，有目的地寻求技术应用场景和发展方向已经成为新的趋势。

在这一背景下，智能技术亟须融合创意设计，成为企业创新的新动力。创意设计也需要主动寻找新的发展方向，成为创意的来源。随着竞争的加剧，企业的创新能力面临更高的要求，创意设计也开始成为提升产品价值的有效手段，与传统的技术、运输与人力成本同等重要。

（六）创意设计的评价内核不变

评价反馈在设计中起着重要的作用。它既是设计的最终目标，也是新设计的起点，还是连接创意设计循环的重要环节。[1] 设计评价可以对设计结果进行评估，指导设计决策，同时也可以贯穿整个设计过程，引导设计的不断迭代和优化。

传统的设计评价主要依赖人的经验和感受来完成。由人主导的评价容易受到人的认知水平、行为方式、知识层次和感知能力等多方面因素的影响，具有一定的主观性和不确定性。随着智能设计的迅速发展，人工评价大规模设计结果变得不太现实，无法及时有效地支持设计创新。[2] 智能技术的引入为传统的设计评价和反馈提供了全新的手段和平台，人工智能赋能的设计评价，可以从设计知识、用户感知、美学等多个角度对设计结果

---

[1] 罗仕鉴，朱媛，田馨，等. 智能创意设计激发文化产业"四新"动能[J]. 南京艺术学院学报（美术与设计），2022(2): 71-75.

[2] 杨智渊，杨文波，杨光，等. 人工智能赋能的设计评价方法研究与应用[J]. 包装工程，2021(18): 24-34, 62.

进行量化计算，建立统一的评价标准，实现更精细的设计分析和评估，提高评价结果的准确性和客观性。①

随着各种智能技术的发展，特别是人工智能技术的日渐成熟，智能技术融入设计评估可以解决以人为主的评价带来的主观性和不确定性的问题。智能设计评价以海量数据为基础，构建相关知识图谱，形成统一的标准化评价系统，进而对设计结果进行量化分析，确保评价更为精确和客观，有力支撑设计决策和优化，甚至可以迅速进入设计环节进行设计优化。智能设计评价还能利用虚拟传真技术提高评测环境的真实度，或通过物联网设备获得用户客观生理数据，或通过大数据技术提取、收集用户主观评价数据，从而增强设计评价的客观性和有效性。②

无论我们从哪个角度去评价和解读，设计的内核都是统一的。设计是一种旨在满足人类的需求、造福人类、创造美好生活的行为。虽然人的需求一直在跟随时代而发生变化，但设计满足人类需求这一宗旨贯穿着人类历史与设计发展的始终，设计需要不断适应变化的新需求。

除了创意设计的内核不变，其评价维度也一直保持不变。这可以从创意设计的定义和作用来理解。创意设计是以人类的创造力为基础的交叉学科。它在文化和智能技术的支持下，能够在多个领域内产生巨大的经济与社会价值。因此，创意、技术、人文和商业是创意设计的动能来源，也是创意设计的评价标准。

三、新型智能技术的大爆炸

互联网将计算机相互连接在一起。越来越多的计算机加入互联网，加上技术的发展、普及和商业化，逐渐形成了覆盖全球的全球性互联网络。现代信息技术（information technology）利用微电子学、计算机技术和电信

---

① 杨智渊，杨文波，杨光，等.人工智能赋能的设计评价方法研究与应用[J]. 包装工程，2021(18): 24-34，62.
② 杨智渊，杨文波，杨光，等.人工智能赋能的设计评价方法研究与应用[J]. 包装工程，2021(18): 24-34，62.

技术等，用于获取、处理、存储、传播和利用声音、图像、文字、数字以及各种传感信号的信息。在互联网基础上不断衍生的现代信息技术，随着计算机硬件与软件的发展，以及计算机算力、算法的升级，至21世纪20年代，形成了各种新型智能技术爆发的态势。

（一）云计算：分布式利用资源

1. 什么是云计算

云计算就像是通过网络租用计算机的一种方式，可以根据需要灵活地调整与扩展所使用的计算资源和服务。相较于传统的物理计算机，云计算服务商可以使用云计算技术将大量的物理计算机虚拟化为具有极高配置的云计算机。该云计算机可以具有几百个处理器核心以及上千 GB 的内存，从而具备远超单台物理计算机的计算能力。

2. 云计算的优势

云计算与本地计算相比，更擅长计算和存储，具有成本低、敏捷性高、弹性扩展、安全可靠四大优势。

云计算服务可以让企业按照实际需要的计算资源来支付费用。这使得支出形式更加灵活、可变，还可以减少硬件和软件维护的成本。按需供给的云计算服务为企业提供了很大的灵活性，并减轻了容量规划的压力。云计算服务的全球数据库模式，相对于单一的数据中心，能够减少应用程序的网络延迟和流量风险，从而提供更高的规模经济性。同时，云计算让数据备份、灾难恢复和业务连续变得更加容易，提高了数据的安全性。

3. 云计算的应用

根据服务模型的不同，云计算可以分为基础设施即服务（IaaS）、平台即服务（PaaS）和软件即服务（SaaS）、无服务器计算（severless）四类。[1]

基础设施即服务是最基本的云计算服务，以按需收费的方式提供基本

---

[1] 张兆一. 云环境下基于容器的任务并行处理方法研究 [D]. 西安：西安电子科技大学，2019.

计算资源（物理和虚拟服务器、网络和存储），使用户能够根据需要使用资源，从而减少高额的前期资本支出。

平台即服务为软件开发人员提供平台，包括硬件、软件堆栈、基础设施和开发工具，可降低开发工作的复杂性和不灵活性。使用PaaS，开发人员可以更轻松地快速创建网页或移动应用程序，而无须考虑如何设置或管理服务器、存储、网络和数据库等底层设施。

软件即服务是一种方便的方式，通过云端按需提供软件应用程序。云服务提供商会负责托管和管理软件应用程序以及底层基础设施，并进行软件升级和安全修复等维护工作。

无服务器计算专注于构建应用程序功能，用户无须花费时间持续管理所需的服务器和基础设施，云提供商可处理包括配置、扩展、调度、修补的后端基础架构管理任务。无服务器计算的体系结构具有高度的可扩展性和事件驱动性，仅在有需要时使用资源，用户不需要为空闲容量付费。

（二）大数据：有效利用海量信息

1. 什么是大数据

大数据指的是数据规模庞大、有效信息分散、数据间关联性较弱的数据集合。针对这些传统数据存储和处理方法难以解决问题，大数据技术可以对大数据进行存储、查询和处理。

2. 大数据的优势

大数据技术的优势在于能够处理和分析海量数据，从中提取有价值的信息，同时发现模式和趋势。

大数据技术能够提供实时的数据处理和分析；通过对海量数据的深度洞察，揭示复杂数据中的模式、趋势和关联，为决策提供科学依据。所以，基于大数据分析的决策更加准确、及时。

3. 大数据的应用

大数据在新经济中有广泛应用，在客户分析、需求预测、辅助设计、驱动创新等方面都有具体的应用。

大数据技术可以帮助企业收集、分析客户的行为和偏好，以制定更好的客户体验策略：通过分析客户的购买历史、浏览记录和社交媒体数据，企业可以了解客户的喜好、需求和行为，进行个性化推荐、客户细分和定位等，从而优化产品和服务，以提高客户忠诚度和满意度。

大数据技术还能用于预测市场需求，帮助企业做出更准确的供应链规划和生产决策。通过分析大量的市场数据、历史销售数据和其他相关信息，企业可以发现潜在的趋势和模式。这些分析结果可以用于预测未来的需求量、产品偏好和市场趋势，从而指导企业的生产计划、库存管理和市场营销策略。

大数据技术不仅可以帮助企业优化产品设计和改进产品质量，通过收集、分析产品使用数据和反馈，获取产品的使用情况和当前问题，作为优化产品功能、改进用户体验和减少产品缺陷的依据，还能促进新产品开发——通过分析市场数据、消费者需求和行为，企业可以发现新的机会和趋势，开发新产品和服务。

（三）区块链：信息加密新形式

1. 什么是区块链

区块链技术是一种去中心化的分布式账本技术。它通过密码学和共识算法来确保数据的安全性与可信度。区块链由一个个数据块组成。每个数据块包含了一定数量的交易记录，并通过哈希值[①]将前一个数据块与当前数据块连接起来，形成一个链式结构。

2. 区块链的优势

使用区块链技术进行数据存储与传统中心化存储方案相比，具有去中心化、数据安全、透明度高、可追溯性强，以及去信任和自治的特性。这

---

① 哈希值，也称为哈希码、散列值、摘要或指纹。我们可通过哈希算法将任意长度的消息或数据转换成固定长度的数字串。这个转换过程是将数据压缩并生成一个唯一标识，这个唯一标识就是哈希值。

些优势使得区块链在许多领域中成为一种有吸引力的解决方案，特别是在涉及多方参与、数据安全和可信任性的场景中。

3. 区块链的应用

区块链技术在供应链中可以被应用于原材料的溯源，以实现较高的透明度、可追溯性和可信任性。首先，原材料的相关信息可以录入区块链中。这些信息可以包括原材料的种类、生产地点、生产日期、生产过程中的环境参数、质量检验结果等。其中，每一个关键节点或阶段的数据都可以被记录下来，确保供应链的各个环节都有可追溯的数据。其次，可以建立一个供应链参与方的区块链网络，包括原材料供应商、生产商、运输商、分销商、零售商等。每个参与方都是网络的节点，可以参与到数据的验证和记录过程中。网络中的每个节点都有区块链数据的副本，以确保共享和存储的可靠性。在区块链网络中，需要通过共识算法确保网络节点对数据的一致性达成共识。最后，参与方可以对原材料的数据进行验证和审核，并将验证通过的数据写入区块链。这样可以减少虚假数据的输入，提高数据的可信度和准确性。在网络建成以后，任何参与方都可以通过区块链网络查询特定的溯源信息。通过查看区块链上的记录，可以追溯每个阶段的数据，从原材料的生产到最终交付给消费者的过程。

使用区块链技术进行原材料溯源，可以减少供应链中的信息不对称、造假和不透明等问题，消费者可以更加可靠地了解产品的来源和质量，供应链参与方可以更好地管理和优化供应链流程。例如，基于区块链的供应链溯源平台 IBM Food Trust，旨在提高食品供应链的可追溯性和透明度。通过使用区块链记录食品的生产、运输和存储信息，消费者可以追踪食品的来源和供应链路径，确保食品的质量和安全性。零售巨头沃尔玛（Walmart）和瑞士连锁超市米格罗斯（Migros）都在其供应链中采用了区块链技术。它们使用区块链记录商品的生产和运输信息，以提高产品的可追溯性和减少假冒伪劣商品的流通。马士基（Maersk）和 IBM 合作开发了一个基于区块链的全球贸易数字化平台，旨在简化与加强全球供应链的可见性和安全性。这个平台可以追踪与验证贸易文件、货物运输和支付等信息，减少纸质文件和复杂的中间环节，提高供应链的效率和可信度。钻石公司戴比尔斯（De Beers）使用区块链技术建立了钻石溯源平台。通过在区块链上记录每颗钻石的详细信息，包括采矿、切割和加工等环节，消费者可以验证钻石的真实性，跟踪和认证钻石的供应链信息。

区块链技术在知识产权保护中发挥重要作用。在版权纠纷解决中，区块链可以记录创作时间，帮助创作者证明他们是作品的原始创作者。这样一来，如果有人抄袭了他们的作品，创作者可以使用区块链上的记录作为证据来保护自己的权益。在数字资产管理中，在区块链上创建唯一的数字标识符，可以确保数字内容的唯一性，并防止他人未经授权对内容进行复制和传播。这有助于保护创作者的作品不被盗版和非法使用。

区块链可以建立去中心化的市场和授权平台，为知识产权持有者和使用者提供直接的交互、交易渠道。同时，平台通过智能合约和区块链技术，可以实现自动化的版权、支付和收益分配，减少中间环节，降低交易成本。例如：IPChain是一个基于区块链的知识产权保护平台。它通过将版权信息、时间戳和其他关键数据存储在区块链上，为作品的原始创作者提供不可篡改的证明和证据。Everledger是一个利用区块链技术追踪和认证珠宝、钻石、红酒等高端商品的平台。它通过在区块链上记录每个商品的唯一标识符和相关信息，确保商品的真实性和来源可追溯。Po. et是一个基于区块链的数字内容版权保护平台。它允许创作者将数字内容的版权信息和时间戳存储在区块链上，以确保其原创性和防止盗版。Mediachain是一个区块链项目，旨在为数字内容的知识产权保护提供解决方案。它使用区块链技术记录内容的创建者、所有者和使用许可，并帮助确保创作者的权益得到尊重和保护。

（四）人工智能：知识学习与表达

1. 什么是人工智能

人工智能（artificial intelligence，AI）是计算机科学的一个分支，目的在于使用计算机模拟智能生物的行为，并创造出一种能与智慧生物具有相似反应的智能计算机。

人工智能给产业带来智能化的趋势，为许多新产品和新服务的诞生提供了智能方案，如聊天机器人、知识提取与计算、增强现实（AR）、人机协作和智能APP平台等。掌握设计知识的人工智能，可以使机器学习相关技术来预测设计趋势及生成设计。

2. 人工智能的优势

与传统的计算机技术相比，人工智能的优势主要体现在高效率与自主性、强大的模式识别和预测能力、个性化服务能力，以及新技术和创新的推动力。

人工智能能够迅速处理大量数据，执行复杂计算，自动完成重复性高的任务，从而大幅提高工作效率。人工智能技术使得机器能够自主地感知环境、做出决策和执行任务，从而实现无人化操作。这在自动驾驶、无人机、机器人等领域具有重要的应用前景。

人工智能具有的模式识别和预测能力能够识别、理解复杂的模式与数据关系。通过机器学习和深度学习技术，人工智能可以从复杂的数据集中提取出有用的特征，进行学习，并做出准确的预测、分类和判断。人工智能还可以提供基于用户的数据和行为模式的个性化的产品与服务。例如，推荐系统可以根据用户的偏好和历史记录为其推荐相关的产品、音乐或新闻，优化用户体验。

随着人工智能技术的不断发展，各个领域的应用将会推动产品和服务的创新，拓展人类的认知和处理能力，在研究和创新中发现新领域、新方法。

3. 人工智能的应用

人工智能已经在多个领域得到了广泛且深入的应用，包括数据挖掘、自然语言处理、计算机视觉、内容生成等。

数据挖掘是从大量数据中发现隐藏模式和关联性的过程。比如：亚马逊（Amazon）的推荐系统利用数据挖掘技术分析用户的购买历史和兴趣，为其推荐个性化的产品；谷歌（Google）搜索引擎通过数据挖掘和机器学习算法，为用户提供准确的搜索结果。

自然语言处理指机器理解和处理人类语言的能力。智能语音助手如苹果（Apple）的Siri、亚马逊的Alexa、百度的小度、阿里的天猫精灵、小米的小爱同学等，都是利用自然语言处理技术与用户进行交互，进而执行任务和回答问题。

计算机视觉可通过人工智能技术对图像和视频进行分析与理解。比如：旷视科技（Face^{++}）开发了一系列基于计算机视觉的产品，包括人脸识别门禁系统、人脸支付等；谷歌的图像搜索和人物识别应用程序也是应用计算机视觉技术的典型例子。

利用人工智能技术还能生成各种形式的内容，如文本、图像、音乐等。例如，OpenAI的GPT模型可以根据给定的文本提示生成连贯的文章，被广泛应用于自然语言生成任务。其他还有包括语音克隆、文本生成、特定语言、音乐生成等的音频生成（比如MotionSound、Lovo.ai、Speechify等）、视频属性编辑、视频片段编辑、自动剪辑视频的视频生成（比如腾讯智影、剪映、Runway、Pika等）、图像生成（比如Stable Diffusion、MidJourney等），以及由文字或图像直接生成的三维模型（比如CSM.ai、Meshy、3DFY等）。

（五）XR：虚拟世界的叠加

1. 什么是XR

XR全称为extended reality，指的是通过计算机技术和可穿戴设备模拟或增强人类与现实世界的交互体验。XR技术主要包括三类，分别是虚拟现实（virtual reality，VR）技术、增强现实（augmented reality，AR）技术和混合现实（mixed reality，MR）技术。

虚拟现实技术是借助计算机和虚拟现实设备建立一个虚拟世界，并模拟人类在虚拟世界中交互的技术。虚拟现实设备一般包括头戴式显示器、控制器和定位器三种。头戴式显示器是一个封闭的显示装置，通过内置的屏幕将虚拟画面展现在用户眼前，并实时根据用户的头部活动更新画面视角，以模拟用户在虚拟世界中的视觉信息。头戴式显示器还会配置立体声扬声器或者专门的立体声耳机接口，以模拟用户在虚拟世界中的听觉信息。控制器用于接收用户的输入信息，以便允许用户与虚拟世界进行交互。定位器是一种用于追踪和确定用户在虚拟环境中位置的设备或系统。

增强现实技术是在真实世界上叠加数字信息（如图像、文字、三维模型等信息）的技术。增强现实技术最早应用在飞机的平视显示器（head-up display，HUD）上。这种显示器会将飞机行驶的相关信息投射在驾驶舱的窗户上，让驾驶员在观察窗外情况的同时能够看到飞行数据，以避免驾驶员低头看飞行数据导致的潜在危险。该技术之后衍生出了增强现实眼镜。这类眼镜通常会在镜片上布置特殊的发光显示屏，以便将数字信息投射到镜片上，从而将数字信息叠加显示在现实世界上，以产生虚拟与现实交互的效果。另一种主流的增强现实技术是利用移动设备的后置摄像头捕获场景，并通过屏幕在场景中显示数字内容。该技术克服了增强现实眼镜需要昂贵的专业硬件设备的缺点，已成为目前主流的增强现实技术。

混合现实技术是一类较为新颖的XR技术。混合现实技术的核心是将现实世界和虚拟世界结合，从而创造一个新的混合世界。在这个混合世界中，虚拟世界和现实世界中的物体可以互相交互，并对彼此产生影响。与虚拟现实技术相比，混合现实技术并不是完全模拟一个虚拟世界，而是将虚拟世界与现实世界结合，创造出全新的交互体验；与增强现实技术相比，混合现实技术不仅允许数字内容显示在现实场景中，还允许用户直接在现实场景中使用自然动作与虚拟内容进行交互，就好像这些虚拟内容真的出现在现实世界中一样。为了实现混合现实，用户通常需要佩戴与虚拟现实设备类似的专业头戴显示设备（head-mounted display，HMD）和空间传感器，以便计算机实时捕获用户的行为。

2. XR技术的优势

XR技术的优势主要有极强的沉浸体验、直观的交互方式、超越时空限制、可视化的虚拟物品、快速的原型设计及远程协作等。

XR技术改变了传统的人机交互方式，提供了更加自然、直观和沉浸式的交互体验。用户可以使用手势、语音命令或者物体跟踪等方式与虚拟环境中的物体进行互动，用户的参与感和创造力由此得到了增强。XR技术还突破了时空的限制，使用户能够与远程地点或过去/未来的场景进行交互。用户可以通过虚拟现实技术与遥远地点的人进行面对面的对话，或者通过增强现实技术将虚拟对象叠加到现实场景中。

XR技术可以将虚拟物品叠加到现实环境中，实现实时的虚拟物品可视化。用户可以使用增强现实技术在实际场景中观察虚拟产品的外观、尺寸和功能。这就使得快速原型设计成为可能。设计师和工程师可以使用虚拟现实技术快速创建、测试产品原型，由此节省了时间和成本。在虚拟环境中进行交互和评估，可以更早地发现和解决问题，提高产品的质量和用户体验。同时还能远程支持高真实度的预览和协作，提升远程协作的效率。

3. XR的应用

随着技术的发展，XR的应用遍地开花。在虚拟现实领域，2016年发布的HTC VIVE正式将虚拟现实体验普及给大众，使普通消费者能够在有限的预算下体验虚拟现实游戏的沉浸感；2019年发布的Oculus Quest更是将虚拟现实设备的使用门槛进一步降低，极大地普及了虚拟现实技术，并引爆了新一轮的虚拟现实应用和游戏生态爆发。

在混合现实领域，基于HUD技术的混合现实设备被广泛应用在各种控制系统中。例如，梅赛德斯-奔驰公司在S级车辆上使用的HUD系统可以将 3D 图像（如转向标记）模拟显示在驾驶员前方 10 米处。随着车辆的行驶，该 3D 图像会呈现由远及近变化的效果，提供与环境自然结合的增强现实体验。

增强现实眼镜的第一个商业化产品为谷歌在 2014 年发布的 Google Glass。然而由于当时的技术限制，Google Glass 价格昂贵且交互体验并不及预期，因此没有获得商业上的成功，生产了不到一年就被宣布停产。随着近些年 OLED 显示技术、SoC 技术、锂电池技术水平的提升以及移动端芯片算力的飞跃，增强现实眼镜的交互体验已经有了极大的改进，特别是在 2021 年前后，国内外的不少品牌都推出了自己的增强现实眼镜产品。

在移动设备的增强现实应用领域，2017 年，苹果公司发布的 ARKit 首次在 iOS 11 中加入了对增强现实应用的系统级支持。并且在 2020 年，苹果公司在第四代 iPad Pro 上引入了激光雷达扫描仪，首次在移动设备中为增强现实应用提供了专门的硬件支持。该硬件同样被应用在了 iPhone 12 Pro 及其后续机型上。由于开发和应用成本低，基于移动设备的增强现实技术得到了大量的应用。2023 年 6 月 6 日，苹果公司发布了首款头戴式"空间计算"显示设备，APPle Vision Pro。首批产品在开启预售后的 18 分钟便售罄。例如，宜家家居（IKEA）的 IKEA Place 让用户可以使用移动设备实时预览家具在现实房间中的摆放效果。借助激光雷达扫描仪的环境结构感知能力，IKEA Place 可以根据现有的家具和房间空间结构自动推荐合适的家具与产品，帮助用户足不出户完成房屋的室内装饰设计。

混合现实领域是目前较为新颖的领域，由于硬件成本和售价较高，对混合现实应用的探索主要集中在商用领域。例如，微软（Microsoft）的 Hololens 混合现实眼镜允许用户在实体部件的基础上展示虚拟部件，并允许用户直接使用手势编辑虚拟部件，以便用户在设计部件的同时实时观察部件与现有部件的交互关系。

四、创意设计与智能技术的融合进程

社会的发展历程伴随着各种不同类型的设计创新。在人类文明的早期就可以看到技术和工具的设计创造，这些创造一直延续至今。不论社会发展到哪一阶段，设计都是人类智慧的一种体现，具有独特的形态。它推动了人类文明的发展和进步，带来了丰富的物质和精神文明，形成了多样化的社会经济和结构形态，衍生出了新的生产和生活方式。创意设计推动社会文明进步，社会文明进步又促成设计进一步发展。

从最早的计算机辅助建模、渲染软件到现在基于形状文法、用户需求的生成式设计系统，再到基于云端的智能系统创新平台，这些工具的出现都体现了创意设计与智能技术相融合的新趋势和优势。[①] 这些工具不仅可以协助专业人员和初学者处理复杂、烦琐的任务，还可以输出高质量、有效的设计。这样一来，设计师们可以解放自己的创作灵感和创造力，从而创造出更有价值的设计作品。

例如，平面设计领域的阿里鹿班使用了大数据和图像的人工智能深度学习算法等技术，实现了高质量的设计图片智能快速生成；室内设计领域的酷家乐则运用了云渲染、云设计、BIM、VR、AR、AI等技术，实现了所见即所得的全景VR设计装修新模式，快速生成设计方案。建筑设计领域的小库（XKool）人工智能设计云平台则以智能设计、智能审图和智能报告等为主要功能，通过对初始模型的重复对抗和迭代过程，生成符合甚至超出人类设计师预期的方案模型。[②]

早在产业革命之前，人类文明还处于手工艺生产为主的封建社会，设计也只能基于二元的"人—物理"空间。然而，随着工业技术的发展，特别是新元素计算机的出现，为设计活动的开展带来更多可能性。现在，设

[①] 罗仕鉴，朱媛，田馨，等．智能创意设计激发文化产业"四新"动能[J]．南京艺术学院学报（美术与设计），2022(2)：71-75．

[②] 罗仕鉴，朱媛，田馨，等．智能创意设计激发文化产业"四新"动能[J]．南京艺术学院学报（美术与设计），2022(2)：71-75．

计可以基于三元的"人—物理世界—虚拟信息世界"空间开展。在这个阶段，智能技术和设计开始发生碰撞与融合。

随着新时代的到来，设计也面临着新的变革和展望。除去人为定义的时代标签，智能技术的加入究竟为设计活动带来了什么样的变化？我们需要梳理4个时代中技术与设计交错的节点和发展历程。在大数据、区块链和人工智能蓬勃发展的数字经济时代，创意设计的发展已经离不开智能技术的驱动。从设计大事件与技术大事件两者的发展轨迹上看，创意设计与智能技术的融合程度可以分为工具阶段、平台阶段、思维阶段3个阶段（见图2-2）。

（一）融合1.0：工具阶段

计算机辅助设计（CAD）软件和计算机辅助工程（CAE）软件是工具阶段的代表。它们是计算机辅助技术的一部分，可以帮助人们完成特定应用领域的任务。计算机辅助技术包括计算机辅助设计（CAD）、计算机辅助制造（CAM）、计算机辅助教学（CAI）、计算机辅助质量控制（CAQ）和计算机辅助设计（CAD）等，其中，"辅助"强调人的主导作用。在人的引导下，计算机和用户构成了一个人机交互的系统。在计算机辅助设计过程中，除了利用计算机进行产品模型的建立和绘图外，还可以利用计算机进行产品构思、功能设计、结构分析、加工制造等。

创意设计需要技术的支持，设计软件的出现与技术的进步密不可分。20世纪诞生了许多为设计师所熟知的计算机辅助工具，如计算机图形学、计算机辅助设计的始祖（Sketchpad）等。NURBS技术被研发，现代3D建模得以实现，第一个运用参数化设计的建模软件（Pro/ENGINEER）也应运而生。21世纪，智能技术的应用遍地开花，融入了人类生活的各个领域。计算机语言进一步发展，基于Java语言的Processing发布。Processing侧重图形视觉化，支持用简单代码实现美观的用户和交互界面。从1959年麻省理工学院开发出TX-2计算机，到第一个设计人工智能产品阿里鹿班出现，

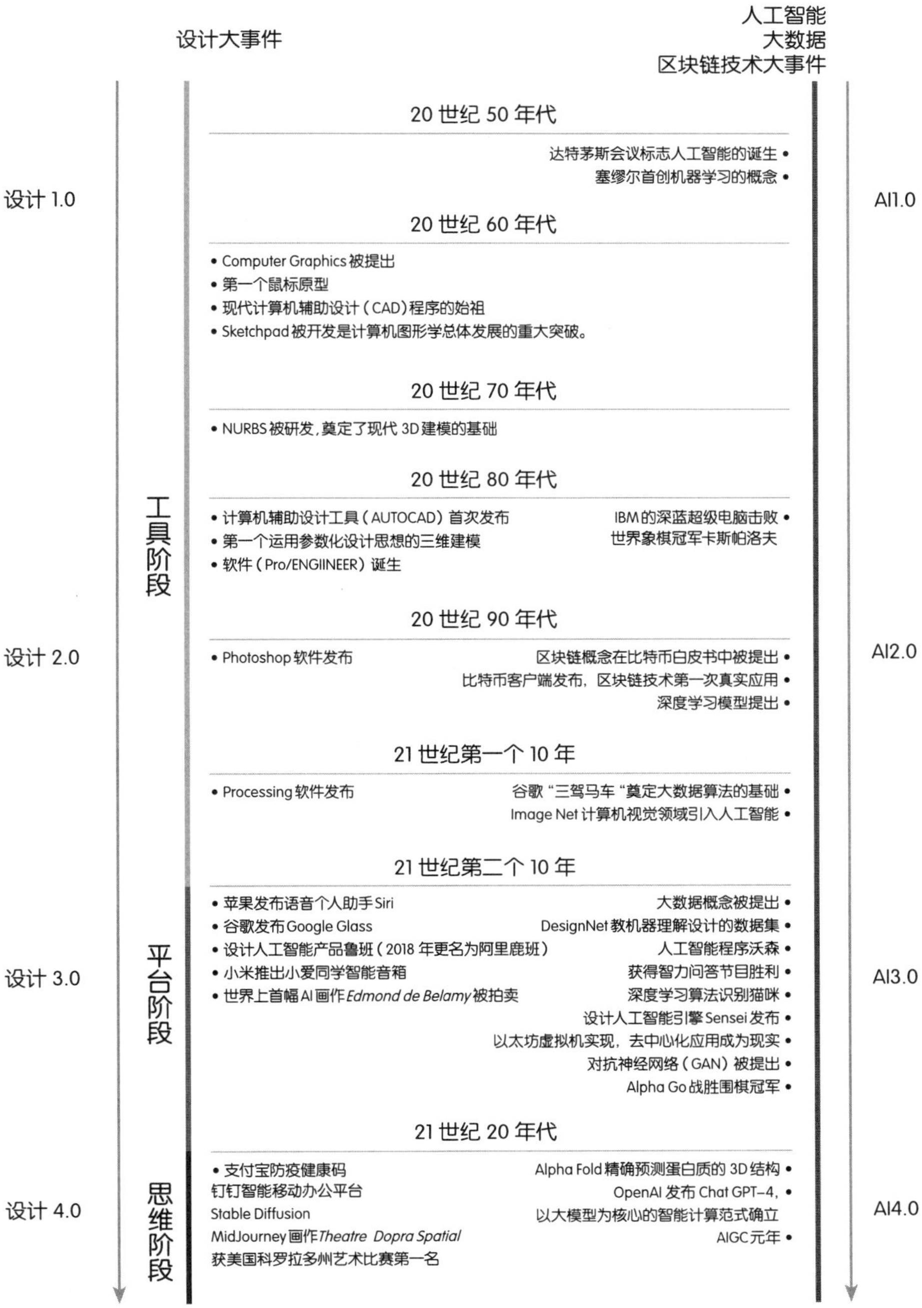

设计大事件		人工智能 大数据 区块链技术大事件	
	20 世纪 50 年代		
设计 1.0		• 达特茅斯会议标志人工智能的诞生 • 塞缪尔首创机器学习的概念	AI1.0
	20 世纪 60 年代		
• Computer Graphics 被提出 • 第一个鼠标原型 • 现代计算机辅助设计（CAD）程序的始祖 • Sketchpad 被开发是计算机图形学总体发展的重大突破。			
	20 世纪 70 年代		
• NURBS 被研发，奠定了现代 3D 建模的基础			
	20 世纪 80 年代		
• 计算机辅助设计工具（AUTOCAD）首次发布 • 第一个运用参数化设计思想的三维建模 • 软件（Pro/ENGIINEER）诞生		• IBM 的深蓝超级电脑击败 世界象棋冠军卡斯帕洛夫	
	20 世纪 90 年代		
设计 2.0	• Photoshop 软件发布	• 区块链概念在比特币白皮书中被提出 • 比特币客户端发布，区块链技术第一次真实应用 • 深度学习模型提出	AI2.0
	21 世纪第一个 10 年		
• Processing 软件发布		• 谷歌"三驾马车"奠定大数据算法的基础 • Image Net 计算机视觉领域引入人工智能	
	21 世纪第二个 10 年		
设计 3.0	• 苹果发布语音个人助手 Siri • 谷歌发布 Google Glass • 设计人工智能产品鲁班（2018 年更名为阿里鹿班） • 小米推出小爱同学智能音箱 • 世界上首幅 AI 画作 *Edmond de Belamy* 被拍卖	• 大数据概念被提出 • DesignNet 教机器理解设计的数据集 • 人工智能程序沃森 • 获得智力问答节目胜利 • 深度学习算法识别猫咪 • 设计人工智能引擎 Sensei 发布 • 以太坊虚拟机实现，去中心化应用成为现实 • 对抗神经网络（GAN）被提出 • Alpha Go 战胜围棋冠军	AI3.0
	21 世纪 20 年代		

设计 4.0	• 支付宝防疫健康码
	  钉钉智能移动办公平台
	  Stable Diffusion
	  MidJourney 画作 *Theatre Dopra Spatial*
	  获美国科罗拉多州艺术比赛第一名
		• Alpha Fold 精确预测蛋白质的 3D 结构
		• OpenAI 发布 Chat GPT-4
		• 以大模型为核心的智能计算范式确立
		  AIGC 元年
			AI4.0

工具阶段 / 平台阶段 / 思维阶段

图 2-2　创意设计和智能技术的发展历程

第一阶段的智能技术与设计的融合已经走过近70年的历程。像人类发展的历程一样，每一次突破都在已有技术上更上一层，因此，即便是在同一个阶段内，技术与设计的融合也在不断加深。

经过工具阶段的发展，计算机辅助软件可以提供更好的设计表达能力，替代一些低创造性和定义明确的工作。但是，它们几乎无法生成创新的设计，因此设计师仍然需要提供设计创意。技术和设计的融合仍有很大的提升空间。辅助设计软件在这个融合的第一步中仍然表现得像计算机一样，需要遵循严格的指令集。在设计领域，计算机开始辅助设计师完成基本的绘图、图形处理和三维模型构建等工作。虽然智能技术可以在设计呈现方面发挥作用，但在设计的前期阶段，设计师需要独立完成创意发散和方案提出工作。

智能技术辅助设计工具在经历了2D、3D计算机辅助设计软件的迭代后，出现了参数化、增强现实、虚拟现实等更多的设计辅助技术，以及日渐成熟的3D打印技术、新兴的4D打印技术等联结虚拟与现实的技术。例如，MIT媒体实验室（MIT Media Lab）一直致力于融合科技、媒体、科学、艺术和设计，开创性地设计了众多前沿科技和概念性产品。

同时，智能设计系统在专家系统、原型类比、神经网络研究基础上，依托人工智能技术的发展，运用大数据、深度学习、知识图谱等人工智能技术辅助设计，对原有的计算机辅助设计软件进行升级，使其不再是使用一两个方案解决所有问题的大众化工具，而是可以针对国家、社会、行业的具体问题进行特色化开发的智能创意设计工具[1]，例如：通过素材自动生成专业幻灯片的PowerPoint；通过人工智能算法和大数据训练，自动化输出电商平面设计的阿里鹿班；以算法驱动的AI设计为企业提供快速、全方位（标识、海报、头像、名片、包装、T恤、环保袋等设计类目）智能设计服务的水母智能；为建筑方案快速修图、出图服务的筑绘通。还有专门深耕

---

[1] 周子洪，周志斌，张于扬，等. 人工智能赋能数字创意设计：进展与趋势[J]. 计算机集成制造系统，2020(10): 2603-2614.

垂直领域的人工智能应用，如标识与网站设计的looka、二次元形象生成的NovelAI、游戏资产生成的Scenario、头像生成的Lensa等。这些产品都有比较好的赢利能力，比如Lensa在发售以后的短短数周就赢利超过5000万美元。智能创意设计工具在各自的细分领域里充分发挥其快速、高效的优势，促进了设计师的效能升级，推动了设计领域的供给侧改革，为创意设计产业注入了新动能。

1. 阿里鹿班

2016年，阿里巴巴首个人工智能设计的产品鲁班投入使用，并于当年"双十一"完成了1.7亿张广告条的设计工作。在2017年的"双十一"中，鲁班每秒生成8000张海报，颠覆了人们对AI创意设计能力的认知。不到2年的时间内，鲁班（2018年更名为阿里鹿班）已经制作了10亿张图，工作量超越了1万名设计师24小时不眠不休持续设计超过300年，并向行业输出人工智能设计与服务，使得原来互联网视觉创意设计的"千人一面"直接跨越到了"千人千面"的个性化定制时代，从而创造了新的模式和业态。[①]

这一创意正是借助广告条模板通过大数据、机器学习等技术实现的。深度学习在图像领域取得了很大的进展，是智能设计的基础。阿里巴巴的智能设计实验室利用达摩院的机器智能技术，通过学习人们过去的大量设计数据，训练出一个设计大脑（阿里鹿班）。阿里鹿班将各类成图设计根据内容、视觉、结构几大维度进行标注和分析，建立了对于构图、配色、搭配和文案几个方面在设计元素级别的认知。结构化使得图片自身的属性特征可以被高效、准确地传递收集处理，进而通过基于人机协作的数据匹配排序、图文渲染等生产工序实现高质量的设计图片生成。

通过图像领域的人工智能深度学习算法，阿里鹿班改变了传统的图片设计过程。现在，用户只需提供设计需求，机器就能够自动进行规划和执

---

① 罗仕鉴，朱媛，石峰.创意设计融合智能技术提升新经济新动能研究[J].包装工程，2022(2): 17-28，41.

行一系列复杂的计算操作。阿里鹿班能够代替人工完成素材分析、抠图、配色等烦琐的设计任务，快速生成符合用户需求和专业标准的多种设计方案。这些方案包括横幅广告图、海报图和会场图等不同类型的视觉设计。通过阿里鹿班，用户能够在短时间内获得高质量的视觉图像设计解决方案，而无须耗费大量时间和精力。

目前，阿里鹿班开放了智能排版、智能创作、设计拓展、一键生成四项功能。其中，一键生成、智能排版和设计拓展功能在用户输入标识、风格、行业、图片、文案、尺寸等信息后，可自动设计完成满足用户需求的海报，还可以在设计生成后，自动修改图片的尺寸。智能创作功能主要是针对专业设计师推出的"驯鹿计划"的一部分。其开放创作端口给专业设计师，邀请优秀的设计师来训练阿里鹿班的后台功能。训练后，数据会进入阿里鹿班系统，同时也帮助设计师把作品卖出去。因此，作为一款商业化的智能设计产品，阿里鹿班以其低门槛、高效率、高收益的特点，为不同的用户群体和创意设计产业赋能。对设计师而言，阿里鹿班一方面可以省去设计师放在一些琐碎细节上的心力，成为很多设计师提高效率的"朋友"，也为设计师提供了便捷的服务变现渠道——通过阿里鹿班产出设计作品，能直接触达海量客户；对商家和企业而言，阿里鹿班通过技术与数据赋能商家在图片生产上的持续优化，使其以较低的成本（人力、物力、沟通成本、知识产权费用等）实现更高效的图片分发，从而增加商家的运营抓手；对消费者而言，阿里鹿班利用更多维度的图片特征获得了对受众更泛化、更精细的刻画能力，可以更好地满足消费者的需求，甚至激发消费者的兴趣。

2. 水母智能

水母智能于2020年上线，来自国家级工业设计中心——洛可可创新设计集团（致力于打造通过AI算法覆盖企业设计场景及需求的可商用智能设计交付平台），从标识、包装、产品等具体设计场景出发，用AI智能为小微企业及其员工提供快、省、对、好的高性价比设计服务以及柔性供应链解决方案。目前，水母智能在国内取得了行业领先的用户使用频次及付费规模，企业用户数超过 7 万，日均完成方案数达到 100 万，产品覆盖 32 个行业，已与阿里钉钉、阿里云、支付宝、飞书、美团、闪 in 魔方、犀牛智造达成深度业务合作，同时也是数字化供应链平台小象智合、国内优秀的字体平台汉仪字体、最大的图片素材版权平台视觉中国等机构的战略合作伙伴。[1]

基于设计原理和行业 know-how（如何完成某事的实践知识或专门技能）的数据算法，水母智能可以带来指数级设计生产力提升。人工智能在提升设计效率的同时，提高了设计交付、生产可行以及数据反馈的确定性，从而为品牌带来多方面的价值。

水母智能帮助用户将设计拆分到最底层的形、色、意、材、表，并且通过即时生成可供筛选的海量设计方案等方式，加强与品牌方的互动；通过算法将抽象的需求具象化，降低交付双方的沟通成本与理解门槛。设计方案先呈现后选择，再付款，具有确定性，同时也为企业提供了可商用的版权保障。

基于对柔性供应链的理解与创新，水母智能通过智能设计文件的处理，在设计环节就精准地匹配生产工程图标准，打通了生产端数据设计文件，直接连接厂商，一键下单，直接投入生产，实现传统设计无法触达的 C2M 模式。

水母智能通过银河数据引擎摸清用户喜好，构建丰富的设计偏好画像，将消费数据设计化，驱动设计生成，做用户喜欢的好设计。首先，通过智能方案推荐的设计策略，将用户需求与品牌基因、消费数据等结合，同时从设计数据库中挖掘信息，为算法提供场景化及目标群体的数据支持，搭建设计知识图谱。其次，通过图形工艺算法和深度学习算法生成解决方案。最后，基于用户的方案选择等行为数据，进行反馈学习，为更好地分析与

---

[1] 参见：《水母智能再获 7000 万元 A 轮融资，通过设计赋能为中小企业带去价值》（https://www.sohu.com/a/494773138_100171209）。

理解同类用户需求形成数据闭环。

水母智能不断完善产品生态，在设计领域知识图谱、矢量图形处理算法、版权工艺等图像算法、设计智能推荐等方面取得突出的进展，于2021年8月推出达芬奇AI设计引擎2.0，可实现用户需求理解与分析、高质高效图像生成、设计方案精准推荐及美学质量评估反馈。

（二）融合 2.0：平台阶段

随着大数据和云计算、人工智能、虚拟现实、增强现实等科学技术的发展，人类进入了互联网知识时代。2016 年，Alpha Go 战胜围棋冠军，HTC VIVE 虚拟现实头盔的发布，亚马逊 AMS 云服务的盈利首次超越亚马逊零售服务……新时代的科技成果一遍又一遍地刷新人们对于智能技术的观点，也标志着创意设计与智能技术的融合迈入了 2.0 阶段。融合 2.0 的到来与硬件算力的进步和大数据、云计算、XR、人工智能等智能技术的发展密不可分。

回顾智能技术的发展历程，在人工智能领域，1956 年，达特茅斯会议上，人工智能诞生，塞缪尔提出机器学习概念；1997 年，深蓝超级电脑打败世界象棋冠军卡斯帕罗夫；2003 年，谷歌"三驾马车"奠定大数据算法基础；2010 年，DesignNet 教机器理解设计的数据集；2011 年，沃森在智力问答节目中赢得胜利；2012 年，深度学习算法识别猫咪；2016 年，Alpha Go 战胜围棋冠军，MAX 大会发布设计人工智能引擎 Sensei……以深度学习、对抗式网络为主的人工智能开始在虚拟技术、图像视频、增强现实、跨媒体艺术等领域广泛实践。在虚拟现实和增强现实领域，1960 年，第一个平视显示系统（HUD）在美国 A-5 舰载机上成功运用；1968 年，伊万·萨瑟兰（Ivan Sutherland）与学生罗伯特·斯普罗（Bob Sproull）创造了第一个虚拟现实及增强现实头戴式显示器系统；1988 年，通用汽车（General Motors Company，GM）首次将平视显示系统应用于汽车领域；1990 年，增强现实的概念被汤姆·考德尔（Tom Caudell）提出；1995 年，任天堂（Nintendo）

推出了 Virtual Boy 虚拟现实头戴式游戏机；2014 年，谷歌推出 Google Glass 增强现实眼镜；2015 年，微软发布了 Hololens 增强现实眼镜；2016 年，HTC VIVE 和 Oculus Rift 虚拟现实头盔发布；2017 年，苹果公司在 WWDC 上发布 ARKit；2023 年发布的 APPle Vision Pro 将增强现实技术带入移动设备。虚拟现实和增强现实技术极大地提高了设计的效率。通过在虚拟环境中进行实体产品的设计和预览，设计师可以直观地感受到产品与环境的交互效果，并进行快速迭代。在云计算领域，1983 年，太阳计算机公司（Sun Microsystems）首次提出"The Network is The Computer"的概念；1996 年，Compaq 公司在内部文件中首次提及云计算的术语；2006 年，亚马逊的云计算服务（AWS）上线，成为首个商用的云计算系统；2010 年，云计算基础设施软件 OpenStack 发布，极大地加速了云计算推广的进程。目前，几乎所有主流的互联网公司都已经上线了自己的云计算产品。这些云计算产品为智能设计的实现提供了重要的基础。

在融合 2.0 阶段，人们在自然语言处理、数据挖掘、人工智能内容生成等领域取得了长足的进步。这些进步反哺到设计工具上，催生了智能科技与传统设计工具相结合的智能化设计工具。由于融合 2.0 阶段的设计工具通常需要强大的硬件支持，因此这些设计工具大多不再运行在用户本地的设备上，而是以平台的形式提供。用户需要通过网络访问相关工具，并在使用工具期间持续进行网络连接。

设计工具平台化的第一个好处是可以使工具与具体的设备无关。在融合 1.0 阶段，设计活动形式单一，大多数专业设计软件是在台式或笔记本电脑上运行的。因此，设计工具可以基于具体的软硬件进行开发。而在融合 2.0 阶段，设计活动的类型更加丰富，用户可以通过电脑、手机等移动设备，甚至浏览器进行设计活动。因此，设计工具需要提供足够的灵活性，以便可以在多个不同的场景下使用。平台化设计是满足这个需求的绝佳方案。

设计工具平台化的第二个好处是与离线工具相比，在线平台的开发方可以收集更多的用户交互数据，例如可以获取用户对工具生成内容的偏好、对不同方案的满意程度等信息。这些信息可以立即反馈到算法中，用于完善算法和工具，使得设计平台的完善速度要比传统的设计工具快很多。

设计平台产品一般包括智能化设计助手和群智设计平台两种。它们的出现与发展离不开现代云计算、人工智能和大数据等技术的发展。智能化设计助手是传统设计工具与现代智能科技的融合。它们借助人工智能技术，将原本烦琐且单调的人工设计劳动转由智能设计助手完成。这样，它们在大幅提高生产效率的同时，也节省了运营成本。群智设计平台则是基于大数据和Web2.0推出的新型设计平台。它们通过提供在线平台的方式，将原本相对封闭的设计资源库和设计团队整合成统一的设计服务，使得所有企业都可以通过订单化的方式获得设计服务。因此，通过大量设计师的参与和设计资源的整合，群智设计平台可以以比传统设计团队低得多的运营成本提供更标准化、更优质的设计服务。

产品的整体价值可以通过整合生产和使用过程中需要的各类资源来提升，平台则是将发包方和接包方联系起来的"中间人"，它能够提供平台系统、机制以及人机交互方面的关键技术，并以发布任务和形成方案作为事件起点。随着Web2.0技术的发展，众包平台的方式不断进步，已经发展出了商用、O2O、社群、公益、众筹、社交、共创等不同类型，可以大致分为协作式和竞赛式。在智能时代，创新对数据的依赖性逐步提高，呈现出创新周期加速和创新过程更具合作性、包容性的趋势。[①] 群智创新是一种全民协同的创新模式，可通过一系列模型算法、知识产权管理等措施，如设计任务的匹配和方案修改等，有效缓和发包方与接包方之间的矛盾，保证众包产出成果。群智创新平台的优势在于能够使外部资源和内部平台共享，建立可复用的群智设计的知识模型，将群智创新的力量赋能到具体的

---

① 罗仕鉴, 田馨, 梁存收, 等. 设计产业网构成与创新模式[J]. 装饰, 2021(6): 64-68.

产业中，实现设计资源的高效分配和管理，最终有效提升商品和产业的转化率，推动产业升级。例如，2018 年 4 月投入使用的阿里巴巴全新智能设计平台链接了大量设计产业的伙伴和消费者，通过设计产业网中的设计数据，形成平台的设计资源库[①]，能够快速应对消费者的个性化需求。在工业设计和产品创新领域，太火鸟科技推出了自己的太火鸟 SaaS 服务平台。该平台是一个 B2B 的设计交易和产品创新 SaaS 服务平台，可以为制造业企业和品牌方提供各种设计服务，如工业设计、产品设计、结构设计、平面设计等。该平台还利用人工智能技术和设计工具，帮助客户实现设计成果转化、产品创新、投资孵化和全渠道分发。在内容营销和数据智能领域，特赞公司的特赞平台提供了一个创意内容的数字新基建平台。特赞平台拥有丰富的创意方和专利级 AI 技术，可提供品牌策划、标识设计、网页/APP 设计、平面设计、电商方案等服务，帮助企业完成创意资源的供给、管理、优化等工作。除了提供群智设计平台本身外，产品方也可以选择一个现有的群智设计和开发平台，将原本公司内部使用的资源库、知识库、代码库进行开源，以吸引更多的贡献者参与，在为广大参与者提供资源的同时完善自己的资源，实现双赢。

1. 太火鸟

太火鸟是一家强调数字赋能设计的科技型设计公司。太火鸟从国内知名的智能硬件创新孵化平台发展为行业领先的工业设计和产品创新 SaaS 服务平台，再升级为人工智能设计工具，建立起一个产品从交易、到设计、到制造、再升级为生产、分发的全链路服务系统（见图 2-3）。其通过"需求引导 + 平台汇聚 + 多元协同 + 产业网驱动"来激发设计产业中所有的参与者共同进入创新的过程[②]，利用群智搭建产品创新和生产的闭环，实现空前规模的设计活动。

太火鸟的 B2B 设计交易模式及产品创新 SaaS 服务平台汇集了数千家国

---

① 李扬帆. 数字经济影响下艺术设计学科的发展思考 [J]. 艺术教育，2023(3): 193-196.
② 参见：太火鸟官网（https://m.taihuoniao.com/design_home）。

内外专业设计公司，依托行业领先的人工智能设计交易引擎和设计生产力工具，为制造业企业及品牌方等提供工业设计、产品设计、结构设计、产品策略、平面设计、标识设计、品牌设计、包装设计、UI 设计、用户体验设计、插画设计等设计交易撮合、设计成果转化、产品创新、投资孵化和全渠道分发等增值服务。其核心优势在于拥有强大的技术团队和丰富的数字营销经验，同时还有专业的数据分析和运营服务能力。太火鸟的数字化营销解决方案具有高度定制性，可根据客户的不同需求提供个性化的服务，有效提升客户的品牌知名度和销售业绩。[1]

2. 特赞

特赞是一个利用大数据和智能匹配技术为企业精确对接设计创意的科技公司，成立于 2015 年，一直专注于内容和数字营销创新领域，融合内容创意和技术创新，为大中型企业解决创意内容的生产和管理的问题。

随着人工智能的发展，全球多个互联网设计平台开始进入商业化的进程。特赞以其"科技赋能想象力，而不是取代想象力"的设计价值观，从提升设计效率和扩大想象力两个方面，帮助设计师开辟出更具前瞻性的路径，创造出更大的价值。为此，特赞搭建了创意内容的数字新基建，旨在实现创意内容的生产、流转、分配以及管理的数字化、平台化、智能化，以驱动品牌成长，让线下的设计资产转变为线上的云资产，让设计资源在云端实现流动，从而使设计的价值能够被衡量和计算，帮助完成设计增值，为数智时代的经济注入新动能。

特赞通过多元协同开发创新软件、工具和平台等，建立起群智创新网络的新生态，不断为企业提供专属的设计创意供应链。为了保证创意的多样性和多元性，特赞选择了视觉形象设计、插画、信息可视化、UI/UX 等方面的上万名设计师。这些设计师具有不同的背景、国籍、文化、故事、能力和性格。通过特赞的这个平台，任何一家企业都能像调用云服务一样调用设计的"创意云"。除此之外，特赞针对设计创意行业开发

---

[1] 参见：太火鸟官网（https://m.taihuoniao.com/design_home）。

了一套人才数据化的算法，用数据对平台的设计师进行描述：首先，利用大数据技术，对设计师进行画像，并不断让机器学习设计师的行为，从而挖掘他们的创作偏好和兴趣，帮助设计师挖掘能力和热情之间的平衡点。其次，通过一套视觉倾向的算法，将企业的设计需求和设计师的擅长点进行精准匹配，在多变的消费和市场需求中精准完成甲乙方的选择，帮助企业匹配更理想的设计师，从而占据行业高地。最后，利用策略性的营销计划，与 20 多个新媒体以及淘宝等合作，利用多元化社群提供具有创意的线下活动，为企业提供多重视角的策略和素材，也为企业的策略传播提供通路。

特赞平台利用人工智能和云计算等新兴技术，为设计师、企业和个人用户提供高效、智能、创新的设计解决方案。特赞提供的智能设计软件，采用了高级的智能算法和深度学习技术，可以通过大数据分析设计数据和学习设计方法，产出高质量的设计建议和方案。用户在使用智能设计软件时，只需要提供基本的设计需求和素材，就能快速获得质量好、数量多的设计方案。除了智能设计软件，特赞还提供了一系列的智能服务，包括产品的开发、制造、销售、营销等，服务对象涵盖了零售、家具、文化创意等不同领域的各个行业。通过人机结合，特赞实现了设计效能的指数级增长。

特赞在大力激发创意设计能力的同时，也不断建立起创意技术的底层能力。通过与同济大学设计创意学院联合建立设计人工智能实验室，特赞整合企业、院校等不同的组织，融合人工智能和设计学等交叉学科，将设计融入数字经济，变为数据资源，形成机器智能，以推动产业的协同升级。

3. Ant Design

2015 年，蚂蚁金服体验技术部推出了 Ant Design。它有别于 UI 组件库，是一种全新的服务于企业级产品的设计体系。这套体系为使用者们提供了一整套完善的设计指引、最佳实践、设计资源和设计工具，可帮助他们快速产出高质量产品原型。Ant Design 以少量人力，提升了阿里巴巴内部

1000 多个产品、外部 2 万多个产品的研发效率。

蚂蚁集团的企业级产品是一个非常庞大、复杂的系统，里面有很多不同的功能和页面，而且会频繁地进行修改和同时处理多个任务，设计师、开发者需要能够快速做出相应的调整和改动。在这些产品中，有很多类似的页面和组件，可以通过提炼出稳定且可以反复使用的元素来简化工作。随着商业化的发展，越来越多的企业级产品对提供更好的用户体验有更高的要求。为了满足这个需求，蚂蚁集团体验技术部通过大量的项目实践和总结，逐步发展出一套适用于企业级产品的设计体系，即 Ant Design。它采用模块化的解决方案，减少了重复的工作成本，使设计师能够专注于提供更好的用户体验。

Ant Design 通过提供全新一代数据可视化/图形化解决方案、开箱即用的中台/前端设计解决方案、UI 组件库、为设计者提升工作效率的 Sketch 工具集、优质图标集等，帮助设计师和开发人员提升 5—10 倍的研发效能，同时提供设计价值观、原则和模式，帮助设计师和开发人员做出更好的产品设计。

值得一提的是，Ant Design 不但重视用户的使用体验，还重视设计者和开发者的使用体验。作为一个开源项目，Ant Design 在项目开始之初就通过 Github 邀请更多的社区志愿者一起参与。5 年间，有接近 1000 名贡献者参与到 Ant Design 的建设中，在 GitHub 上至少有 1.2 万条反馈。在社区的反馈和协同共建下，Ant Design 在 2019 年底成为全球开源第一的组件库。Ant Design 通过"需求引导 + 平台汇聚 + 多元协同 + 设计产业网驱动"，激发了设计产业网中所有参与者协同创新，即以需求数据为引导，将设计创新平台作为基础，汇聚各方资源、知识，打造开放、创新的新体验产品，为生态伙伴带去更多价值。

在平台阶段，由于人工智能技术和群体用户的参与，计算机开始具备了基础的创意能力，智能创意设计成为一种能够发现创意机会点并生成创意解决方案、系统或服务的智能技术。与工具阶段相比，在平台阶段中，智能技术参与创意设计的阶段前移了，计算机能够通过大量案例学习完成简单的设计推演，并替代设计师完成重复性工作。

目前，越来越多的企业发布自研智能设计平台，并在不同领域和场景中应用和尝试。然而，在融合 2.0 阶段，即使技术与设计融合加深了，计算机所能替代设计师完成的工作仍受到技术制约。

技术与设计融合不仅对技术提出了要求，在设计方面也需要相应的支持。作为涉及多学科交叉的活动，设计的过程具有复杂和不确定的特征。从流程上来看，并没有单一确定的步骤序列能够始终得出正确且成功的设计。不同的设计师会运用不同方法实现相同的目标，而且对设计的评价也需要复杂的体系支持。作为反复迭代的非单向、非结构化活动，设计通常需要回溯早期点，并尝试新颖组合来优化结果，这就导致计算机在模仿和捕捉设计结构时存在困难。因此，无论从哪个角度看，虽然平台阶段智能工具飞速进化，但这些智能工具仍然相对原始，存在很大的发展空间。

对于设计师而言，"做平台"的阶段对专业技术能力提出了更高的要求。智能设计平台利用大数据、人工智能等技术为商家提高产能、优化结构、解决运营难题，定向内容和广告投放也带来了独特用户体验。绘图不再是设计师的专利，依靠设计师产出的时代已经走向终结。

在未来，智能技术将进一步发展，计算机将具备更自主的创新能力，帮助设计师完成更深层次的创造活动。创意设计与智能技术将形成共同繁荣、相互促进的局面。

（三）融合 3.0：思维阶段

2022 年末，以 MidJourney 和 Stable Diffusion 为代表的人工智能图像生成软件以及以 ChatGPT 为代表的人工智能文本生成软件在全球范围内掀起了一阵新的人工智能热潮，创意设计与智能技术的融合开始进入 3.0 阶段。我们将这个阶段称为思维阶段。

生成式人工智能（artificial intelligence generated content，AIGC）从 2022 年 10 月 OpenAI 发布 ChatGPT3.5 开始，逐渐被大众了解。AIGC 涵盖许多不同领域，包括自然语言生成（NLG）、计算机图形学、音频生成等，在各种应用中都有广泛的用途。通过机器学习和深度学习等技术，AIGC 能够生成高质量、有创意的内容，以满足各种需求。在发布后的 1 年时间里，经过不断迭代和持续发展，各种不同领域的大模型从推出到逐步成熟，设计领域也迎来了与以往不同的智能技术与创意设计融合的 3.0 阶段。

融合 2.0 和融合 3.0 最大的不同在于用户的设计目标。在融合 2.0 阶段，虽然智能设计平台已经能够极大地减少设计师的设计工作，但是设计师仍然是设计的主体，需要在正式设计之前进行需求分析，确定初稿，然后通过智能设计平台搜寻、记录相关的素材和案例，最后通过自己的分析确定最终的方案。而在融合 3.0 阶段，随着人们在人工智能领域的不断探索和超大规模预训练网络技术的成熟，智能技术在获取和学习外部知识、逻辑推理、跨领域知识结合等以往对于人工智能非常困难的领域里已经有了长足的进步。此时的人工智能与工具相比，更像是一位称职的工作伙伴，人们已经可以直接使用自然语言和人工智能沟通，并指导人工智能给出具体的方案。在融合 3.0 阶段，设计师已经不再需要直接设计最终的产品，而是转为设计让人工智能设计产品需要的"思维"。这些"思维"通常以关键字、参考草图、自然语言描述的需求等形式提供给人工智能平台。人工智能在了解了这些"思维"以后，便可以在数秒至数分钟内生成非常高质量的最终产品设计方案。在这个过程中，设计师和人工智能不再由一方辅助另一方进行设计，而是变成了密切配合的伙伴：设计师先设计目标产品的思维模式，将该思维模式告知（输入）给人工智能，由人工智能快速给出多个方案，然后设计师检查人工智能给出的方案，从中挑选满意的方案，或者根据输出方案和预期的差异，进一步细化或者修改思维模式，重新提供给人工智能，如此反复。大量的成功案例已经证明，只要用户给出足够细致的思维模式说明，目前的人工智能已经能够输出足以比肩真人设计师的高质量设计作品。例如，在2022年的美国科罗拉多州博览会上，39岁的游戏设计师杰森·M.艾伦（Jason M. Allen）的作品《太空歌剧院》拔得头筹。其随后声明，该作品完全是由人工智能绘画工具MidJourney生成的，而且自己其实根本就没有任何绘画基础。虽然该声明使得艾伦和他的画作成为众矢之的，但博览会主办方仍然坚持自己的评选结果，而艾伦自称花了1个月时间，不断修改MidJourney的指令，才最终生成了一张最满意的作品，因此其作为创作者花费的时间和精力也应当被纳入考量。

与融合2.0阶段针对具体的国家、社会、行业特色化开发的智能创意设计工具相比，融合3.0阶段的智能设计工具由于有了超大规模预训练网络的支持，所以拥有比融合2.0阶段的工具大得多的知识储备。这使得这些设计工具不仅能够在多个行业、多种社会文化下使用，而且针对具体的领域、行业、场景，也能给出非常专业的设计方案。因此，这些智能设计工具通常被设计为通用型的设计工具，能够为所有行业提供解决方案；当其在某些领域的专业性不足时，设计师也可以通过给予其更多的领域特定训练数据来显著提高其在该领域的专业程度。目前已经成功应用的融合3.0阶段智能创意设计工具包括人工智能绘画平台MidJourney、Stable Diffusion、DALL-E，人工智能文本生成平台ChatGPT、New Bing，人工智能视频创作平台Fliki，人工智能音乐创作平台Riffusion，人工智能人身生成平台DiffSinger，等等。

1. MidJourney

MidJourney是由大卫·霍尔兹（David Holz）发起的一家小型研究实验室，其主要产品是2022年3月首次亮相的同名人工智能文生图模型及应用。MidJourney的交互借助聊天应用Discord来完成。用户可以在聊天框中输入想要绘制的图片的文字描述，MidJourney便可以通过该描述内容在很短的时间里直接生成用户所需要的图像。用户还可以选择不同的艺术风格，或者用镜头或摄影术语具体描述来提高出图的质量。只要描述词汇使用恰当，最后生成的画面质量可以媲美专业水平的艺术家。

MidJourney在底层的数据、工具层抓取公开数据进行模型训练，在中间的模型层构建自己的闭源模型，在直接面对用户的应用层搭建Discord中的应用。在每一层的价值链上，它都有自己的核心竞争力。截至2023年2月，Discord频道的用户数超过1000万，并以付费订阅的方式实现了赢利。这些用户包括创意设计人群、Web3和NFT从业者以及一些个人爱好者。不同的用户有不同的需求，其中，创意设计人群更多的是企业端（B端）用户，如广告公司、影视类公司或是大公司中的创意部门等的设计师。MidJourney文生图的功能不仅可以极大地提升创意设计人群的工作效率，还能在生成的图片基础上对产品设计、建筑设计等创意性工作起到充分的启发性作用。对普通人（C端）来说，MidJourney降低了艺术创作的门槛，使艺术创作变得简单，并且也能使之通过原有渠道（如自媒体）来获取收入。2024年，微信红包就有通过MidJourney来生成封面设计的案例（见图2-5）。MidJourney不仅在艺术绘图领域成为工具，在某种意义上也是一种设计思维的颠覆，可以突破创意设计师的固有思维，提出未有的设计思路或内容创新。

图 2-5　Midjourney 生成的微信红包封面

2. Stable Diffusion

Stable Diffusion是由Stability AI开发的一款人工智能绘画软件。其接收用户的文本输入，并据此生成图像。例如，在Stable Diffusion中输入"中式座椅""现代电热水壶"等主要关键词，并用其他形容词进行描述，Stable Diffusion就会自主生成图像（见图2-6）。相对于基于文本的人工智能绘画软件，Stable Diffusion是目前为数不多将自己的预训练模型完全开源的产品。这意味着任何人都可以从网上下载Stable Diffusion的完整副本，并在本地部署Stable Diffusion的模型、训练和运行环境。虽然Stable Diffusion官方并没有提供直接可用的应用程序，但是目前网上已有大量部署Stable Diffusion模型的在线应用程序，且用户也可以自己在本地部署Stable Diffusion的应用程序。

图2-6　Stable Diffusion生成的中式座椅和现代电热水壶

3. ChatGPT

ChatGPT是基于GPT模型开发的一款以对话形式交互的通用语言模型。该模型由OpenAI公司开发，可以完成各种各样的文本处理任务，例如问题解答、资料搜集、文本概括、文本扩写、文本翻译、代码编写、情景对话等。与之前所有AI模型不同的是，ChatGPT可以以非常自然的语言与用户通过聊天的方式进行沟通，并可以生成非常专业的文字内容。得益于其超大的参数规模和预训练知识库，ChatGPT可以在几乎所有领域从事所有文本相关的工作。这给予了ChatGPT非常广阔的应用前景。例如，微软将ChatGPT与Bing搜索引擎结合，开发出了New Bing。在ChatGPT的帮助下，用户可以使用自然语言提出问题。ChatGPT将这些问题"翻译"为需要查询的关键词，并调用Bing搜索引擎获取相关信息，进而根据相关信息给出准确且流畅的语言回答。

目前，ChatGPT有非常多的在商业项目中应用的案例。在设计调研阶段，ChatGPT可以通过调用其知识库，快速从海量信息中按照要求提取出与用户需求相关的调研方法，并生成具体的建议，帮助用户把控设计的整体方向；在设计提案和头脑风暴阶段，ChatGPT可以通过其强大的文字处理能力，针对某些提案进行情景模拟和原型方案生成，极大地提升了从想法到方案的转化效率。

融合3.0的到来对设计行业有着巨大且深远的影响。在融合3.0阶段，人工智能设计工具的角色第一次从辅助人类进行设计转变为与人类协作进行设计。在将人工智能应用到实际工作中时，无论从效率、质量控制还是道德伦理层面思考，思维阶段的创意设计都仍是设计师与人工智能配合进行工作，而非人工智能脱离人类设计师独立进行工作。

创意设计和智能技术融合的3个阶段也可以看成计算机逐步模仿人类的阶段。在第一个阶段，计算机的模仿偏向人类左脑特征，以逻辑、顺序、理性和分析为主。但是，仅能完成明确指令的计算机显然无法在创造环节发挥作用。随着人工智能、大数据、区块链等技术的发展，计算机可以涉及一些非数字的、随机的、直觉的、整体的、主观的任务，即赋予计算机以人类右脑的特征，智能技术与设计的融合也成功迈向第二个阶段。然而，为了在设计环境中解决问题，创意设计需要同时运用左、右脑思维，智能技术与创意设计的融合又再次迈向更高的阶段。在第三个阶段中，设计师运用智能创意设计思维、方法、工具来解决新时代的新问题。

创意设计和智能技术融合的3个阶段并无高下之分。设计师既需要能完成大量机械设计的工具，也需要能够辅助设计的平台，或是能够参与设计、给予设计建议的思维助手。在智能设计时代，设计师和智能技术之间的合作关系变得更深入、更智能化，并形成了一种互补的关系。智能技术利用它强大的学习和计算能力来辅助、启发设计师,设计师则更专注于创造性的设计工作。两者结合起来,可以更快、更好地生成设计方案,创造出有价值的设计作品。

第三章
新动能：智能创意设计撬动新经济

CHAPTER 3

> 文变染世情，兴废系乎时序。
> ——刘勰《文心雕龙·时序》

智能创意设计作为新经济的核心驱动力，通过智能技术与创意设计的结合在新经济中彰显独特地位和重要作用。智能创意设计作为提升新动能的路径，将从全面、多元且富有前瞻性的视角赋能产业发展，撬动新经济的未来发展。

新经济 新设计 新动能

新设计助推新经济，主要体现在效率提升、体验改善、产业升级、经济点增加等方面。首先，新设计提高了生产效率，智能创意设计将新技术融入创意设计，不仅提升了设计生产的效率，同时设计智能化生产流程也使得生产过程更加智能化和自动化；融入智能技术的创意设计还可以根据市场需求和消费者反馈，进行快速的产品优化和迭代，提高生产效率和质量。其次，新设计改善了产品的消费和使用体验。通过将智能技术应用于产品设计和生产中，智能创意设计能够提供更加智能化、个性化、差异化的产品和服务，从而满足用户多样化的需求，并提高消费者的忠诚度和满意度。再次，智能创意设计的应用和发展在推动包括文化产业、制造业等在内的传统产业的升级和转型的同时，也为新兴产业的发展注入了新的动能，开拓出新的商业模式。最后，智能创意设计提供了新的经济增长点。智能创意设计促进了科技创新和产业升级，通过将人工智能、大数据分析、虚拟现实等先进技术融入创意设计的过程，新兴企业和创业者得以开发出创新性的产品与服务。这些新产品和新服务不仅提高了市场竞争力，还带动了相关产业的升级和发展，为经济注入了新动力，激发了新的增长点。由此，智能创意设计丰富了市场和消费选择，为市场注入了新的活力，还为企业提供了竞争优势，通过提升市场竞争力推动企业发展和壮大，刺激经济增长。

一、智能创意设计与新经济关系模式

在党的十九大报告中,习近平总书记指出,我国经济已由高速增长阶段转向高质量发展阶段,正处在转变发展方式、优化经济结构、转换增长动力的攻关期。其中,转变经济发展方式,就是要发展高质量的经济。[①]智能创意设计以其高度普适性与智能化等特点,能够助推经济高质量发展。

新经济时代科技的发展背景主要有三个重要特征:数字化、网络化、智能化。智能创意设计需要适应当代科技发展的速度,因此更需要理解这三个特征对创意设计影响。

数字化是将信息和数据转化为数字格式的过程。在创意设计领域,数字化带来了更高效、便捷的设计流程,使得设计师能够更轻松地处理图像、文本和声音等多种元素。数字化工具如计算机辅助设计(CAD)软件、Adobe Creative Suite等,大大提高了设计师的生产力,同时也使得设计成果更易于储存、共享和传播。

网络化是指通过互联网进行信息交流和资源共享。在创意设计领域,网络化让设计师能够轻松地与全球的同行、客户和供应商进行实时沟通与合作。设计师可以利用网络平台,如Dribbble、Behance等,展示自己的作品,获取反馈,开拓客户。此外,设计师还可以通过网络学习和掌握新技能、新理念,提高自己的设计水平。

智能化是指通过人工智能(AI)技术实现信息处理、决策支持和自动化控制等。在创意设计领域,智能化带来了诸如智能推荐、模式识别和自动优化等新功能。例如,设计师可以使用AI辅助的设计软件,如Adobe Sensei等,进行快速原型设计、图像处理和颜色搭配等工作。智能化技术还可以根据用户反馈和行为数据,自动优化设计和用户体验。

数字化、网络化和智能化对于创意设计产生了深刻的影响。相关技术

[①] 参见:《习近平:决胜全面建成小康社会 夺取新时代中国特色社会主义伟大胜利——在中国共产党第十九次全国代表大会上的报告》(https://www.gov.cn/zhuanti/2017-10/27/content_5234876.htm)。

的应用不仅提高了设计师的工作效率，还拓宽了设计师的视野，促进了设计创新。同时，这些技术还让设计行业变得更加开放、互联，为设计师提供了更多的发展机会和创新空间。智能创意设计在各行各业中扮演着重要角色，是推动新经济发展的重要动能之一。

在研究智能创意设计时，我们需要分两条路径去拆分和理解其内涵。一是智能创意设计的内生路径，即应用新设计资源、强化数据思维、强化平台思维等，从主体、技术、业态、模式等方面为设计产业输入新动能，探讨在新经济时代智能技术爆发的大环境中，设计自身应如何进化以适应时代需求；二是智能创意设计的外协路径，通过建立"设计＋科技＋经济"多重学科交叉驱动创新网络，为文化产业、制造产业、信息产业等多个领域激发新动能。

智能创意设计与新经济关系模式可以具体用 5 种关系来表现：技术关系、产业关系、模式关系、业态关系、市场关系（见图 3-1）。

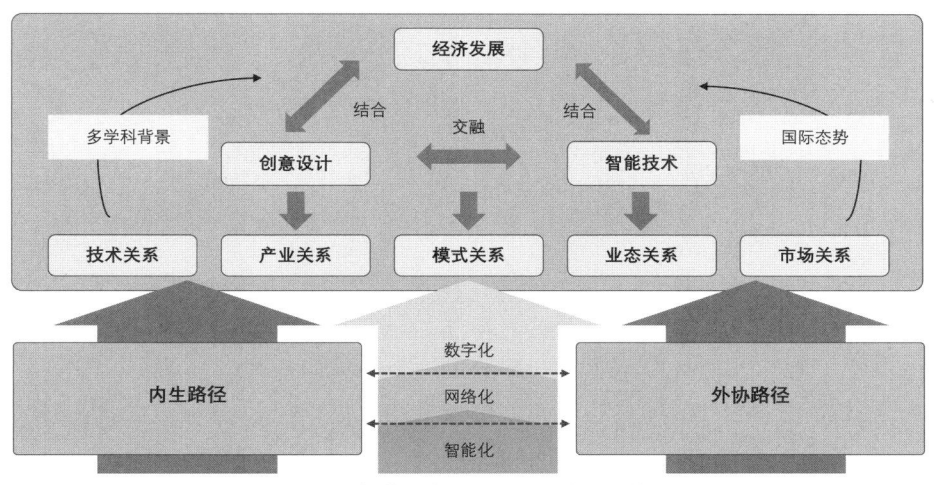

图 3-1　智能创意设计与新经济关系模式

（一）技术关系

智能创意设计的多学科背景使得其在经济发展过程中，起到了不可被替代的作用。智能创意设计融合了计算机、人工智能、软件工程等技术，为生产资料的更新提供了路径，而设计学科中的工业设计、智能交互设计等设计力为生产资料的升级提供了方法。

技术创新对新经济发展具有重要推动作用。在研究资本主义发展过程时，马克思强调了科学技术因素在推动生产力发展中的关键地位。他认为，科技进步及其在生产过程中的应用不仅能够促进经济增长，还是经济发展模式从外延式向内涵式转变的主要驱动力。这是因为，随着大工业的发展，现实财富的创造越来越依赖于劳动时间内所使用的物质力量。这种物质力量本身受到科学的总体水平和技术进步的影响，因此技术在生产中的具体应用十分重要。

以3D打印的定制化生产为例。3D打印技术在制造业中的应用，使得定制化生产成为可能。其大大缩短了产品设计与生产的周期，减少了物料浪费，同时也满足了消费者对个性化产品的需求。

技术在生产中的应用表现为各种针对性的创新和优化，其在很大程度上改变了生产方式和效率。在多学科背景下，智能技术与创意设计的融合已经渗透各个生产领域，推动了生产效率的提升和创新能力的增强，从而为新经济发展注入了新的活力。

（二）产业关系

智能技术和创意设计的结合正在塑造新的产业关系，推动传统产业模式的转型和升级，并创造出新的商业机会和经济增长点。智能技术的优势在于其能够快速、精准地处理和分析大量的数据，从而提高创意设计的效率和准确性。创意设计则能够为智能技术提供更多的创意和灵感，使其更加贴近用户需求，优化用户体验。

智能技术融合创意设计可带动产业链上下游联动。通过重构生产资料和重新分配生产要素，创意设计成为管理产品全生命周期的系统工程。数智化设计让智能技术切入设计过程并重构其中的设计要素——设计活动和设计资产的数智化以及受此影响的设计关键能力的更新，进而依托具体产业实践，对其中的重要生产要素产生积极作用。

用友的设计服务通过链接产业链上的关联企业，实现了产品数据及研发业务之间的共享及协作，如通过云端项目管理和流程管理全面控制新产品设计的开发过程，实现在统一流程下的多组织协同开发。

共享经济是一种基于互联网和信息技术的经济模式。其通过在线平台将闲置资源和需求方进行匹配，以实现资源共享和价值互通。在新经济发展的视角下，共享经济通过充分利用社会闲置资源和个人能力，提高了资源利用率和经济效益，推动了经济的高效发展，促进了个体创业就业，拓展了市场边界，打破了传统行业壁垒，激发了创新活力，推动了经济结构的优化和转型升级。共享经济具有灵活性、效率性和可持续性的特点，为个人、企业提供了更多的经济机会和发展空间，进一步推动了新经济的繁荣发展。智能创意设计推动了共享经济渗透到生产生活各个领域，通过智能调控、资源共享利用，强调供给侧与需求侧的弹性匹配，促进了消费使用与生产服务的深度融合，实现了动态即时、精准高效的供需对接。[①]

随着智能技术和创意设计的结合越来越紧密，越来越多的产业开始注重用户体验和个性化需求。这种趋势使得产业之间的关系变得更加复杂和多元化。传统制造业正在向智能制造和数字化转型，医疗行业、服务业也在向数字化和智能化转型，甚至农业也开始利用智能技术进行数字化转型。

元宇宙背景下的虚拟人产业基于数字时代数字营销的需求，也作为新兴产业蓬勃发展。NVIDIA OMNIVERSE平台集成了很多AI应用，能够为虚拟人的搭建和训练提供一站式的服务。例如：Audio2Face可以让用户一键实现用虚拟人进行语音播报，这将颠覆真人主播的播报行业，为观众带去更加新奇和多样化的播报体验；InWorld Studio可根据自然语言输入生成数字人的外观，并通过认知和行为参数的自定义生成数字人，其在语音

---

① 参见：《中国共享经济发展报告（2022）》（http://www.sic.gov.cn/sic/82/568/0222/10464.pdf）。

手势、肢体语言和动作方面具备与人类类似的人格化特征及和谐自然感。InWorld Studio通过给游戏角色赋予人格，优化玩家的游戏体验，在不影响游戏主线流畅度的前提下，为玩家制造随机的惊喜。

（三）模式关系

智能技术与创意设计的融合能够带来全新的协同设计模式，包括人与人之间的协同设计模式，也包括人与机器、人与AI的协同设计模式。

数智化协同设计模式的参与者的构成更加丰富，设计师团队将与更多的利益相关方包括用户、制造商、营销方等进行协同合作。在产业链路中，传统的协同模式属于独立设计、异步操作，各个环节之间衔接不畅。而在新的协同模式中，设计各方同步联动，各个环节之间连接顺畅。设计师的工作方式也发生了变化。他们从传统的线下设计、线上沟通转变为在云设计平台或在线3D元宇宙空间中实时协同编辑设计对象，从而提升了沟通的效率，同时能够实时推进设计工作。这种方式不仅提高了设计效率，同时也缩短了设计周期，降低了成本，为设计产业链的可持续发展做出了积极的贡献。

奥迪英国公司利用IBM Garage方法，通过数字应用研发、市场营销、业务销售等跨职能部门的合作，践行了智慧购车体验的商业模式转型路径。典型的举措包括交付以消费者为中心的数字化应用（如试驾预约应用程序、车辆维护调度程序）、改进数字应用前端开发流程（如通过结对编程和两周的冲刺周期，交付速度提升高达75%）和使用数字化分析来制定业务决策和用户体验决策等。

The Wild是面向工程和建筑设计的VR/AR设计协作平台。一方面，设计团队内部可以借助VR技术直接在线探索、快速定位和更改3D设计对象，从而快速推进设计决策、缩短设计的时间和降低成本。另一方面，设计团队在对外进行展示时，可以采用多种沉浸式方式，客户也可以进入VR空间沉浸式体验，或使用AR技术直观感受设计效果。

英伟达（NVIDIA）开发的 Holodeck 是一个 VR 创新平台，能够突破空间的限制，帮助分布在世界各地的设计师、用户及其他参与者在高度逼真的 3D 模拟环境中进行直观的设计协作。科尼赛格（Koenigsegg）与 Holodeck 达成合作，让客户通过 Holodeck 技术，在车辆开始制造前就能体验各种定制设计的特点，使任何变化都可以实时展现在客户的面前，让用户可以碰触他们未来的爱车，并进行外观、声音全方位的展示。这使得每辆车都是根据客户需求量身设计和打造的，都是唯一而确定的艺术品。

Spatial 是一个专注于协作支持 VR 的在线 3D 空间，同时还提供 Web 端、移动端、VR 端在内的多平台登录。[①] Spatial 允许用户创建开放的 3D 空间，并提供模板支持、资产管理以及多人在线的能力。用户可以根据需求区分场景，丰富数字资产的可拓展性。在 Spatial 空间，用户可以与任何人自由地交谈，同时在每个主题馆游览时，体验沉浸感。这为未来的元宇宙提供了更多的畅想空间。

（四）业态关系

业态关系是指产业系统中，不同参与者之间相互作用、相互依存、相互促进的关系。这种关系不是简单的供求关系，而是一种复杂的、动态的、可持续的关系，涉及产业中的各个参与者、外部环境以及其他外部因素。

智能创意产业是一个多元化的产业生态系统，涉及智能技术提供商、创意设计机构、产品和服务提供商、用户等多个参与者。这些参与者相互合作、相互依存，共同构成了这个生态系统。参与者之间的互动和相互作用，会对产业的形态、竞争力、创新能力等产生重要的影响。

共建开放产业运营云平台、数智化社会供应链是推动数字经济发展的重要举措。通过搭建产业运营云平台，政府可以扶持企业上云，吸引更多的企业入驻，实现企业技术资源共享和设计资产共享，降低企业数智化转

---

① 参见：《产业数智化设计白皮书》（http://www.idi.zju.edu.cn/3328.html）。

型成本。同时，鼓励产业链上下游企业积极承建迟滞行业的产业运营子平台，形成区域数智化产业链新业态，实现产业供需自动撮合。建设智能化、数字化社会供应链，利用智能创意设计来连接和优化生产、流通、服务的各个环节，从而推动社会物流成本的降低，持续提升垂直供应链的成本效益和用户体验，实现整体优化和重构。这些举措将有助于加快数字经济的发展，推动产业数字化转型和升级。

小红书上线的数字艺术平台R-Space，鼓励平台中的艺术家与设计师创作并发行原创的数字藏品。其形式不受限制，可以是平台、3D模型以及视频等。小红书的数字藏品涉及数字艺术、数字潮玩、虚拟时尚等多元领域，呈现出时尚潮流的特色与优势。①

抖音推出了抖音特效开放平台，为普通大众提供免费的特效道具制作工具——像素及其专业版。它鼓励创作者在不侵权的前提下，将灵感转化为新颖的原创特效道具。字节跳动的推荐算法和内容平台为原创作品提供流量激励，将它们推广到抖音、火山小视频、轻颜、醒图等多个平台，为数以亿计的用户选用。像素除了让特效这一垂直领域的创作变得简单、快捷、灵活之外，还提供了3D特效场景。这无疑拓宽了创作者的思想边界，让创意能够轻松实现。无法计算的创意特效每天都在产出，为下游内容创作者提供了无穷无尽的特效素材库。②

（五）市场关系

市场需求的快速发展和市场流行的趋势不断演变，注定了设计流程的适应能力需要更加敏捷。智能技术的应用为创意设计提供了更加高效、精准的方式。

智能技术可以根据市场需求和用户反馈进行快速调整与更新，从而提高设计流程的适应性和敏捷性。智能技术能够辅助创意设计人员构建更加

---

① 参见：《产业数智化设计白皮书》（http://www.idi.zju.edu.cn/3328.html）。
② 参见：《产业数智化设计白皮书》（http://www.idi.zju.edu.cn/3328.html）。

智能化和自动化的工作流程，如通过对数据的分析和处理，进行快速的创意筛选和设计迭代。

AI已经能在设计师的指导下完成一定的创造性工作。UIzard可将线框图自动转换为用户界面，帮助设计师跳过UI设计中的布局设计阶段，瞬间将草图转化为设计稿。它还可以根据灵感图片自动设计UI主题，让设计师可以把更多的时间用在创意上。

智能技术还可以为创意设计人员提供更加全面和深入的数据支持。例如，通过对市场数据的收集和分析，了解消费者需求和趋势，从而进行更加精准的创意设计。同时，智能技术还可以为创意设计人员提供更加多样化和开放的平台。例如，通过虚拟现实和增强现实技术，让创意设计人员更加直观地感受设计成果，从而更好地进行创意设计的调整和优化。

阿里巴巴在针对行业的营销设计中，应用AI辅助设计工具生成海量营销内容，并将它们投放到不同的渠道和媒介中，系统将根据之前自动返回的测试数据，动态调整投放方案并进行设计优化。

智能技术与创意设计的融合为设计流程带来了敏捷性和适应性，让创意设计人员可以更好地适应市场需求和趋势，提高设计成果的质量和效率。

二、智能创意设计提升新动能路径

（一）智能创意设计"四向"进化路径

智能创意设计"四向"进化路径是智能创意设计的内生进化路径。具体来说，内生进化路径指的是智能化、网络化、数字化为设计产业本身带来的内驱力，通过应用新设计资源、强化数据思维、强化平台思维等方式，从主体、技术、业态、模式等方面为设计产业输入新动能[1]，促使创意设计

---

① 罗仕鉴，朱媛，石峰. 创意设计融合智能技术提升新经济新动能研究 [J]. 包装工程，2022(2): 17-28, 41.

在新的数智时代产生新的更替与发展（见图3-2）。

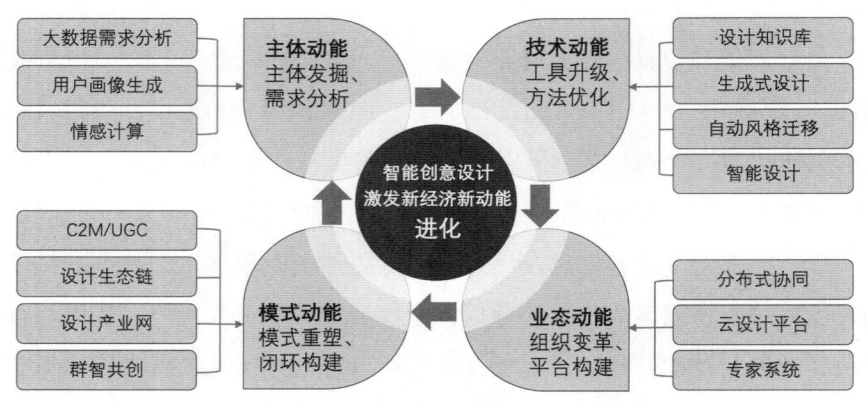

图 3-2　智能创意设计内生进化路径

1. 主体动能路径

智能创意设计激发了创意主体的新动能。创意主体在原有的用户研究基础上，增加了更多的用户研究技术与方法，可以更精准、更快捷地发掘用户需求和获取用户反馈，特别是在数据思维指导下，大数据需求分析[①]、用户画像生成[②]、情感计算[③]等都推动了以数据驱动的用户体验设计的发展。

大数据需求分析是大数据分析技术[④]的一个典型应用场景。新时代背景下，用户需求变化迅速，而且消费者也不再是产品营销的被动接收器了。因此，通过对目标用户群体的需求进行深入洞察和理解，对产品创新设计开发过程以及企业制定有效的营销策略具有重要的意义。随着互联网信息技术的快速发展，创意主体能够利用大数据资源和分析技术建立结合企业内外部数据的新机制，进而对用户需求展开更客观、高效、精准以及具有预测性的研究。

用户画像（personas）的概念被认为最早由"交互设计之父"阿兰·库

[①]　杨焕. 数据与设计的融合——大数据分析导出用户需求洞察的创新路径研究 [J]. 装饰, 2019(5): 100-103.
[②]　吴树芳, 吴崇崇, 朱杰. 基于兴趣转移的微博用户动态画像生成 [J]. 情报科学, 2021(8): 103-111.
[③]　权学良, 曾志刚, 蒋建华, 等. 基于生理信号的情感计算研究综述 [J]. 自动化学报, 2021(8): 1769-1784.
[④]　李学龙, 龚海刚. 大数据系统综述 [J]. 中国科学（信息科学）, 2015(1): 1-44.

珀（Alan Cooper）在其著作《交互设计之路：让高科技产品回归人性》中提出。该著作指出，在软件产品设计中，可以用一个代替性的角色来实际代表用户类别，从而指导程序开发人员针对特别的角色进行研发，以最大限度地满足所有用户的需求。[①] 但随着互联网的发展，现在我们说的用户画像又包含了新的内涵：根据用户人口学特征、网络浏览内容、网络社交活动和消费行为等信息，从海量数据中抽象提炼出的用户信息标签集合，即以标签作为用户的特征标识，通过标签化的信息描述用户全貌。[②] 用户画像的构建流程可分为数据采集、数据挖掘、用户画像生成与可视化3个阶段。[③] 一是运用数据爬虫、日志记录、问卷访谈等方法进行数据采集，二是采用自然语言处理、聚类与分类、逻辑回归等方法进行数据挖掘与分析，三是通过标签云（词云）、统计图表、个性化图形和可视化综合面板等方法生成用户画像及进行可视化呈现。在现代产业中，尤其是在拥有大量用户数据优势的大型互联网、电子商务等行业，创意设计主体借助用户画像，可以建立标签化的抽象用户模型，对用户进行更加个性化、精准化的描述，以探寻目标客户、刻画人群习惯、实现精准营销、改进产品研发、支持管理决策等。[④]

为了保护用户的信息安全并避免隐私信息泄漏的问题，我国制定了《信息安全技术　个人信息安全规范》。针对数据智能平台收集的用户信息，先需要进行去标识化或匿名化处理，然后再进行数据的统计和分析，以确保用户的信息安全。在不识别个人身份的前提下，数据智能平台可以将这些信息与其他数据结合，生成用户画像，帮助相关企业、组织等主体更好地理解用户行为和挖掘用户需求，同时有效地保护个人信息主体权益。

情感计算（affective computing）是指由情感引发的、和情感相关的或

[①] 库珀. 交互设计之路：让高科技产品回归人性[M]. DINGC, 译. 北京：电子工业出版社，2006: 116-129.
[②] 张海涛，栾宇，周红磊. 用户画像：向知识迈进[J]. 图书情报知识，2020(5): 122-137.
[③] 李锐. 用户画像研究述评[J]. 科技与创新，2021(23): 12，49.
[④] 刘学太，李阳，巴志超，等. 数据驱动环境下数据画像若干问题探析[J]. 情报理论与实践，2022(1):1-14.

者能够影响和决定情感变化的因素的计算[1]，旨在研究和开发能够识别、解释、处理、模拟人类情感的理论、方法和系统[2]。随着5G、物联网、人机交互、机器学习尤其是深度学习等技术的不断发展，基于视频（面部表情、肢体动作等）、音频、文本以及脑电等生理信号的情感计算在健康医疗、媒体娱乐、信息检索、教育以及智能可穿戴设备等领域得到了广泛的应用。动人心弦的产品最令人着迷，情感计算能够反映用户在使用产品或服务时的真实情绪状态，推动创意主体将个性与情感化因素融入设计，使用户获得愉悦的情感体验，从而提高用户参与度、忠诚度及满意度。

2. 技术动能路径

智能技术为创意设计提供了直接的技术动能。计算机辅助设计从工具角色升级为参与者、合作者的角色，在大数据、人工智能等技术发展的促进下，设计知识库[3]、生成式设计[4]、自动风格迁移[5]、智能设计[6]、仿真设计等技术性设计手段与方法不断更新迭代，设计成果和效果也不断提升，为创意设计产业注入了强大的技术动能。

技术革命一直推动着设计工具的革新，改变着设计领域的工作方式。从计算机辅助设计软件到虚拟现实的设计辅助表现技术，以及联结虚拟与现实的打印技术，再到人工智能技术日益成熟的今天，智能技术融合创意设计不断推动设计师及产业效能升级。智能设计技术可以有效地解决传统低附加值、重复劳动的人工创意设计痛点，帮助设计师快速进行设计发散和方案迭代，进一步释放设计师的创造力，实现创意的高效迭代，加速推动设计行业数字化创新。

根据浙江大学发布的《产业数智化白皮书》中的划分标准，结合目前

---

[1] Picard R W. Affective Computing[M]. Cambridge: MIT Press, 1997.
[2] 权学良，曾志刚，蒋建华，等. 基于生理信号的情感计算研究综述 [J]. 自动化学报，2021(8): 1769-1784.
[3] 陈博洋，胡晓兵，邓希. 基于设计方案树和知识库的产品设计方法研究 [J]. 四川大学学报(自然科学版)，2021(3): 80-88.
[4] 刘永红，黎文广，季铁，等. 国外生成式产品设计研究综述 [J]. 包装工程，2021(14): 9-27.
[5] 缪永伟，李高怡，鲍陈，等. 基于卷积神经网络的图像局部风格迁移 [J]. 计算机科学，2019(9): 259-264.
[6] 陆继翔，余隋怀，陆长德. 面向工业设计的智能设计体系 [J]. 机械设计，2020(4): 140-144.

已存在的智能技术赋能创意设计的技术模式，可以将其分为两种主要的技术动能路径：攻克薄弱环节技术难点和优势环节最大化。[①] 企业需要从自身的产业特点与研发能力出发，考量优先采取哪一种技术动能路径，决定技术的优先级。

为了攻克产业链中薄弱环节所面临的技术难点，需要进行技术创新和研发，来提升该环节的竞争力和生产效率。

为了最大限度地发挥自身的优势，企业需要注重产业结构优化和差异化竞争，通过深入挖掘内部的资源和能力，并将其与市场需求相结合，实现产品和服务的优化升级。同时，还需要注重与其他企业的合作和融合，通过优势互补，提高整个产业链的竞争力和附加值。

目前，以AI为驱动的智能设计行业正在快速增长。海外市场已出现以模板起家的Canva等市值在150亿美元规模的独角兽企业；国内市场上智能设计的行业热度也逐渐高涨，出现了水母智能、阿里鹿班、Aliwood、Style3D、酷家乐等极具潜力的新产品。阿里巴巴于2018年发布的短视频生成机器人Aliwood，可以有效应对短视频制作方面面临的人力制作高成本、低效率的问题。Aliwood可以通过整合图文内容，自动生成20秒的短视频，并配有音乐。相比图片，小视频能提供更多、更连贯的信息。更关键的是，配乐小视频可以给人更愉悦的购物体验，从而提高商品购买的转化率。为了更好地把握视频表达的情绪，Aliwood还引入了情感计算的能力，结合知识图谱构建了一套视觉元素模型，来提升视听体验。

Canva推出的中文版平台（可画）为企业和团队提供了一体化的设计解决方案，包括设计、管理和协作功能。[②] 相较于其他设计软件的陡峭学习曲线，可画提供了大量的设计模板和智能设计编辑器等，以满足企业一般质量的设计需求，并展现智能设计在商业场景下的不同应用可能性。例如，可画的智能品牌视觉管理系统可以帮助用户轻松获得一致的品牌视觉设计

---

① 参见：《产业数智化设计白皮书》（http://www.idi.zju.edu.cn/3328.html）。
② 参见：Canva官网（https://www.canva.com/）。

形象。其核心功能包括：预设品牌视觉识别，支持一键应用；定制团队模板，可支持日常设计随取随用；在线设计审批流，支持成员对设计进行及时反馈和修改。这些功能可以大大提高团队的工作效率和设计质量，让企业能够快速地创建和管理自己的品牌形象。

Style3D的柔性仿真技术奠定了时尚产业数字化发展的技术基础，帮助实现了从面料到成衣的数字化仿真。Style3D还推出服装产业3D数字化服务平台，不仅可以帮助传统服装企业呈现数字样衣，以缩短研发周期，还能在虚拟时尚领域中展现更真实的数字服装。其与百度数字人希加加的合作，呈现了中国古典服饰的数字柔性仿真，不仅展示了中国传统服饰的纹样之精美，还复现出了成衣的动态美感。Style3D也借着元宇宙的东风，进军虚拟数字人行业，为时尚和直播领域注入数字活力。

AIGC（artificial intelligence generated content）是一种基于AI技术而诞生的生成设计方法，随着Stable Diffusion、ChatGPT等最新技术的大规模应用，AIGC越来越受到大家的关注。其主要产品形态为基于语义的文本生成、协作式人机共创生成以及基于自然语言的对话机器人。2020年，元宇宙概念的诞生对内容的生产效率、多样性提出了更高的要求，AIGC则可以满足这些需求。德国慕尼黑大学的CompVis研究团队于2022年推出的Stable Diffusion语义文本生成模型，由初创公司Stability、CompVis和Runway合作开发而成。Stable Diffusion主要用于根据文字描述产生详细的图像，并且已经公开发布，用户可以在本地运行模型并创作内容。

Open AI推出的ChatGPT，在推出2个月时，月活跃用户数就突破1亿，成为市场用户数量增长速度最快的消费级应用。ChatGPT是一种基于人工智能技术的自然语言处理模型，由Open AI公司开发。它是当前最为先进和出色的语言模型，可以模拟人类的语言和思维方式，从而实现与人类的自然交互。

AIGC和ChatGPT的出现，向大家展示了AI的巨大潜力，开启了新一轮的AI范式。AIGC可以有效地提高设计效率和创意质量，通过智能化的设计和自动化的生产，为设计人员提供更多的灵感和想法，从而提高创意质量。ChatGPT则可以实现与人的自然交流，是一种全新的交互模式，可以接收用户想法、快速回应用户需求，为各种产业实现个性化服务体验赋能。相信在未来，随着AI技术的不断突破以及针对场景落地的不断探索，越来越多的撒手锏级别的AI应用将会出现在我们的眼前。人们可以不断升级工具，不断解放思想，将注意力分配到创意创造环节。

3. 模式动能路径

从模式动能方面，智能创意设计改变了"甲方提需求—乙方分析需求并调研—乙方设计师提案—甲方提修改意见—双方讨论后修改—甲方确认方案"的传统的单线程双向设计模式。用户在此单线程中仅作为调研对象出现，并未参与设计。由智能创意设计带来的智能技术与创意设计的融合，推动了UGC（user generated content，用户生成内容）、C2M（customer-to-manufacturer，用户直连制造）、AIGC（artificial intellectual generated content，智能生成内容）等新型设计模式的出现。

用户不再仅作为调研对象，而是替代或者重塑了传统设计服务模式中的一环甚至是全部。早在互联网时代，UGC就已经出现，但并未带动设计模式发生质的飞跃，随着移动互联网、工业互联网乃至区块链技术的成熟，UGC/C2M模式积极推动设计模式改革并激发新动能。例如，美国洛克汽车（Local Motors）设计公司主营创新汽车和飞行器设计研发，其特色是"让顾客自己设计生产"。通过用户在网络社区的分享，公司在线上实现设计师召集、图纸绘制、厂商集结和产品展出等全部生产流程。这不仅成功展示了群智创新社区的能力和潜力，也降低了传统产业链的定制复杂性，精准对应需求进行高效生产。丹麦的乐高（LEGO）集团在2014年建立了征集来自全球乐高粉丝创意的LEGO Ideas平台。用户可以在LEGO Ideas上发布自己的乐高创意模型作品。当一个乐高创意模型作品的总支持数（support）破万时，就会进入乐高公司的官方评审环节，通过评审的创意模型作品会被生产和销售，同时创意模型作品的发布者将获得产品销售额的1%以及

10套该乐高模型作为回报。一方面，乐高的这一创新设计模式降低了企业的产品设计研发投入和市场风险；另一方面，高额的物质回报和强烈的内在满足感（如成就感、高声誉、创新力展示等）吸引了众多乐高粉丝纷纷加入LEGO Ideas并发布自己的创意作品。由于用户很容易基于共同的爱好和创新意愿产生互动行为，进行创新知识交换，因此，用户创新和产品创新进一步得到了促进，良性的创新循环得以形成。

美的集团采用了C2M模式与消费者合作开发家电产品。在产品研发阶段，其通过在线社群、调查问卷等方式了解用户需求和反馈，对产品进行改进和优化。例如，美的通过与用户的深入交流，了解到用户对于冰箱大储藏空间的普遍需求。针对此需求，美的推出了一款更加宽敞的智能冰箱，并且加入了一些智能功能，如语音控制和智能互动屏，使用户的使用体验更加便捷和智能化。

小米也是C2M模式的引领者。在设计不同领域的不同产品时，小米通过线上社群和问卷调研等方式获取用户需求，并积极与用户建立联结，在获得反馈之后不断升级产品。例如，在小米推出第一款智能电视后，用户反映遥控器操作不便，小米随即推出了语音遥控器，使电视的操作更加方便、快捷。此外，小米还与用户合作开发了一款智能空气净化器，通过用户反馈和数据分析不断优化产品，最终推出了适合不同环境的空气净化器，成为市场中的佼佼者。

企业主动与用户建立联结，让用户参与新产品的研发阶段，主动运用用户的智慧来协助研发产品，不仅加速了产品的开发和优化，也更好地满足了消费者的需求和期望，提高了产品的竞争力和市场份额。同时，新的设计模式还促进了企业和消费者之间的互动与合作，提升了消费者的参与感和忠诚度。特别由于新冠疫情的影响，传统企业也利用工业互联网等智能技术积极转型。与此同时，设计模式也从单线程双向的简单模式扩展成设计生态链乃至设计产业网[①]，将设计产业的相关方拓展至需求方、生产方、供给方、利益相关方、营销方、监管方，形成设计开发基础上的生产加工、IP塑造、销售推广等一系列活动。在此基础上，群智共创成为创新的新模式。设计方式由设计师设计向蕴含群体智能的群智设计转变，设计模式的重塑激发了设计产业发展的新动能。

4. 业态动能路径

从业态动能方面，通过强化平台思维，大数据、区块链等智能技术加速了智能创意设计的组织变革，从原来单一设计主体输出，拓展为网络式、分布式的平台构建，包括分布式协同创新[②]、云设计平台[③]、专家系统等。平台思维使得更多平台进行专业性设计来服务企业和用户，将设计平台作为连接千万设计产业伙伴、消费者和设计领域的桥梁，通过汇聚各项设计数据，形成平台的设计资源库，从而快速响应消费者个性化设计需求以及实现企业的设计目标，合力实现树设计品牌、扩设计场景、兴设计产业的使命。

随着知识经济、网络全球化的蓬勃发展，以及沟通技术、智能技术、区域产业集约化的快速发展，创新的内生驱动力日益快速强化，协同创新的形式与内容也逐步走向成熟。结合分布式协同创新网络、云设计平台和专家系统等的智能创意设计组织与平台在众多创新实践中脱颖而出，通过整合和利用企业内外的优质设计资源，深度挖掘智能创意设计的知识归纳和技术创新能力，助力企业开发创新的产品和服务。同时，建立高效运营的智能创新网络和平台，协调与整合跨区域、多元文化和多组织的知识流动，进一步增强企业的持续核心竞争力。如国内的太火鸟、特赞等智能创新设计服务平台，汇聚海量创意人才和专业设计公司进行多种形式的协同创新，为品牌方和企业提供各种设计服务；国外的原型和设计协作工具

---

① 罗仕鉴, 田馨, 梁存收, 等. 设计产业网构成与创新模式 [J]. 装饰, 2021(6): 64-68.
② 江露薇, 刘国新, 高海静. 企业分布式创新的协同机制探析——以三星电子公司为例 [J]. 财会月刊, 2019(10): 119-125.
③ 李茂芬. 网络云设计平台对传统家居艺术创意设计的影响 [J]. 美术大观, 2018(9): 102-103.

InVision、提供智能化工具和服务的 MasterGo 等协同设计平台，通过提供在线多人协作、实时同步等服务，帮助产品开发设计团队更快地实现设计迭代、更加无缝和包容的工作流程以及更好的跨项目共享和更新。

（二）智能创意设计进化方向

在经济发展方式转变的过程中，文化创新与技术创新、产业创新同等重要，文化创意和数字技术融合发展是未来产业升级的途径。作为战略性新兴产业的一种新业态，数字创意产业自 2016 年被正式提出以来就受到广泛关注，如何实现数字创意产业的跨界融合已成为业界和学界关注的焦点。

创意是设计的核心和灵魂，可驱动跨越式创新，重塑新格局。[①] Cunningham（坎宁安）的经济增长模型表明，创意产业增长与总经济增长之间存在着正相关的关系。苹果公司通过对产品造型语言、色彩、新型材料等的创意设计，推出了 iMac G3、MacBook Pro 等跨越性产品，开启了个人电脑设计的新时代。任天堂在技术竞争时代通过开发可玩性游戏，为非专业玩家带来突破性体验，使公司在游戏领域占据主导地位。泡泡玛特通过盲盒运营、高质量 IP 和创意赋能，从潮玩大军中脱颖而出，成功上市。可见，作为基于人力资本和知识产权资产的新型经济，创意经济逐渐成为经济增长的领头羊。

科技是设计发展的重要推力。设计的进化一直紧随着生产力的进化。智能技术作为人工智能 2.0 时代的新兴生产力，让生产技术的智能化从产品制造阶段向产业链的上游延伸到设计和创意阶段。在群智创新时代，大数据、云计算、区块链、XR、信息网络、人工智能、深度学习、超级生物材料、3D 打印等新技术的产生进一步推动了设计发展。

产业是科技和创意的结合处，既是用户深层需求挖掘的一线，也是设计成果推动新经济新动能的发力点。设计产业利用科学技术使设计活动规

[①] 路甬祥. 设计的进化与价值 [J]. 中国工程科学，2017(3): 1-5.

模化、产业化[①]，为其他产业实现生产、消费等环节的增值起到了巨大的推动作用，并联合多产业协同创新，产生了更大的社会经济效益，为经济发展助力。

作为设计融合发展过程中的重要因素，创意、科技、产业、服务都对设计和经济发展起到了巨大推动作用，但四者各成体系，缺乏深度的协同融合。因此，群智创新作为一种巨大推力将驱动四元素融合，通过结合人工智能与群体智慧，挖掘产业的深层需求，将文化创意和数字技术结合，创造新服务，推动未来产业升级。智能创意设计中创意设计与智能技术的融合发展并不是简单的"1 + 1"，而是一种基于"需求发掘—工具开发—运营管理—评价反馈"设计过程的多维融合网络（见图3-3）。

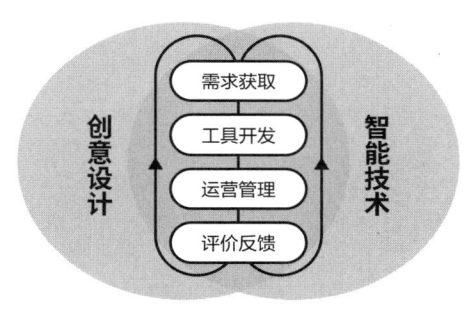

图3-3 智能技术与创意设计的融合发展

1. 智能创意设计需求获取

数字时代，传统的问卷、访谈等需求发掘方法已经难以跟上日益多样化与动态化的用户需求，基于网络的大数据智能技术正在日益成为需求发掘的重要手段和途径。随着大数据技术的深入研究与应用，企业日益聚焦于怎样利用大数据来实现精准服务，进而深入挖掘潜在的商业价值。显然，当下已经进入一个精准化用户的时代。

具体来说，大数据时代，用户需求的获取在企业发展过程中有着举足轻重的作用。一是精准营销。充分利用现代信息技术手段，将营销信息推

---

① 高家骥. 基于文献计量的设计产业研究进展分析 [J]. 美术大观, 2020(9): 96-101.

送给精准定位的受众群体，可建立个性化的顾客沟通服务体系，实现企业低成本、效果最大化的营销扩张之路。例如，在百度世界2011大会上，李彦宏将推荐引擎与云计算、搜索引擎并列为未来互联网重要战略规划以及发展方向。百度新首页将逐步实现个性化，智能地推荐用户喜欢的网站和经常使用的APP，从而达到精准营销服务。二是用户分析。用户在使用网络和智能设备时会产生大量的用户行为数据，借助大数据及相关智能技术能够进行用户特征与行为规律等的分析。特别是在设计过程的用户研究阶段，基于大数据的智能用户分析结合用户调研、访谈等方式，可以帮助设计师更加深入地洞察用户需求，从而更加了解用户，为后续的产品与服务设计取得更精准、全面的指导。三是数据分析与应用。通过用户数据仓库，利用关联规则计算、聚类算法分析等手段，可构建智能推荐系统，完善产品运营，提升服务质量。此外，还可以帮助企业进行业务经营分析、竞争分析和效果评估等，辅助业务决策以及企业发展战略的制定。

在这一过程中，创意设计提供方向和指导，大数据智能提供数据与结果，两者共同构建了动态的需求定义、发掘、转化的全新链路。例如，在智慧图书馆的建设中，通过对数据进行标签化、关联化、可视化，可构建多维度、多层级、立体化的用户画像，进而实现智慧图书馆的产品优化和服务创新，完善对读者的精准服务。

阿里巴巴商品设计孵化中心运用大数据和人工智能等先进技术，精准挖掘消费者需求，进行更加智能化的设计与研发，帮助商家开发符合市场趋势的创新产品，即通过分析海量的用户数据，识别出消费者对于不同品类产品的偏好、需求以及实际使用情况等，并将这些信息转化为可操作的设计策略。同时，阿里巴巴商品设计孵化中心还通过人工智能等技术，在设计与研发过程中实现自动化和智能化，从而缩短产品研发周期，提高产品质量和市场适应性。通过这种智能化的设计与研发，阿里巴巴将数据技术与设计创新有机结合，为设计产业注入新动能，推动产业升级和转型，同时也为消费者带来更加智能、便捷、个性化的产品和服务。

智美系统能将海量的"人—货"偏好数据转换为商品设计指引（造型、CMF、包装、IP应用），指导设计师针对细分的人群、品类、场景定义更精准的产品。[1]

将偏好数据转换为商品设计指引，是指将大量的消费者数据，包括消费者的喜好、需求、心理、行为等方面的数据，通过数据分析和挖掘的手段，转换为设计师能够直接参考的指引。这些指引可以为设计师提供更加准确的设计方向，指导其进行更加精准、有针对性的产品设计。

例如，在产品造型设计方面，可以通过分析消费者的外观审美、使用场景和使用习惯等数据，提取其中的特征和规律，进而生成一系列与消费者需求紧密相关的设计指引。在产品色彩、材质和包装等方面的设计也可以采用类似的方法，即通过数据分析得出消费者对于不同颜色、材质和包装的偏好，进而提供设计指引。这些指引可以让设计师在进行设计时更加贴近消费者需求，从而设计出更加符合市场需求的产品。

2. 智能创意设计工具开发

从早期的计算机辅助建模与渲染软件，到基于形状文法与用户需求的生成式设计系统，再到基于云端智能系统创新平台，每一步的发展都彰显了创意设计与智能技术相互融合所带来的新手段和工具的优势与力量。这些工具可以在创建过程中帮助专业人员和初学者处理复杂、烦琐的任务，输出高质量和有效的设计，从而突破人类创造者的许多限制和约束，允许其将更多的时间和精力集中在创造性的过程中，发挥出更大的价值。

AI技术可以从辅助创意设计的角度，协助人类进行创作。AI技术能够通过图像识别、自然语言处理、机器学习等技术，快速处理海量的设计数据，从中提取有用的信息，准确地进行分类、筛选和推荐。目前，AI技术也存在一些局限性，例如，在创意度、想象力方面还无法和人类媲美。受限于此，AI技术在实际应用中，需要结合人的创意和经验，才能达到更好

---

[1] 参见：ADIC 商品设计孵化中心的智美系统（https://adic.alibabadesign.com/wow/z/adic/adic/business?spm=a1zdeg0.22791910.1117953090.1&wh_biz=tm）。

的设计效果。

创意设计细分为多种不同的专业设计领域，包括平面设计领域、服装设计领域、交互原型设计领域和网页设计领域等。各个设计领域因为其应用场景而对创意设计的要求不尽相同，因此要最大限度发挥智能技术的作用，必须根据应用场景的具体细节，结合用户需求，进行调整与优化。

在平面设计领域，阿里鹿班依托大数据、图像识别以及深度学习算法等技术，实现了高质量的图片生成。阿里鹿班提供了多种设计功能和模板，涵盖了包装设计、海报设计、UI设计等多个领域。用户可以根据自己的需求和偏好，主动选择模板和样式，上传自己的图片和素材，参照AI生成的设计方案实时编辑设计的内容和样式。

服装设计领域的DeepVogue服饰辅助设计系统利用深度学习算法、使用GAN（生成对抗网络）、VAE（变分自编码器）和结伴学习等技术，在提升设计效率的同时，可保障服饰品牌的统一调性。

交互原型设计领域的墨刀在线一体化产品设计协作平台，可提供产品原型设计工具和自然的在线协作服务，让产品团队快速高效地完成产品原型和交互设计，也让设计不再只是设计师或设计团队的工作，而是全体员工都能参与的工作。

H5网页设计领域的易企秀重新定义了数字内容体验，将技术编程变成内容编辑，化繁为简，让用户可以零代码制作酷炫的展示网页，做到了产品简单、好用。可视化设计领域的DataV将常用组件数字化为灵活利用的数据图元，让设计师无须花费大量时间设计和开发，只需输入具体数据源并进行所见即所得的配置，即可快速实现效果。UI/UX设计领域的Pixso可以实现团队的设计资产管理，以及设计稿在线标注功能，并自动生成前端CSS代码，为设计和前端开发的对接流程节省沟通的成本，打通了一条高效、智能的工作路径。

3. 智能创意设计运营管理

在新兴的服务主导逻辑下，用户价值来自供应商和客户的共同创造，并通过双方的互动及资源整合来实现。产品成为服务的输出窗口，服务则成为持续创造产品价值的支持。在产品和服务之间的界限越来越模糊的同时，创意设计也逐渐从一种阶段性的行为转变为一个涵盖产品和服务生命周期的持续过程。因此，运营管理一方面是基于多元协同的创意设计管理，即利用即时通信、虚拟仿真、众包众创、设计资产化等智能技术提升群智协同创新的质量与效率，优化智能创意设计；另一方面是对创意设计内容和结果的持续迭代优化管理，即结合用户反馈形成动态的创意设计迭代输出。

特赞在内容营销洞察领域，提供了多渠道、全链路的营销洞察工具，通过标签和数据助力挖掘潜在创意机会，沉淀数字资产。其通过打造内容优化矩阵，成为商户的创意诊断专家，能够解构并重组内容，深度探寻高传播、高转化内容的特性。内容优化矩阵则依托特赞独家标签数、结构内容，归因数据与标签，探寻创意本质与内核。矩阵还能帮助识别创意的强势程度，辨别创意的机会。[①]

羚珑智能设计平台是由京东零售集团用户体验设计部打造的在线设计服务平台。其专注于泛零售领域的设计，致力于满足客户在日常经营过程中产生的各类设计需求。羚珑为使商家实现设计数智化，分为模块化设计和程序化设计两个方向。模块化设计的核心目标是实现线下设计物料的数字化，即在设计资产的基础上，构建具体应用场景的可视化设计能力，为客户提供图片、动图、视频等三大核心设计能力，以满足客户的需求。程序化设计的目标是为不同的人群提供设计风格的多样化输出，服务智能化营销场景。借助程序化设计，用户可以生成海量的运营物料，从而大大降低运营设计的成本，提高效率。同时还能针对不同的用户画像、偏好等进行风格化识别，提升广告点击率，促进广告的有效转化。

---

① 参见：特赞官网（https://www.tezign.com）。

4. 智能创意设计评价反馈

设计评价是指对设计对象价值的确定，使设计对象与其对应的价值标准相比较，从而明确价值的过程。[①]

传统的设计评价通常由人来完成，主要依靠人的经验和感受做出价值判断。存在一定的主观性与不确定性。而且随着智能设计数量的爆炸式增长，人工对大规模的设计结果进行评价变得不太现实，无法及时有效地支持设计创新。智能技术的融入则为传统的设计评价和反馈提供了全新的手段与平台，提升了评价的效率和效果。智能创意设计评价系统可以从设计知识、用户感知、美学等多个维度对设计结果进行量化计算，建立统一的评价指标，实现更加精细的设计分析与评估，提升评价结果的准确性和客观性，为设计师提供更加客观有效的参考建议，也为设计过程中的决策和优化提供重要依据。[②] 此外，智能创意设计评价系统还可以有效弥补传统评价方法效率低、结论不统一的不足，让智能系统或设计师在短时间内即可获取客观的评价结果，以实现设计的快速迭代。

人工智能技术的迅速发展，使得设计评价方法从规则驱动向数据驱动转变。利用虚拟仿真技术或人工智能技术，可以有效提升设计评价与测试环境的真实性，从而在降低测试成本的同时，显著提高评价的有效性；通过 IoT 设备、大数据等记录、分析、挖掘用户的使用过程中的数据，可进行客观反馈，来帮助优化创意设计；通过智能技术搜集用户主观评价和进行数据处理，可以形成有针对性的设计原则、导向与建议，从而优化后续创意设计，甚至可以通过智能评价，针对用户喜好进行个性化匹配与推荐。

智能创意设计评价系统可以通过分析海量的设计作品和相关数据，建立起一个大规模的数据集和知识库，并以此为基础实现智能评价。通过使用机器学习算法，系统可以根据不同的设计目标和需求，自动学习、识别相关的特征和模式，进而实现智能评价和预测。

[①] 周济，查建中，肖人彬. 智能设计 [M]. 北京：高等教育出版社，1998.

[②] 杨智渊，杨文波，杨光，等. 人工智能赋能的设计评价方法研究与应用 [J]. 包装工程，2021(18)：24-34,62.

MidJourney可以利用评价机制来提升生图质量。MidJourney为一次生成的4个图像提供了U/V选项来创建图像变体、提高图像分辨率或重新进行操作（见图3-4）。在设计迭代、升级到最终的图像产出的过程中，用户可以使用Emoji表情符号对喜欢或讨厌的图片进行评分。高分的图片可能会出现在MidJourney的热门板块中。用户通过对图片进行评分，每天可获得一次免费的GPU加速。用户可频繁地评价产出，也可让系统进行智能评估并进行实时调整，以更好地满足创意需求。

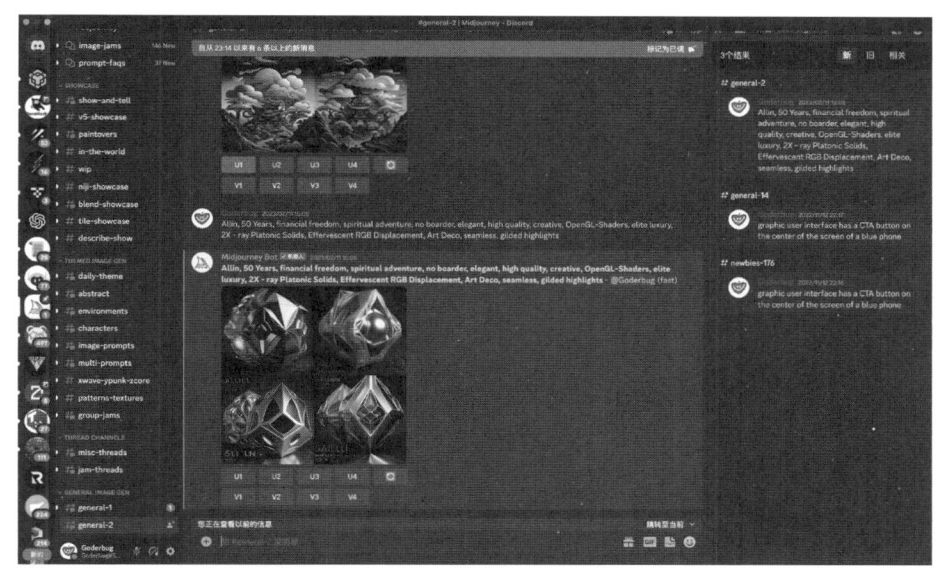

图 3-4　MidJourney评价机制

三、智能创意设计赋能产业发展

面对复杂的设计产业问题，智能创意设计可综合应用多种学科的理论、方法和技术进行创新，借助"设计＋科技＋经济"多种学科交叉驱动网络创新。

在文化创意领域，智能创意设计为文创产业发展赋能。在数字化背景下，文化创意产业呈现出一种跨行业渗透融合、开放包容协作、全产业链协同、线上线下互动、相互赋能、多元共生共享的生态化发展态势。① 通过梳理多元文化资源，可以促进互联网、大数据、人工智能与文创产业的深度融合，构建新文创产业生态。通过新文创产业领域的内生机制与外延机理，可以形成从理论到实践的产业发展模式和路径。在原有的文化产业主体基础上，吸引更多的创新主体，构建更丰富的文化产业主体网络。智能创意设计作为全新的创意设计理论与方法，为构建文化产业的新场景、新产品、新服务和新体验提供支持，为文创产业的新动能提供力量。例如，各大博物馆纷纷推出线上博物馆，将馆藏文物"搬"到网上，让公众在疫情防控的特殊时期可以足不出户游览博物馆。其中，V故宫高清全貌VR漫游让人如身临其境般体验"只属于一人的故宫"。但仅线上场景仍然不能满足用户对于体验的需求，所以，"敦煌诗巾"项目依托"数字敦煌"的大环境，使用户成为新的创新主体，由用户对诗巾图案进行基于敦煌元素的再设计，并进行小批量、个性化、定制化制作，以新产品带动旅游文创产品的新服务和新体验，最终形成"现场旅游—线上互动—线下收货"的文旅融合新场景。在形成新场景、新产品、新服务和新体验的基础上，智能创意设计进一步激发新模式、新业态、新产业，以体验和服务创新构建新模式，以服务和产品创新形成新业态，以产品和场景创新形成新产业，通过新模式、新业态和新产业，共建文化产业发展的新动能，推进文化产业的新经济发展。从系统论、价值论的角度出发，智能创意设计基于文化资本、产业政策和知识产权等实现文创产业全域协同，通过产业实践，研究智能创意设计在文化创意领域的应用和效果，构建创意智能经济形态的文化新经济，提升产业新动能。

在智能制造领域，智能创意设计协助构建制造产业全链集成创新机制。创新机制通过梳理、整合工业文化内涵与要素，面向制造产业，深度应用大数据、云计算、人工智能等技术，实现制造领域的创意、知识、技术、

---

① 韩若冰．数字技术推动下的文化创意产业生态化发展及其向度研究 [J]. 山东大学学报(哲学社会科学版)，2020(2): 49-59.

信息、数据等生产要素的供给质量和配置效率的提高。在"两化"融合背景下，信息化和工业化的高层次深度结合提升为智能化和工业化的深度融合，以智能化带动工业化，以工业化促进智能化。其核心是数字化、信息化、智能化的有力支撑，从而追求工业可持续发展。数字化、信息化、智能化与工业化在生产制造过程中与创意设计在技术、产品、业务三个方面进行融合。技术融合是指智能技术、数字技术、信息技术与工业技术融合，在设计过程中产生新的技术。例如，三维家（Sunvega）设计软件及服务平台从设计环节切入家居生产行业，从设计到工厂拆单、数控机床，构建起包括3D云设计、3D云制造、数控系统在内的家居工业软件矩阵布局，从而实现创意设计与智能技术在家居行业内的深度融合。产品融合是指信息技术、数字技术、智能技术渗透到产品中，提升产品本身的技术含量或创造新的智能产品。例如，智能语音音箱除加入智能语音识别、蓝牙等网络信息技术、智能技术，以提升自身的技术含量外，还可作为智能家居的控制中心节点，让多个彼此分离的智能家居产品成为一个综合性服务系统，从而提升家居生活的品质。业务融合是指数字技术、信息技术、智能技术应用到生产制造、仓储运输、经营管理、市场营销等各个环节，从而推动企业业务创新和管理升级。例如，吉利工业互联网平台（Geega）的GSWE智能工厂是集工业视觉、5G、AI、区块链、标识解析等于一身的智能工厂。其依托吉利工业互联网平台提供的混合云部署方式，通过一个个被称为"岛"的作业单元，满足柔性定制模式下多品种、小批量生产制造的需要。在"两化"融合背景下，智能创意设计从数字化、智能化、服务化和网络化四方面形成包含纵向产业链与横向经济链的有效协同的转化实证模式。通过产业实践，智能创意设计构建了创意智能经济形态的制造新经济，提升了产业新动能。

聚焦数字信息领域，智能创意设计建立了群智共创的数字信息内容与技术形式。通过整合信息文化、知识网络、用户体验与服务场景，智能创意设计形成了线上线下联动的有效协同的转化实证模式，打造了新时代新经济生态下的数字信息产品。现今，线上办公、线上会议已经成为一种新的工作形态。各种 APP 和平台日渐完善，将对组织端与参与端用户进行双视角设计，并通过细化功能、精准设计来打造云上 SOHO 办公新生态。元宇宙（Metaverse）为数字信息生活提供了新场景和新模式，融合信息技术（5G/6G）、互联网及移动互联网技术、人工智能，以及 VR、AR、MR 等虚拟现实技术，构建了与传统物理世界平行的全息数字世界，并融合区块链技术，丰富了数字经济模式，催生了新产业。在元宇宙背景下，数字原生设计利用数字原生（digital born）资源，即利用直接产生于计算机等数字设备的数字信息资源，通过群智创新的方法开展设计创新活动，构建纯数字信息的世界。[①]数字原生设计下的元宇宙蕴含巨大的潜能，将提升新经济新动能。

---

① 罗仕鉴, 田馨, 房聪, 等. 群智创新驱动的数字原生设计[J]. 美术大观, 2021(9): 129-131.

第四章
文化新模式：IP 引领价值驱动

CHAPTER 4

> 观今宜鉴古，无古不成今。
> ——程登吉《增广贤文》

在数智时代，通过深入剖析文化产业、文博与非遗、短视频与直播、影视与游戏、旅游与体育、教育与艺术等领域的变革和发展，我们发现IP引领、价值驱动已经成为文化产业发展的新趋势。深入剖析各种文化现象的内在联系和发展趋势，我们得以揭示数智时代文化产业的新模式、新体验及其独特的价值和魅力。未来，文化产业将借助智能创意设计的力量，展现无尽的创新活力。

新经济 新设计 新动能

智能创意设计按照行业分类属于文化及相关产业分类中的创意设计服务类。智能技术融入创意设计不仅对创意设计产业起到了激发内生、进化的作用，还对文化产业大类中的其他领域产生了外协、助推作用。由于同样位于文化及相关产业分类中，智能创意设计与文化产业中的其他具体领域有较强的亲缘性，智能创意设计的外协、助推作用也更为直接和明显。

智能创意设计对于文化产业的助推作用主要体现在通过文化"价值＋IP"的内核、数字化与智能化技术的手段，激发文化产业源源不断地产生新的文化产品、新的文化形式、新的文化内容、新的文化体验，从而催生文化产业的新业态、新模式、新动能。

一、数智时代的文化产业

（一）文化产业的概念、分类和发展

2002年，党的十六大文件中区分了文化事业与文化产业，强调"发展文化产业是市场经济条件下繁荣社会主义文化、满足人民群众文化需求的重要途径"[①]。

---

① 参见：《江泽民在中国共产党第十六次全国代表大会上的报告》（http://www.govcn/test/2008-08/01/content_1061490.htm）。

2012年，考虑到文化体制改革不断取得新突破，文化业态不断融合，文化新业态不断涌现，《文化及相关产业分类（2012）》将文化产业划分为文化产品的生产活动、文化产品生产的辅助生产活动、文化用品的生产活动和文化专用设备的生产活动4个层次，行业类别由原来的9个大类、99个小类调整为10个大类、120个小类，增加了文化创意、文化新业态、软件设计服务等。其中，在文化新业态中增加了数字内容服务中的数字动漫制作和游戏设计制作，并且提出了文化创意产业的分类，包含建筑设计服务和专业设计服务（指工业设计、时装设计、包装装潢设计、多媒体设计、动漫及衍生产品设计、饰物装饰设计、美术图案设计、展台设计、模型设计和其他专业设计等服务）。① 随着文化体制改革的深入、互联网技术的升级和普及，文化创意产业逐步成为文化产业中的重要分类，在人民生活中扮演着日益重要的角色。同时，技术对于文化产业的影响也在逐渐显现，数字化、网络化的文化业态正崭露头角。

考虑到为深化文化体制改革和持续推进社会主义文化强国建设提供统计保障，国家统计局于2018年4月2日颁布了新修订的《文化及相关产业分类（2018）》。这是在《文化及相关产业分类（2012）》基础上进行的再次修订。原因是随着互联网时代的到来，以"互联网+"为依托的文化新业态不断涌现并发展迅猛，日益成为文化产业新的增长点，需要把这些新业态及时纳入统计范围。根据《文化及相关产业分类（2018）》，文化及相关产业是指为社会公众提供文化产品和文化相关产品的生产活动的集合。其以文化为核心内容，为直接满足人们的精神需要而进行创作、制造、传播、展示。具体包括新闻信息服务、内容创作生产、创意设计服务、文化传播渠道、文化投资运营和文化娱乐休闲服务等活动，以及为实现文化产品的生产活动所需的文化辅助生产和中介服务、文化装备生产和文化消费终端

---

① 参见：《文化及相关产业分类(2012)》（http://www.stats.gov.cn/xxgk/tjbz/gjtjbz/201310/t20131031_1758899.html）。

生产（包括制造和销售）等活动。①《文化及相关产业分类（2018）》将文化产业分为 9 个大类、146 个小类，新增加了如互联网文化娱乐平台、观光旅游航空服务、娱乐用智能无人飞行器制造、可穿戴文化设备和其他智能文化消费设备制造等业态。从细分分类的增加项来看，智能技术的飞速发展带动文化新业态的不断涌现，为文化产业增长不断助力，使得"智能"成为继"文化创意"之后的又一关键词。

（二）数智时代的文化产业发展

产业革命之后的社会发展经历了蒸汽时代、电气时代、信息时代，步入了数字化、智能化、网络化的数智时代。文化产业的边界也在不断地拓展。由于新兴媒介、内容、工具的加入，从报纸、广播、电视到如今的网络小说、网络游戏，在不同的时代加入文化产业的阵营，又在不同时代成为"主打"。如今 5G、区块链、人工智能、云计算、虚拟及增强现实等数智技术的发展，将再一次拓展文化产业的边界，产生一大批文化产业新业态，如直播、短视频、区块链版权、人工智能艺术、云场馆、智慧旅游、3D 打印服务等，是在数智时代对文化产业的再次扩容。

数字经济、智能技术的发展在世界各国的文化产业发展之路上产生了极大的影响。② 比如，最早提出创意产业的英国在 2017 年 9 月发布的《创意产业独立评审》报告中，强调人类即将迎来"第四次产业革命"，新一轮产业革命将引领新一轮的增长和创新浪潮。在此大背景下，创意产业融合数字元素不仅将实现创意产业内的结构升级，而且必将带动更多相关产业的发展。美国作为科技与创意融合这一新趋势的引领者，无论是在内容环节还是技术环节都有包括迪士尼（Disney）、谷歌、微软、苹果等世界 500

---

① 参见：《文化及相关产业分类 (2018)》（http://www.stats.gov.cn/xxgk/tjbz/gjtjbz/201805/t20180509_1758925.html）。

② 金元浦. 数字和创意的融会 [M]. 北京：中国工人出版社，2021: 7.

强企业占据了数字创意产业的高地。① 日本和韩国的数字与创意在文化产业的融合突出体现在电影、动漫、游戏等数字内容产业。日本通过酷日本（Cool Japan）战略将文化创意、动漫等产业与日本传统文化、旅游、制造业等融合，推动日本文化向海外输出；韩国同样以"文化立国"为国家发展战略，使游戏、影视、音乐等文化创意产业成为带动出口增长的主力军。②

从《文化及相关产业分类（2018）》来看，以新闻信息服务、内容创作生产、创意设计服务、文化传播渠道、文化投资运营、文化娱乐休闲服务等为核心领域的文化产业也在不断融合聚变③，特别是内容创作生产、创意设计服务、文化传播渠道、文化娱乐休闲服务等领域的数字化新模式正在不断重塑产业内容，变革产业渠道和场景，创新用户体验和观念，成为文化产业活动的集中体现，并且具有传统文化产业所没有的新发展和新特征。广播电视集成播控，互联网搜索服务，互联网其他信息服务，数字出版，其他文化艺术业，动漫、游戏数字内容服务，互联网游戏服务，多媒体、游戏动漫和数字出版软件开发，增值电信文化服务，其他文化数字内容服务，互联网广告服务，互联网文化娱乐平台，版权和文化软件服务，娱乐用智能无人飞行器制造，可穿戴智能文化设备制造，其他智能文化消费设备制造等成为文化新业态特征较为明显的16个行业小类。

从国家统计局发布的2021年上半年全国规模以上文化及相关产业企业营业收入来看，2021年上半年，文化及相关产业整体发展已恢复到新冠疫情前的水平，多数行业甚至高于新冠疫情前水平。文化及相关产业的9个大类中，创意设计服务、内容创作生产、文化消费终端生产、文化装备生产2年的平均增速分别为17.4%、11.8%、11.5%和6.4%，比2019年上半年

---

① 金雪涛，李坤繁.数字经济战略格局下英国创意产业的融合发展与转型[J].深圳大学学报（人文社会科学版），2020(2): 65-73.

② 陈端，聂玥煜，张涵.英美日数字创意产业发展差异[J].经济，2019(6): 102-106.

③ 参见：《文化及相关产业分类(2018)》（http://www.stats.gov.cn/xxgk/tjbz/gjtjbz/201805/t20180509_1758925.html）。

增速加快 5.0、2.0、4.5 和 1.1 个百分点。文化新业态引领产业发展。从文化及相关产业细分行业看，动漫游戏、视频直播、数字出版等"互联网+文化"新业态保持强劲增长态势。文化新业态特征较为明显的 16 个行业小类实现营业收入 18204 亿元，比 2020 年同期增长 32.9%，占全部文化企业营业收入的 33.5%，比 2020 年同期提高 0.6 个百分点；2 年平均增长 25.3%，高于全国文化企业平均水平 14.7 个百分点。其中，互联网广告服务、娱乐用智能无人飞行器制造、可穿戴智能文化设备制造 3 个细分行业营业收入 2 年平均增速均超过 30%。[1]

二、文博与非遗：虚实融合的新体验

博物馆从诞生之日起就确定了物质属性，但博物馆收藏文物的根本目的是教育人，所以同时具有文化传播的精神属性。文物陈列与博物馆环境共同构成传达场景，都属于博物馆中的设计对象。智能创意设计利用智能技术，发挥创意思维，激发文博新经济新动能，可以实现更有效的文化传播，以及文博的教育性与公益性。

非遗是传承和弘扬中华文化的重要载体。其以独特的文化价值观念、思想智慧和实践经验构成了中华民族深厚的文化底蕴。但大部分非遗由于不适应时代发展而逐渐消失，或因为没有良好的经济价值而后继无人。数字化技术是保存即将消失的非遗项目最有力手段，创意创新则是传承和发扬非遗的最有效途径，智能与创意融合能够推动非遗焕发新生。[2]

与文博及非遗相关的如文物、场馆、展示、文创产品、旅游、收藏、拍卖等上下游产业，都可以利用智能技术进行数字化、智能化、网络化改造——通过创意设计的方式灵活使用智能技术，创造性开发从产品到服务

---

[1] 参见：《国家统计局社科文司高级统计师张鹏解读上半年全国规模以上文化及相关产业企业营业收入数据》（http://www.stats.gov.cn/xxgk/jd/sjjd2020/202107/t20210731_1820156.html）。

[2] 刘菲. 文化符号与非物质文化遗产传播研究 [J]. 东岳论丛, 2014(7): 147-150.

的各类增值项目，打造以博物馆、非遗馆为场地，以文物、非遗技艺活动等为内容的虚实融合新体验。

（一）从观看到体验：数字博物馆

在 20 世纪 60 年代，随着计算机技术的兴起，美国等发达国家就已经出现了数字博物馆的概念。最早的数字博物馆是受到数字图书馆的影响。在 20 世纪 90 年代，美国国会图书馆通过"美国记忆"的策划首次将馆内藏品运用录像、摄影等手段进行数字化处理和保存。我国的数字博物馆发展的开端是 1997 年第一个网上博物馆上线。1998 年，有学者提出利用电脑编制藏品目录、储存资料，用光盘进行多媒体数据传播与交换，通过互联网进行开放的、虚拟的展示，甚至通过键盘、摇杆、数据手套、鼠标等进入虚拟现实，与虚拟的人、物互动进行多感官互动。[1] 虽然由于技术条件的限制，当时的网上博物馆不论精细度还是灵活性都无法与现在的科技比拟，但从创意与设计上已有互动性、虚拟化的发端，是技术与创意融合的早期形态。随着科技的发展，数字化技术越来越成熟，能够在数字博物馆之路上起到重要作用，包括展品数字化、展馆数字化、展览数字化。

1. 从二维到三维的观看

博物馆展品主要指文物。数字化的馆藏文物可以进行长久保存，建立有效的检索系统，结合新技术、新成果进行更新。在保护文物的基础上，博物馆通过网络发布，扩大传播效应，从最初的二维方式（高清大图）到如今的三维空间虚拟展示，在技术的驱动下对文物进行精细的保护、检索、展示。

现今，在互联网时代，大部分博物馆、非遗馆都有了自己的官网，部分官网上也以图片的形式对馆藏文物、展品等进行发布和传播。例如，中国国家博物馆的官网上"保管"模块中的"馆藏精品"收录了 4000 余件馆

---

[1] 甄朔南. 世纪之交的博物馆与博物馆学 [C]. 科技进步与学科发展——"科学技术面向新世纪"学术年会论文集, 1998: 966-969.

藏文物。每件文物均提供了高清大图、尺寸信息、内容介绍等信息。官网提供了新的服务方式，将过去的供给型服务转变为需求型服务模式，用户可以根据自己的需求自由选择观看感兴趣的文物，促使服务提供者不断改进用户体验，来吸引更多的用户参与其中。

浙江省博物馆官网的"数字浙博"模块中的"3D文物"则提供了数十件文物的3D模型。这些模型经过三维扫描、建模、渲染，形成高度还原的文物数字模型。用户可以全方位地观看文物细节，同时在手机端也可以通过"数字浙博"用手指控制屏幕里的文物数字模型，"触摸"穿越千年的文物（见图4-1）。

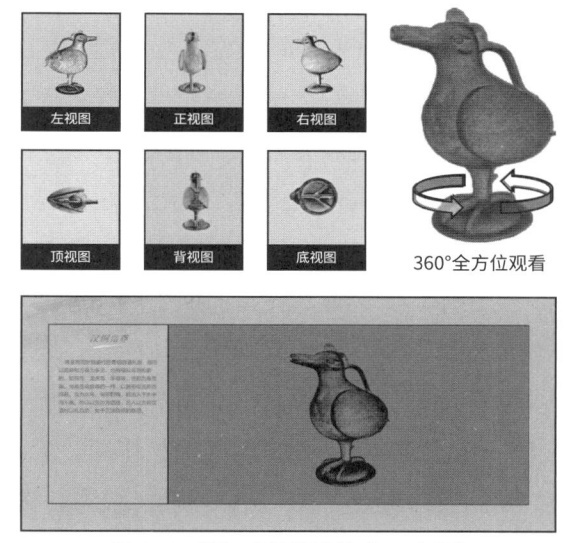

图4-1 浙江省博物馆的"3D文物"

2. 从看地图到在"地图"中

博物馆展馆包括博物馆建筑及相关户外空间、展厅内部。展馆数字化一般为用户提供游览服务，同样也从二维的地图到VR、AR等三维虚拟展示。设计的目标是为用户提供"身临其境"的体验。

利用全景相机这一新技术能够快速构建720度全景地图。它可以将二维地图转换成三维虚拟空间，使人的体验从第三人称视角的"看地图"方式进入第一人称视角的"在图中游"。浙江省博物馆将实体博物馆以全景地图的数字化方式"搬"到了网上的数字展厅。用户可以通过鼠标或手机实现自由游览，并在实时游览展馆的同时，还能放大观看展品细节。

除了全景地图的方式之外，VR技术的成熟使得用户戴上VR设备后能够更有沉浸感。例如，在法国巴黎卢浮宫官网，用户可以通过安装Quick-Time VR插件，对60多个全景卢浮宫标志性地点进行虚拟游玩。

如果单从技术层面看，这只是将VR技术应用于展示，但从设计的角度看，便是为了更好地解决问题。比如，"数字敦煌"项目通过设计解决了一直以来游客参观和文物保护间的矛盾，并且发挥了VR技术的优势。其他博物馆的重点是墙上挂的、柜子里放的展品，但敦煌的展品在洞窟里，甚至在洞窟顶上。为了保护敦煌壁画，避免光照、呼吸等因素对壁画的破坏作用，游客只能借助洞口的亮光和导游的手电筒微弱之光才能模模糊糊地看到壁画。这使得游客普遍感觉即便去现场观看，也只能看到敦煌壁画的"浮光掠影"。创意设计融合VR技术，通过虚拟还原来解决先前的问题，使得敦煌壁画得以深度还原，以高清、完整的面貌示人。这不但使得游客能够更清楚地观看敦煌壁画，享受敦煌壁画所传达的美，还更广泛地传播了敦煌美学和敦煌文化。虚拟展示对敦煌壁画完全没有破坏性影响，从某种程度上说，对敦煌壁画起到的是一种积极的保护作用。除此之外，在"数字敦煌"项目中，创意设计融合了VR、AR、全息成像、裸眼3D、文化资源数字化处理等智能技术，切实减少了游客参观游览活动对石窟文物以及遗址生态环境造成的不利影响，提高了莫高窟的游客承载能力，同时也丰富了游客的参观方式和内容。"数字敦煌"项目将已经获得和将要获得的图像、视频、三维模型等多种数据和文献数据汇集起来，构建起一个多元化与智能化相结合的石窟文物数字化资源库，并通过互联网和移动互联网面向全球进行共享，建立起数字资产管理系统和数字资源科学的保障体系。2016年4月，"数字敦煌"第一期正式上线，截至2024年6月，已向全球发布了 30 个敦煌经典洞窟、以 300DPI 为精度、约 4430m^2 的壁画、横跨 10 个朝代的全景漫游数字资源。浏览者可以通过"数字敦煌"网站（https://www.e-dunhuang.com/）按照遗址名称、洞窟形制、时代进行条件筛选搜索，随时随地体验敦煌壁画之美。①

3. 从静止到动态的展览方式

博物馆展览是博物馆功能最重要的体现，也是其中最重要的内容，是基于文物等展品和展馆空间的活动表现形式。传统的展览方式是静止的展品和展馆。人在展馆中游览参观，360 度观看展品存在着一定困难。但数字化、智能化技术融入创意设计，可以让展品"动"起来——不仅"活动"起来，而且"生动"起来，从而催生了多样的博物馆展陈方式，比如利用大屏幕线下互动，电脑端、手机端展示的形式，甚至利用物联网技术实现"千人千展"的个性化定制，真正将"展"做成"戏"。

（1）与"墙"对话：线下互动

博物馆中除了展柜外最多的就是展墙。融合智能技术的创意设计将墙作为载体，连接人与物的互动行为（见图 4-2）。其中，魔墙系统是一种将多点触摸屏技术与高分辨率显示技术有效融合起来，实现多人操作、相互独立的软件系统。其通过视频、动画等方式 360 度全方位展示馆藏文物，用户可以自行操作观看，或配合人工讲解，获得更优质的观展服务。魔墙系统目前广泛运用于博物馆、展厅、科技馆、美术馆、学校等场景，特别是博物馆场景中可以利用魔墙系统进行数字展示。② 通过放大查看，或是点赞、留言等互动方式，用户可获得双向交流体验。

除了查看、点赞、留言等简单互动外，位于山东省曲阜市的孔子博物馆还融合多点触摸、互动问答、投影等多种数字智能技术进行展示互动设计。在互动展厅中展示的《对话圣迹图》是通过高科技投影技术设计的浓

---

① 参见：《"数字敦煌"30 年：从构想到不断完善》（https://www.163.com/dy/article/EE0GBCV605387W03.html）。
② 徐家赫．"互联网＋"在数字化博物馆建设及途径分析[J]．文物鉴定与鉴赏，2021(13): 159-161．

图 4-2 "人—墙"交互

缩孔子一生 108 个故事的数字化长卷。观者通过"孔子语录""夫子问答"等多种互动形式"与孔子对话"。"孔子语录"是将孔子及其弟子的经典语录通过数字化投影方式展现在屏幕上，类似于魔墙系统，用户可点击自己感兴趣的句子，获得现代译文并进行详细了解——这是一种将自主选择权交给用户的方式，使用户更容易接受所传递的信息；"夫子问答"互动项目则是由用户通过手机端向"孔夫子"发送问题，屏幕上会出现相应的回答，从而实现与"孔夫子对话"（见图 4-3）。这种动态的互动形式能大幅提升用户的参与感，特别能够调动青少年的兴趣，使其在寓教于乐中获取文化知识。①

---

① 颜鑫. 新时期博物馆数字化的要点分析 [J]. 文物鉴定与鉴赏, 2021(13): 144-146.

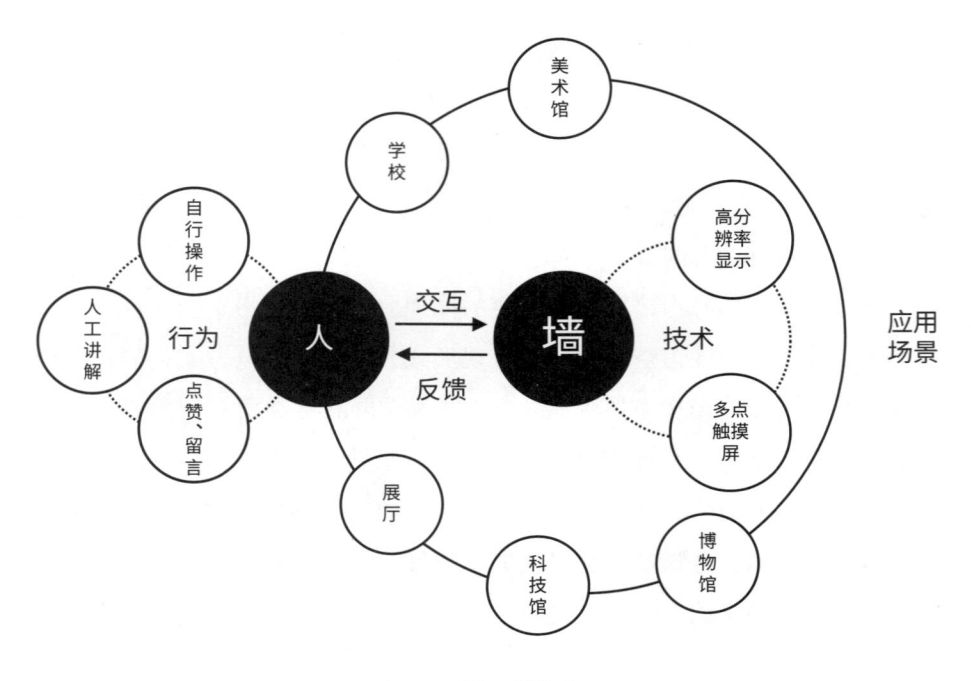

图 4-3 "人—手机端—墙"交互

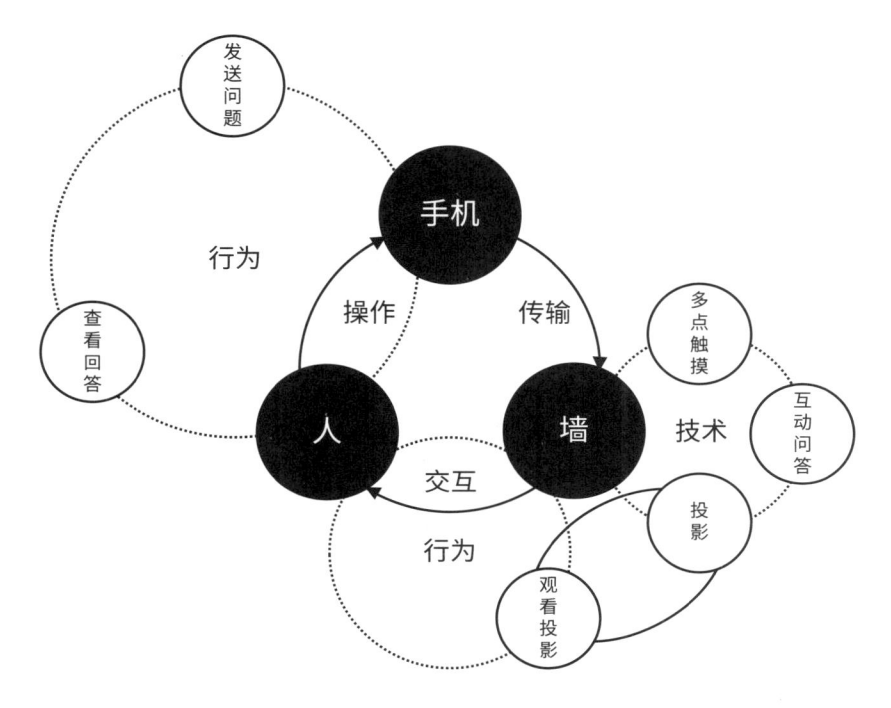

除了墙面可以作为互动媒介，展台也是创意发挥的"类墙"互动介质（见图 4-4）。比如，新媒体艺术创作团队 ART + COM 为德国盐业博物馆设计的 Salt Worldwide 互动投影装置在交互台上设置多个交互点，每一个交互点对应地图上的一个盐矿聚合地，电子显示的虚拟盐粒可形成盐矿地图。当用户触摸晶体感应块时，交互台上的虚拟盐粒流动汇聚，并弹出信息窗口——其中有由盐粒组成的文字、图像和对盐矿点的介绍。如果技术只是炫技，并不能打动人心。智能创意设计融入了对人的了解和情感表现，融汇了技术和艺术，使得流动的虚拟盐粒比图片更生动，也使信息更容易被人接受，使用户得到犹如欣赏艺术品般的感受。[1]

---

[1] 仝选玲. 关于数字化技术与博物馆的一些思考 [J]. 大众文艺, 2021(22): 24-25.

图 4-4 "人—物—展台"交互

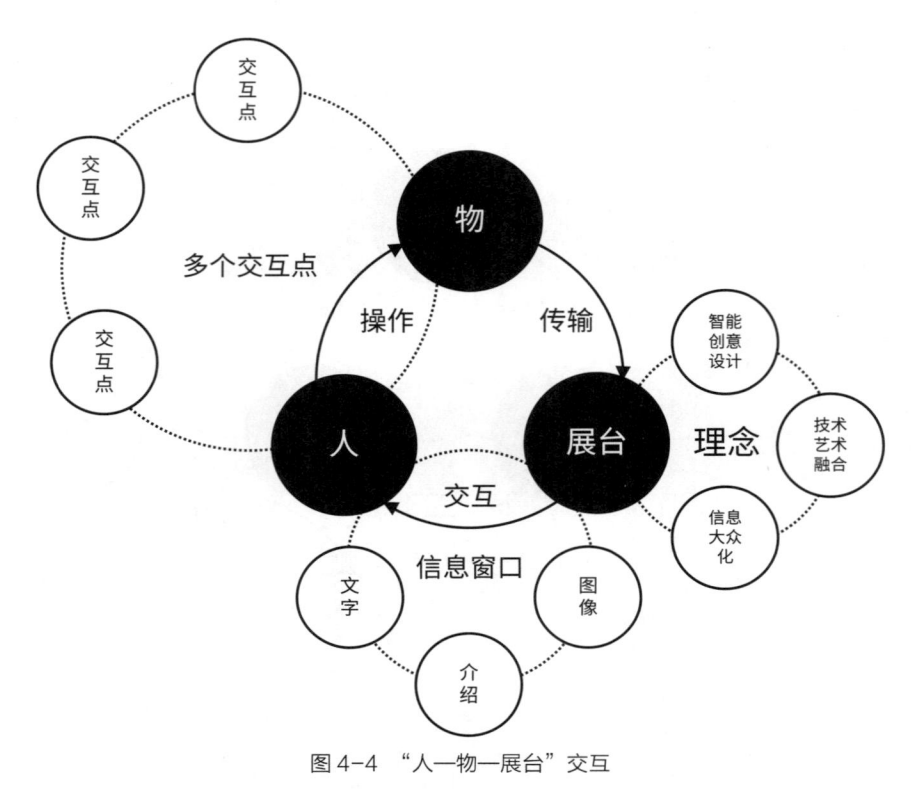

（2）依托虚拟空间的云展览

脱离现实博物馆实体的纯虚拟展览在空间上更自由，但也更讲究内容间的逻辑关系和创意设计的巧思。融合虚拟技术的创意设计为用户提供了一种全新的观展体验，也形成了一种新的逛虚拟展览的形式和新展览业态。"永远的东方红"云展览以中国国家博物馆北1云展厅为虚拟坐标，是一场在虚拟空间的展厅中倾力打造的云端展览。策划团队以云策展、云布展的方式实现创意落地。观众在策划团队精心布置的云展览中进行云观展。近50件/套航天珍贵物证分别来自中国国家博物馆和中国空间技术研究院。云展览让本不在一处的展品荟萃一堂，是对物的云端化；让身处世界各地的人们同步观展，是对人的云端化。"永远的东方红"云展览的启幕和导览由5G技术支撑，满足了线上看展、互动交流的需要。智能创意设计以图文、音视频、三维模型等多种数字资源的形式呈现展品。除此之外，中国国家博物馆联合中国空间技术研究院出品了多款H5小程序，拓展虚拟展示形式，邀请观众了解"东方红一号"的研制历程，或是在五线谱上尝试奏响《东方红》，或是在云端"穿上"航天服与"东方红一号"合影留念，还能为"东方红一号"点赞等，提供与实地观展相区别的多重交互体验。[①]

依托虚拟空间的云展览不是现实世界展览的镜像，而需要智能创意设计介入，对虚拟空间进行空间分割、动线规划、展品布置等环节的精心设计。虚拟空间不同于实体空间，在视觉上有不同尺度的体验感受，可以利用这种特殊的视觉体验对展示进行空间分割的创意设计，相对来说自由度更高，还能从三维空间上进行创意，颠倒性空间、矛盾空间都能在虚拟展示中体现，让用户犹如身处《纪念碑谷》的游戏中，可以体验虚拟空间的特殊空间感受。除了空间分割外，动线规划也会区别于现实世界的展览；除了可以通过用户的个性标签来定制专属推荐动线外，还能够实现实时、自由的动线。与物理世界的线性动线不同，虚拟展示空间的动线可以是线性推进式的，也可以是点状跳跃式的，还可以是两者的结合，从而大大提高动线设计的自由度。相比于物理世界的动线设计，获得了更多的可能性。展品的自由度和丰富度则大幅提高，展品以数字的方式展出，可以通过文字、图片、视频，也可以通过VR、AR等技术融入的数字展示形式，不仅可以实现现实物理世界的物体还原，也可以跨越时空实现古今中外，甚至是不存在物品的重现、重构和创造。智能技术将用户和展品置于同一个虚拟时空中进行互动，增加展览的互动性和趣味性。

（3）让参观者成为主角

通常情况下，博物馆的主角是馆藏文物。但在数智时代，主角逐渐转变为人——参观者（用户）。智能交互设计通过对用户的需求研究，充分发挥大数据分析技术，建立用户行为分析系统，把握用户心理、行为；用户

---

① 参见：《"永远的东方红"云展览入口看这里》（https://new.qq.com/rain/a/20200426A0M8EF00）。

行为分析系统能够全方位、多角度记录参观者（用户）预约、停留、感兴趣的藏品等信息，并进行深度分析。可利用微信、微博等社交平台以及传感器技术、RFID等技术建立数据采集、维度定义、数据冗余、并行分析等不同平台，提高博物馆服务的精准性、有效性。[①]

由于智能技术的融入，用户参与已经成为博物馆等公共文化部门的一种新范式。社交媒体可以提高用户参与度，增强用户对各种领域研究的兴趣，不局限于博物馆的实际开放时间，不受时间和地点的限制，可随时随地引导用户体验博物馆等文化空间，以更加开放的方式与用户互动，共同创造价值，并在活动之前、期间和之后与观众互动。

除了社交媒体外，智能创意设计还利用RFID、传感器等多种智能技术手段，研究用户行为特征，并基于对用户的观察，与其进行交互和共同创建内容，从而实现自发和高度交互的环境。将从社交媒体、物联网中提取的有效信息通过设计转变为更有趣和更具参与性的体验，一方面可避免让用户认为博物馆的实体体验价值较低，另一方面可让用户了解策展和相关文化遗产知识是理解文化价值的核心，让物理和数字方式在用户参与中不断交叉，从而制造一种半虚拟和半物理融合的新体验（见图4-5）。

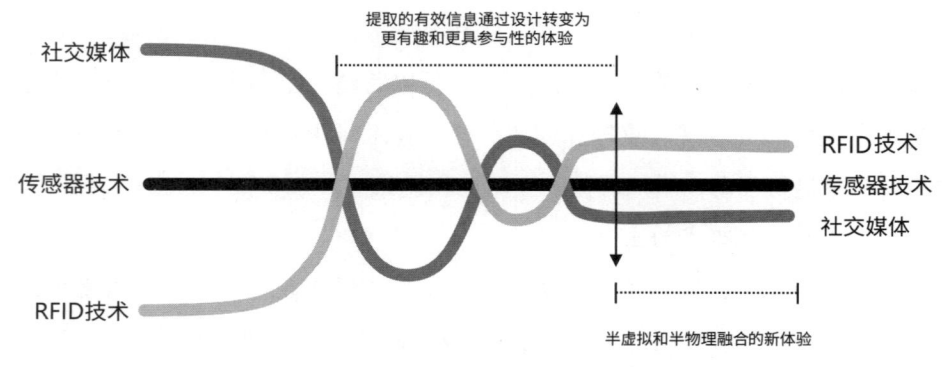

图4-5　通过智能创意设计实现新体验

---

① 徐家赫．"互联网＋"在数字化博物馆建设及途径分析[J]．文物鉴定与鉴赏，2021(13): 159-161.

（二）从可观到可感：文创新产品

文博与非遗领域内的智能创意设计的重要体现是从建模到创新的飞跃。建模只是数字世界对现实世界的数字化复制，突破了时间与空间的限制，改变了体验感受，但本质上还是原来的文物或非遗的再现。文创产品是对文物的创造性转化，不论是纯数字的，还是线上、线下结合的，都从对文化遗产、博物馆文物或是非遗的可观体验到了可玩、可触摸、可交互、可社交、可深度体验的可感新体验。

1. 从实体到虚拟的数字收藏

传统博物馆的文创产品一般来说是实体的。早期最受欢迎的博物馆纪念品大多是文物的复制品。如果虚拟的文创产品是简单复刻的照片，以静态图片的方式呈现，可以通过简单复制得到，会显得价值不高，可玩性也不高，用户不愿意为此付费，但智能创意设计结合虚拟展示、NFT技术等，使得虚拟文创产品的价值和可玩性大大提高，吸引了大量的年轻人。

2022年，支付宝的"集五福"活动将博物馆文物以数字文创的形式推向大众。其结合巨大的用户群，联合17家博物馆（院）的老虎主题文物，让广大的支付宝用户了解数字文创及数字收藏，将文物进行数字化建模，制作成可720度展示的数字复刻模型，再与新年相关的图案元素结合进行视觉设计，通过如相关视觉设计与福卡、AR扫一扫、福气商店、数字收藏等活动，将文物数字化后以文创产品的形式推向更多的受众。作为一种文创新形态，数字藏品利用NFT技术链接数字世界，让文物不再受时间、空间等条件限制，把文物背后的历史文化以更年轻化的体验方式展现出来。

2. 从大众到个性的文创定制

在设计1.0时代，文创产品设计通常以受众较多的钥匙扣、冰箱贴、明信片等为载体，设计的形象也以大众普遍能够接受的形象为主。这是受设计1.0时代的设计思维和设计工具的限制。进入智能创意设计时代，创意设计融入智能技术大大拓展了设计工具的功能，使得个性化定制的成本降低，也使得个性化定制的设计变得更简单，适合未接受过设计训练的普通用户使用。比如，众多的美图类APP可以让小白用户都能轻松上手，以简单的交互方式达成个性设计的目的。3D打印、数码打印等定制制造服务的成熟，也使得用户个性化设计得以落地。

"敦煌诗巾"就是一个由用户主导的文创产品定制小程序。它是由敦煌研究院文化创意研究中心与腾讯协同开启"数字丝路"计划，借助音乐、游戏、动漫等形式推出的多个敦煌文化新产品之一。它的背后是智能创意设计通过对多项技术、设计流程、制造环节的整合，最终形成从用户调用敦煌元素图案进行放缩、组合，到虚拟试戴，并最终下单制作的全流程环节。

如果说二维产品的个性化定制依托数码打印技术的发展，那么三维产品定制的制作则需要依靠日益成熟的3D打印技术。塑料制品的3D打印技术相对成熟，所以依托塑料材料的个性化定制文创产品，如首饰、手办等，已经拥有一定的用户群体和市场。金属3D打印技术的成熟也使得一部分首饰等高级定制产品推陈出新，如马良行让用户进行自主定制设计，随后通过3D打印制作，实现最终的个性化首饰定制。

3. 从分散到集中的文创平台

智能创意设计思维的重要部分是平台思维。智能技术能够为集合创意、共创协同提供有效的技术支持。平台不仅依靠技术，还依靠大量创意支持力量，才能产生最大的共创效益。创意支持力量的来源既包括专业设计师或设计公司，也包含用户。在设计1.0时代，大量的创意力量是分散的，甚至一些优秀的创意因为缺少发声媒介和商业渠道而被埋没，"酒香也怕巷子深"。智能创意设计的平台思维可以将分散的创意力量聚集成一团火，并且通过互相碰撞、激发、放大，扩大创意的成果和影响。站酷作为设计师交流的平台，在智能创意设计时代不断拓展自身，与不同的文化IP、文博机构、企业品牌合作，探索共创式"新文创"模式。对于如何共创，站酷提出了联动设计师、携手艺术家、打通上下游、撬动私域流量等方式，通过多个点状的项目搭建文创新平台。比如，站酷和中国长城学会推出的"这个IP有点儿长"中国长城文化创意创新大赛，收获了1000多组视觉作品。根据此次大赛，站酷提出了通过连接设计师、品牌或平台，实现文创从零到创意，再到产品和收益的完整共创链路，形成了文创平台新生态。平台上设计师共享的优秀设计作品入选IP图案库后，成为与各大品牌IP授权合作的创意素材，或是落地生产文创产品，设计师都能获得收益的分成。品牌方能够获得丰富的创意素材，在营销过程中获得更多的流量关注；设计师方也能得到更多曝光的机会，甚至从中获得收益。这是个多方受益的良好共创生态模式。

除了物质文化、文化IP外，非遗也是重要的创意源泉。非遗大多保存在生活中，对非遗的保护也应该体现在活化与发展上。一方面，大多数非遗在展馆内通常以图片的形式进行展示，以线下实际体验为主要传播和传承方式，虽然能够起到较好的宣传作用，但由于场地和时间的限制，相对来说受众面不广。另一方面，非遗也不能完全依靠数字化，还需要有温度地传承，将技艺、活动和精神、理念、文化共同延续下去。所以，融合线上和线下也是智能创意设计的融合思维体现。非遗数字化是一种帮助非遗扩大传播面的重要方式。对非遗的传播与传承不仅要在地，也需要在线。常规的非遗数字化平台是以非遗项目及相关政策法规为主要内容，以非遗传承人和外部受众为主要对象，以图片及视频的方式单向输出，对于受众来说，只是被动接受，效果有限。湖南大学"新通道"项目突破常规非遗数字化平台的设计方式，以非遗项目为项目单位，师生深入当地进行共同研习体验与设计创新。项目从地方性知识视角出发，内部受众不仅包括非遗传承人，还包括整个非遗社区的普通居民，突出非遗本身带有的生活性。在线的交互方式除了传统的图片和视频外，还包括对非遗感兴趣的设计师可以参与到项目中进行协同创作，成为知识重构的参与者，以田野调查、协同创作、参与式影响等方式搭建地方性知识平台建设，最终对该非遗项目的传承与创新过程和结果进行在线传播，以吸引更多的人参与其中，不断重构与创新。项目除获得商业价值之外，还将获得更大的社会效益。[①]

三、短视频与直播：文化主体的集体狂欢

短视频和直播产业作为伴随移动互联网技术发展而产生的新产业，相当于给每个人装上了高清摄像头，满足人们能够随时随地以视频的方式分享的需求。智能技术与创意设计的融合极大推动了短视频和直播的普及。人工智能技术进一步降低了视频制作的难度和入门门槛，激发了文化主体的创作热情。5G技术使得传播范围扩大、传播速度提升，加上多样化的交互技术，使得大量参与其中的观众也成为创新的一分子，极大地激发了文化主体的新动能，展现了文化主体的集体狂欢和集体创新的新场景。

（一）从APP到产业：短视频

短视频最早以APP为载体出现，这些APP是不同于传统电视、广播甚至互联网网站的新媒体平台。依托移动互联网发展起来的新媒体APP上播放的、适合在移动状态和短时休闲状态下观看的、高频推送的视频内容，一般来说，时长在10分钟以内的被称为短视频。短视频通常在几秒到几分钟不等。短视频内容广泛，从个人到商业，从学习到娱乐，各种风格、格调、品位无不包含在内。短视频可以单独成片，但如果想要产生较大的传播力则可以设计成为系列栏目，来形成品牌或IP效应。短视频制作不像微电影制作，需要特定的表达形式和团队配置要求，具有制作门槛低、生产流程简单、参与性强等特点。超短的制作周期和趣味化的内容需要短视频制作团队在短视频内容的设计、文案、策划方面具备较强的能力。从短视频的热度和持续度来看，优秀的短视频制作团队通常依托成熟运营的自媒体或IP，除了高频稳定的内容输出外，还得有庞大的粉丝基础，能够维持

---

① 谢慧玲,张朵朵,何雨威.地方性知识视角下非遗数字化平台的构建——以"新通道"项目为例[J].湖南包装，2017(4): 32-35.

短视频的质量及传播力。

短视频兴起的主要背景是网络的提速、移动互联网技术的成熟、智能手机的普及。2011年3月，GIF快手成立，拉开了短视频行业发展的序幕。2013年8月，秒拍入驻新浪微博客户端，迅速吸引千万级用户量，正式开启了短视频时代。2015年，小咖秀、小影等开拓了个性化短视频工具方向，之后随着传统专业媒体进入短视频领域，短视频APP数量急速增长。2016年9月，抖音上线，以"让崇拜从这里开始"作为品牌口号，将用户定位于来自一二线城市的"90后"年轻人，从而打造抖音的潮酷形象。2018年6月，快手APP上线快手小店；同年10月，抖音上线商品橱窗，开启短视频内置电商与跳转外链带货模式。2019年，随着短视频电商与带货模式的大热，短视频带货成为短视频流量变现的新模式。至此，随着快手、抖音等短视频APP的下载量和使用量暴增，短视频用户规模逐渐增大。短视频每日收看时长增加，使其成为一种新的产业。2024年3月，中国互联网络信息中心（CNNIC）发布的第53次《中国互联网络发展状况统计报告》中指出，截至2023年12月，中国短视频用户规模为10.53亿，占比为网民整体总数的96.4%。[①] 短视频用户不论是总数还是占比，都是多年来持续上涨，甚至可以说人人都是短视频用户。

短视频行业迅猛发展，以较短时长的视频为根本抓手，通过不同的平台和触媒进行传播，吸引了大量的用户。随着用户规模的不断扩大，短视频APP及平台积极开发和探索新型商业模式，以PC端、移动端、OTT（over the top，指通过智能电视端触达用户）、OOH（out-of-home，不仅包括传统户外广告营销方式，还包括新兴的环境媒体，如电梯内广告媒体）、IoT（Internet of things，在智能家居、智能家电、健康可穿戴设备等精准投放媒介等多元化新触媒和"短视频+直播+卖货"、KOL（key opinion leader，关键意见领袖）带货等深层整合的新模式。

---

① 参见：《CNNIC发布第53次〈中国互联网络发展状况统计报告〉》（https://cnnic.cn/n4/2024/0322/c88-10964.html）。

短视频行业的收入主要来源于广告、电商、直播、游戏等，特别是短视频内容电商模式依靠网络效应产生良性循环，以轻资产实现快速的规模扩张，完成飞轮模式增长。所谓飞轮模式，即短视频平台的C端用户数不断高速增长，吸引更多的B端商户入驻平台，B端商户的入驻必定带来丰富的SKU（stock keeping unit，库存量单位），并且提升平台的用户体验设计水平。SKU的丰富性和平台使用的舒适性将进一步吸引C端用户的留存使用与互相推荐，形成良性循环的飞轮效应。从营销收入方式来看，更多的广告主将从传统平台转向短视频平台，使得短视频最重要的广告营收进一步扩大。另外，直播、电商、游戏等新型收入也将进一步提升。同时，设计新的交互功能和方式能够提升互动性，从而加强用户对短视频的依赖并促进消费。5G通信技术的成熟与普及、人工智能和大数据技术的发展都为短视频平台提供了新的技术支持。

1. 内容为王：新产品造就新产业

就短视频的发展来看，内容的创新是短视频生命力所在，可以说是内容为王。为了让短视频生产者将更多的精力放在内容创作上，快手、抖音等APP的设计不断更新迭代，来满足短视频生产者制作短视频可以更轻松、更快速、更精美的需求，创新出自动美颜、各类滤镜、多样模板、智能字幕、人声朗读等功能。短视频APP的设计进化带动了整个短视频产业的蓬勃发展。

短视频APP先以内容吸引用户，让用户感兴趣，从而留在APP内逐步成为忠实用户，并通过向他人推荐，推动用户增长，这是飞轮模式的第一步。所以内容为王是短视频APP的生存之道。让人们清楚认识到短视频的内容为王的应该是李子柒的出现。她自2015年开始拍摄美食短视频。其主题设定为"古香古食"，场景则选择在她最熟悉的农村。2017年，李子柒在YouTube发布第一支视频——《用葡萄皮做裙子》，让外国网友耳目一新。短视频中充满诗意的田园生活和博大精深的中国传统文化吸引了大量来自世界各地的粉丝，短短时间，便在2020年7月16日获得1140万人的 YouTube 订阅，其后订阅人数突破 1410 万，该频道成为"最多订阅量的 YouTube 中文频道"。李子柒在短视频内容的设计上没有很多修饰，却牢牢把握着主题——呈现中国传统而本真的生活方式。这样的短视频内容能够引起用户的共鸣，对现代都市人来说，是在乡野生活中找到"慢生活"的心灵归属；对中国人来说，是一种民族认同感和归属感的寄托；对外国人来说，是理解了一种生活着的中国文化。短视频中的李子柒很少用语言表达，主要用视觉语言表现，突破了语言的局限性，让用户能够专注于 10 分钟左右的视频内容本身，也正是因为用视觉语言和方言对话替代了旁白，使其更具国内亲和力和国际传播力。除了符合文化强国的内容价值外，"巧思设计 + 平台"是助推内容传播、打造 IP 的重要途径，推动形成了内容设计、内容制作、内容推广的良性循环。

短视频的内容包含了丰富的题材，除了文化类、娱乐类的题材外，知识类的题材也受到广泛欢迎。内容设计除了内容题材外，内容表现形式的设计也是成就短视频的重要途径。好的内容需要有好的表现形式。特别是短视频只有 10 分钟以内的展示时间，节奏速度、亮点频率、输出质感都需要设计。"有意思"成为短视频吸引用户的重要标签，比如"老师好，我叫何同学"就因为一条"5G 到底有多快"的视频涨粉无数。该短视频播放量突破 2000 万，甚至获得了《人民日报》《新闻联播》等的关注。哔哩哔哩网站官方对"老师好，我叫何同学"的评价为："他是一名充满少年初心的 UP 主。他擅长用简单干净的文字传递信息。镜头运动丰富，转场行云流水，配乐舒适自然，内容'贼有意思'。"他的短视频以科技评测这一知识类为内容题材，在编排设计上以移动互联网用户高频率、高密度输出的需求为前提，设计编排节奏快、信息密度大、用户反馈点密集，同时还考虑视频制作手法，包括镜头、运镜、剪辑等，虽然是短视频，但也制做出大片的质感。①

---

① 参见：《典型"后浪"故事｜99 年出生的百万粉丝 UP 主》（https://www.sohu.com/a/393254898_556712）。

2. 技术新动能：智能生成与智能推荐

短视频在内容表现上有赖于短视频APP的不断更新而产生新的动能。短视频APP围绕用户对于短视频生产的需求而不断地拓展新功能，最突出的是与智能技术相关的功能。

人像美化是各类拍照、视频类APP的重要技术。爱美之心人皆有之，人像美化能够充分激发用户的拍摄欲望。在优化现有技术的基础上引入新变量——人工智能技术，可以得到更复杂高级的效果，可以进行自适应。比如，AI原肤功能借鉴专业设计师将皮肤颜色分为低频颜色与高频颜色而进行手动修图的思路，对图像进行分频处理，不同神经网络负责不同的频段，去除对应的瑕疵。例如：低频是皮肤颜色，需要对斑块瑕疵进行磨皮处理；高频是体现皮肤细节的皮肤纹理，需要简单修补进行保留。最后，将不同频段的结果进行组合得到全频段结果。快手人像美化团队采用了多尺度监督、重参数化、生成对抗训练、学习残差、频率约束等方式，提升了AI原肤的效果。除此之外，人工智能技术还被利用在除皱、美白、背景矫正、面部轮廓调整、美妆等人像美化功能中，取得了更好的美化效果以及更实时的生成效果，比如：利用Unet-GAN、色彩校正和频域拟合等方法，通过神经网络训练进行AI除皱；通过区分正常光、暗光、过曝不同场景进行自适应的人像美白；通过算法将由于调整人像导致的背景中弯曲的线变为直线，来应对人眼对于背景直线的敏感性，"欺骗"人眼使其忽略背景中其他被扭曲的图案；采用PBR（physically-based rendering，即基于物理的渲染，提供了一种能更精确描绘光和表面之间作用的渲染方法）技术进行美妆渲染；等等。[1]

除了人像美化外，配音、字幕、特效、剪辑等都是短视频制作的主要环节，操作方便且出片效果佳的短视频APP才是用户的理想短视频APP，能够驱动用户不断拍摄新的视频。

---

[1] 参见：《瘦脸、瘦腿太初级，揭秘"亚洲秘术"美颜美体特效》（https://new.qq.com/rain/a/20220313A03FNH00）。

如果说智能配音只是技术上的革新，就忽略了创意设计的作用。文字转语音这一技术并不是专为短视频APP开发的。这一技术早就存在，只不过服务对象是B端用户，主要应用场景是新闻播报、订单播报、朗读听书等。技术的使用需要经过设计思考才能更好地满足用户需求。C端用户与B端用户的需求不同，C端用户需要更生动、更自然、更有趣、更多元的AI配音，这就要求智能配音具有高表现力、高音质，且响应时间短。

短视频APP上的智能配音采用更接近自然语言的语音语调，甚至提供四川话、东北话、粤语等方言或是影视明星等的语音包来提升表现力，不断促使用户在良好体验和积极创新间循环产生新动能。为什么需要那么多智能配音方案选择？这是响应用户需求的技术更新，是智能技术与创意设计融合后更好地为用户服务的体现：用户觉得自己拍摄的视频不够有意思，或是自己的声音不够好听，或是自己普通话不是很标准，就希望有配音的功能帮助自己创作。这就需要对用户的使用场景进行研究分析，得到不同的技术要求，即依靠技术团队对配音细节做出调整，把数据分成不同的组合，对每个组合进行测试，再根据结果对特征进行重组，得到符合用户需求的音色。

使用短视频APP的用户都是从新手开始的。为了满足新手用户的需求，并吸引用户从单纯的使用者转化为产消者（既是生产者又是消费者），短视频APP专门设计了容易上手的视频智能生成功能，包括可以自动识别相册里集中时间段的照片来生成"时光影集"，可以手动选择图片或视频来生成影像，以及可以应用海量的拍摄模板来帮助智能生成。用户希望在拍摄短视频时，APP会提供如"灵感""对口型""K歌"等智能辅助功能，帮助用户不断生产、发布短视频。当用户可以熟练使用拍摄视频后，则提供智能化水平高、操作简单的剪辑功能，以及互动、游戏等多样化的AR效果，以增加视频的趣味性。当用户进阶为高级用户（产消者），并获得一定量的粉丝（关注）后，可以上传自制视频作为模板，提供给其他用户，用于生成智能视频，系统会在模板上方标注用户名，进一步扩大该用户的知名度，以吸引更多的粉丝（关注），从而极大地激发用户的创作欲望，以技术的新动能推动形成主体新动能。

3. 主体新动能：制造者与参与者共创

短视频的创作主体看似是短视频的拍摄制作者，其实一个短视频被制做出来到逐步传播，再到"出圈"[①]爆红，还有一个共创主体，就是观看者（用户）。他们是话题制造者、传播者，最终在不断地转发、评论中进行共同创造。"丁真现象"充分说明了激发主体新动能的重要性。"丁真微笑"从短视频出发，最终推动了家乡旅游产业经济的发展。

丁真这位藏族小伙以"这个世界上最干净、美好的笑容"通过短视频平台火遍全网。随着"丁真微笑"在互联网上的不断传播，网民的广泛参与形成了传播的裂变，并释放出巨大的传播能量，话题制造者与话题参与者的共创激起了新经济中的主体新动能。"丁真微笑"的传播裂变使得该话题从观众谈资转为社会议题，微博、抖音、快手、微信、哔哩哔哩网站等平台不断扩散与发酵，流量转化为旅游的热度，四川省甘孜地区酒店预订量暴增。2023年上半年的淄博到年底的哈尔滨，无不是通过用户、文旅官方等主体在网络上以主题性的话题为传播内容（淄博烧烤、南方小土豆），拉动了当地的旅游经济，从网络人物或网络话题到网络热度，最终落到旅游产业的新动能，是一系列设计、营销的结果。

主体新动能被激发后产生的巨大能量是事前无法估量的，我们可以看到数智时代的焦点流量存在偶然性，但需要必然性的思维去激起话题制造者和话题参与者的共创，而且流量也会在达到峰值后持续一段时间，而后迅速回落——此时需要新的刺激点来成为焦点。如果想要保持较长的峰值持续时间，就需要利用设计思维对话题进行运作——不断有附属衍生的焦点产生，才能维持热度。焦点可以是一个网络红人，也可以是一个公共事件，还可以是一个"梗"。正如最早短视频流行起来，就是用户共创的"冰

---

① 出圈：通过跨群体、跨圈层、跨平台的交互式关注、行动互动，将原来属于小圈子内部的事件演变成社会关注的公共事件。

桶挑战"视频促使大众积极参与到焦点制造中来。当网络上出现某一个"梗"时，便有众多的用户围绕这一个"梗"进行创作，同时也进一步带火了这个"梗"，又会吸引更多的用户进行二次创作，飞轮效应启动后能够激发更大的动能。比如YYDS、emo、"内卷""躺平"等"梗"在小众范围内传播后迅速"出圈"，成为大众谈资，之后甚至成为社会议题，作为焦点，吸引更多的短视频制作者。公共事件则天然地携带流量，围绕公共事件容易形成主体创作新动能。比如，北京冬奥会吉祥物冰墩墩被抢购一空后，各大短视频平台就涌现了各种自制冰墩墩的短视频，甚至出现了《冰墩墩之歌》（"我只是想要一只冰墩墩啊，可是冰墩墩一墩难求啊"）。作为短视频的配乐，其进一步宣传了冰墩墩和北京冬奥会。在冬奥会期间，各大短视频平台上的冬奥氛围浓郁，对冬奥会特许商品的销售也起到了促进作用。

（二）直播新经济：带货不是唯一目的

1. 万物皆可直播的新场景

直播是在传统媒体时代就有的形式，被界定为广播电视节目的后期合成、播出同时进行的播出方式。但自2000年后随着互联网兴起，网络直播逐渐替代广播电视直播成为直播的代名词。2007年，以iPhone为代表的智能手机发布后，智能手机在短短几年内迅速普及。随着移动智能终端应用的极速丰富和移动互联网的网速提升，移动互联网时代的到来使得直播的内涵再次扩展，成为一个新经济的形式。

网络直播可以参照传播学电视现场直播的概念，定义为在现场随着事件的发生、发展进程同步制作和发布信息，具有双向流通过程的信息网络发布方式。从直播新经济的发展历程来看，网络直播从在线视频交友、游戏发展至电商、泛娱乐化，并不断地渗透到各行各业，出现了专业性强的教育直播、企业直播等专业直播，从单一迈向多元化，我们进入了全民直播的泛直播时代。

随着直播行业的发展，新产品不断涌现，从PC端直播平台到手机端直播APP，从YY、9158等开拓者上市到虎牙、斗鱼等游戏直播平台入局，再到映客、花椒等直播APP诞生，直播伴随着社交、购物、学习等各个生活场景，进入寻常百姓家。智能创意设计以用户需求思维对直播平台设计提出了设计进化要求，来满足用户日益增长的多样化需求：易用性需求推进新技术的发展，特别是在电商、教育等直播行业中，易用性需求明显，不仅有对于直播主播的易用性需求，还包括直播受众的使用需求，这些都促进了智能技术进行有针对性的设计开发；多元需求催生各类新场景，在常规的游戏直播、娱乐直播、电商直播、教育直播、企业直播场景中，各种细分领域、特殊时间或事件都成为直播行业的新场景；好奇需求催生新体验，除了在主播面前装上摄像头，实现人人皆可直播的体验外，好奇心还促使摄像头安装在了各种地方，使用户在不同的直播视角下获得新体验。

（1）易用性需求催生新技术

直播平台的用户包括主播和观众两类。从主播的角度来说，便捷的使用方式、精准的功能开发、集群的规模效应，都能吸引主播入驻平台。其中，最基础的智能技术是直播时的美颜美妆功能。与静态2D美颜不同的是，直播需要提供实时的3D美颜美妆功能。但3D美颜美妆对设备来说，性能要求比较高，素材生产成本高于2D美颜。考虑到直播视频的清晰度、流畅度等提升用户好感度的重要指标，新技术会不断改良美颜美妆的基础算法，特别是为了解决遮挡、大角度姿态、远距离等情况产生的问题，从数据生成、训练算法优化、网络结构打磨等环节，进行精确且稳定的基础网络训练。火山引擎利用自研的3DMM人脸模型，根据人脸分割结果、人脸关键点结果做3D参数或3DMM的拟合，并在局部做了形变，来获得贴合度更高的人脸网格模型，从而有效地训练高精度3D人脸的网络，更好地表达脸部细节，获得更真实生动的效果。[①] 手机淘宝则提出了个性化人脸美型方案，也就是对人脸脸型进行分类，定义了梨形脸、方脸、鹅蛋脸、

---

① 参见：《瘦脸、瘦腿太初级，揭秘"亚洲秘术"美颜美体特效》（https://new.qq.com/rain/a/20220313A03FNH00）。

圆脸、心形脸、长脸6种脸型，根据用户输入的人脸图像计算这6种脸型的系数占比，并根据数据对这6种脸型进行加权，最终得到用户个性化的脸型美型参数，达到美型千人千面的效果。

声音优化的新技术更新也是从使用需求出发，优化使用体验的重要一环。直播场景多样，对声音优化有较高的要求。通过噪声抑制（acoustic echo cancelling，AEC）、回声消除（active noise control，ANC）、增益控制（automatic gain control，AGC）等音视3A算法技术来提升音场体验，对直播声音进行优化。[①] 除此之外，声音的多元化如变声、混响、立体声、伴音伴奏等选择也被提供给用户，从而丰富了直播声音的可选择性，提升了直播的可玩性。

早期广播电视直播及网络直播是实时内容的单向输出，虽然比先期制作完成内容播放有更多的实时感和现场感，但就用户需求而言，互动仍然是用户追求更真实、更现场、更实时的内在驱动力。随着网络提速和技术进步，直播APP加强了观众端的互动功能设计，包括连麦互动、实时消息、点赞及弹幕等，并对强互动场景采用低延时技术，增强了用户直播交互的体验感。

在不同的直播领域里，随着用户易用性需求的增加，特别是在电商直播领域中，用户的使用体验直接影响了商业转化率。例如，化妆品电商直播存在线上购物不能实时试妆体验的痛点，而智能AR试妆技术则解决了这一痛点。比如，在传统电商直播中，口红的不同色号只能依靠主播将口红涂在手上或嘴唇上来帮助消费者判断。但每个人的唇色和肤色不尽相同，很多消费者还得依靠线下试妆来体验并决定是否购买。智能AR试妆则是由手机淘宝和各大商家合作，将商家的化妆品材质信息进行量化，通过人工智能上妆的算法，让用户打开摄像头就能体验到这款口红涂在自己的嘴唇上的效果，这在优化用户的"先试后买"体验的同时，也会提升商品的

[①] 参见：《淘宝直播端到端音视频评测方案首次公开》（https://tech.taobao.org/news/ow467f）。

转化率。智能 AR 试妆及其他基于美颜技术的互动娱乐都需要更强大的算法支撑，所以，为了提升速度，手机淘宝在目标检测、3D 重建算法基础上，设计了高性能移动端小模型网络结构，并研发了 MNN 推理引擎，推广到行业中。未来，手机淘宝还将逐步实现妆容迁移、妆容复用、光场重建等智能技术融入创意设计的方案。妆容迁移是运用 GAN 等人工智能技术，通过照片把用户的妆容解析出来，应用到其他用户身上。妆容复用既能实现用户对自己所喜欢的妆容的自我应用，还能降低妆容制作成本，达到快速应用的目的。光场重建是可以避免不同光线造成的化妆品（如口红）的材质效果偏差，适应各类 AR 场景，进一步优化用户体验，使 AR 试妆效果和真实的妆容效果尽量保持一致，从而提升用户购物后的满意度及使用直播购物的意愿。[①]

（2）多元需求催生新场景

传统直播场景一般为新闻、大型赛事等。互联网直播场景最早从游戏行业开始，随着技术的发展，用户的多元需求催生了直播的众多新场景，与传统媒介共存的大型赛事及晚会活动等直播、以游戏为主的泛娱乐直播、以购物为主的电商直播、面向成人教学的在线教育直播，以及企业营销直播等各种大型的直播场景都成为新型直播主流场景，并继续因为用户需求的不断细分、时空或地域性的拓展而出现更为细致的新型直播场景，比如 2020 年新冠疫情防控期间的云监工直播、流星雨或月偏食等天文现象的慢直播、空间站科普直播、乡村农产品直播等随着新需求、新时刻、新空间而产生的新场景。

"云监工"一词源于 2020 年 1 月 28 日中央电视台对武汉火神山医院建设进行的慢直播。其上线首日的用户数量从数十万飞速增长至上百万，两天后人气更是飙升至上千万。据官方统计，火神山、雷神山医院建设直播累计在线直播超过 600 小时，观看量接近 2 亿人次，一时间将慢直播这

---

① 参见：《瘦脸、瘦腿太初级，揭秘"亚洲秘术"美颜美体特效》（https://new.qq.com/rain/a/20220313A03FNH00）。

一形式带到公众面前。慢直播是基于普通直播的一种新创意，没有背景音乐、没有解说、没有剪辑，用固定架设的镜头对直播对象进行 24 小时无间断直播。慢直播要取得关注与效果，需要对直播工具、直播对象、直播角度、直播话题进行精心设计。最常见的慢直播对象是旅游景点、城市街景等，如杭州的断桥、武汉的江汉关等，通常由地方媒体或官方景区进行发布。另外，动物也是慢直播对象，如鱼、鸟、鸡等在哔哩哔哩网站上成为慢直播的主角。最引人关注的是央视网的 iPanda 熊猫频道，24 小时向全球观众直播大熊猫的生活。慢直播满足了用户参与、陪伴、分享、共创的多元需求，带来了巨大的新动能。高清摄像技术、"5G + 4K/8K + AI" 技术等都是慢直播的技术基础，而特别的直播内容、有创意的直播话题是慢直播引流的核心。只有智能技术融入创意设计，才能设计出更吸引人的慢直播。优秀的慢直播能够吸引足够多的人，满足陪伴、分享、共创的需求。

2020 年新冠疫情暴发后，多位主播助力武汉，进行了多场助农直播，开启了电商直播助力乡村振兴新局面。在专业主播带动下，农民也开始学习成为主播，在田间地头、大棚果园里，进行当地农副产品的直播。根据 2021 年 9 月淘宝直播的数据，在直播助农"村播计划"上线 3 年后，直播带动的农产品销售量已超 50 亿元。2021 年"双 11"期间，抖音上线了 18.3 万款时令农货，生鲜类农特产销量同比增长 327%。这些数据无不显示助农直播的发展。2022 年 2 月，《中共中央、国务院关于做好 2022 年全面推进乡村振兴重点工作的意见》提到，要加快实施"互联网＋"农产品出村进程，推动建立长期稳定的产销对接关系。助农直播是直播的新场景，打开了"手机成为新农具，直播成为新农活"的崭新的乡村振兴新局面。背后依然离不开强大的 5G 技术、轻松上手的直播软件等智能技术和形式多样的直播创意形式。

（3）好奇需求促发新体验

直播的新产品、新场景推陈出新的背后是用户的好奇需求在不断驱动。新产品、新场景搭建的新直播内容给用户提供了丰富的新体验。首先是到不了的视角。火神山、雷神山建设工地的云监工使用了 4 个高清机位来进行 24 小时的不间断直播，并通过"5G + 4K/8K + AI"技术支持全球直播。在直播间里，用户们称自己为云监工，并给工地上的挖掘机、叉车、卡车、大灯，甚至是工地边上的树取了名字。其次是到不了的地方。太空中的空间站是想到都到不了的地方。但通过"5G + 8K"技术，我们可以实时看到太空中空间站内的情景，宇航员还可以通过视频通话形式，与地面课堂的师生共同开启天宫课堂，从而给青少年们更直观的体验，在他们的心中种下星辰大海的种子。最后是到不了的工具。稳定的、角度合适的、高清的工具给用户提供了随时可以观看的镜头。清晰地观测星空、月全食都是要借助一般用户无法拥有的设备才能做到的。各种"到不了"通过直播的形式成为能够触达的体验，是智能创意设计推动的。

为了满足用户更多的好奇需求，还可以在原有的直播技术上叠加新的技术，产生新的体验，如 VR、AR、MR 技术的加持产生了 VR 直播、"AR + 直播"、MR 直播的新体验。VR 直播采用全景环绕式拍摄，可以使观众有更直观、立体的观看体验；"AR + 直播"则可以在直播过程中将虚拟形象与现实直播融合，如虚拟人物与主播、观众进行互动；MR 直播通过直播场景虚拟化，使观众享受更多元化的直播。虽然这些新型直播的受众还不多，也没有形成成熟的生态或产业链，但在某些特殊的时刻或地点的尝试可以给用户带来不一样的体验，也将成为未来直播多元化发展的新动能。

2019 年 10 月 1 日，中国联通与中央电视台合作开展了"国庆阅兵 + 双 G（前兆家宽 + 5G）+ VR 直播"活动，体验的市民纷纷惊叹有近乎现场观看的效果，感受到了现场的热烈气氛。除了重大活动外，VR 直播还被应用于重大赛事、演出活动等，提供身临其境、高清全面的视觉享受，同时体验现场感。中央电视台首创虚拟网络互动制作模式（VNIS[①]），应用轨道机器人、无人机、在线虚拟系统等 40 多套 4K 特种拍摄设备及系统，通

[①] VNIS 系统可远程采集超高清的动态 VR 实景内容，通过 5G 技术将高质量 VR 视频传输到虚拟演播室的 VR 渲染系统，实现视觉特效与节目内容无缝结合。

过 5G 网络接入 VNIS 系统，进行 2020 年春节联欢晚会的 VR 直播。观众可以通过触控屏幕或手机，自由选择观看角度，突破过去只能观看摄像导播角度的电视直播的限制，观看自己喜欢的演员或歌手的特写，或是整个晚会现场的热烈气氛。

"AR + 直播"是指将 AR 技术应用在直播中，包括常见的屏幕端特效、叠加人像特效、场景直播特效等。屏幕端特效是直接叠加，没有滤镜效果，是最简单直接的方式。叠加人像特效可精准识别人脸或眼睛位置，将 AR 动画自然地叠加在人像上，并在直播过程中稳定跟踪。场景直播特效不仅可以实现人像识别跟踪，还需要对环境进行感知融合，从而达到虚实融合的效果。

MR 直播有别于常见的绿幕抠像技术。借助 3D 互动技术，主播可以无缝融合到虚拟场景中，使真实的人与虚拟的道具、场景实时交互，并不断变换虚拟场景，实现现实场景与虚拟场景的无缝融合。

2. 从经济价值到社会价值

通过大数据算法抓取用户轨迹并进行分类，通过 5G 高速网络传输实时高清图像，通过 VR、AR、MR 等智能技术打造深度沉浸体验，智能技术与创意设计的结合形成了形式多样、体验丰富的直播形式，吸引了大量的用户，并且用户数量仍在不断增长中，拥有巨大的市场发展空间。直播通过新产品、新场景、新体验形成了新业态、新产业，给新经济注入了新动能。全民直播时代来临，特别是电商直播获得爆发式增长，产业链逐渐完善，产生了巨大的经济价值。2023 年，中国直播电商市场规模超过 4.9 万亿元，同比增速为 35.2%。直播电商用户规模也在进一步扩大，预计 2024 年直播电商用户规模达 6.9 亿人，虽然与 2020 年顶峰时期 48.8% 的增速相比，之后几年增速放缓，但总体用户规模还是巨大。这些都使得直播成为电商市场常态化的营销渠道和重要的新业态。

直播新业态在创造经济价值的同时创造了社会价值。智能创意设计在其中发挥着重要作用。比如，将电商直播引入乡村，并通过直播形式赋能乡村振兴，除了售卖当地农产品、创造经济价值外，让更多的人了解乡村文化、推进农民再就业、提升农业品牌影响力、带动特色产业发展等也是直播承担的社会责任。正如火神山建设的慢直播激发了文化主体的动能，互动评论激发了观众作为文化主体的积极性和创造性，并在互动中得到了情感的慰藉，激发了强大的爱国热情，体现了经过设计的直播形式可以带来的社会价值。

四、影视与游戏："IP+造势"

影视与游戏产业在新技术发展背景下产生了新变革，不断加速的网络拓展了影视和游戏的传播范围，从而也造就了IP化。IP在智能创意设计中成为重要的设计对象，IP重塑、IP联合、IP新生等手段为影视与游戏产业注入了新动能。

（一）IP重塑：互动营造

新时代来临，随着智能技术的接入，传统影视产业的IP形象也在进行重塑。

河南卫视从2021年春节联欢晚会的《唐宫夜宴》全网爆火开始，凭借着《元宵奇妙夜》《清明时节奇妙游》《端午奇妙游》《七夕奇妙游》等系列节目，打造了"传统文化美学"等卫视IP形象，在众多省级卫视中脱颖而出，在观众中甚至产生了"你可以永远相信河南卫视"的评价。为什么大家都喜欢河南卫视的这一系列节目？最大的原因是，其在深耕传统文化的同时，积极引入智能技术，并应用创意设计思维巧妙地传达和表现传统文化，让中华优秀传统文化在当代再现魅力。例如在《唐宫夜宴》中，除了一群可爱的唐代宫女引人关注外，还利用智能抠像、5G技术、VR技术、AR技术等智能技术，制造了令人震撼的视觉效果、令人折服的舞美奇观。"5G+AR"技术使得虚实之景不再是简单、粗暴的结合，而是细腻无缝的整合，使观众获得了丰富的、沉浸的舞台观看体验。在熟练运用智能技术的基础上，如要将文化也"细腻无缝"地传达出来，则需要通过创意设计使其服饰妆容、舞台布置、场景变换等与文化要素相适应，进行合情合理的表达。除了节目本身体现了传统文化驱动智能创意设计、在IP重塑中强调了文化价值的传承之外，湖南卫视还利用社交媒体，使IP效应在互联网环境中得到了进一步放大。

在信息爆炸的时代，传统电视媒体正在走出自己的舒适圈，用智能创意设计打造新型电视节目，突破传统媒体的传播范式，利用社交媒体进行传播的同时，也将传统文化价值进行了大小屏传播的叠加。2021年的春节，河南卫视在快手、哔哩哔哩网站、大象新闻客户端等平台做了先于大屏端的首发，而小屏则重在以密集输出的形式来吸引注意力，便有了《唐宫夜宴》通过一轮轮的社交媒体转发而"出圈"爆红，仅在大年初一当天，就收获了超20亿的全网视频播放量。在制作适应于小屏播放、社交媒体传播的内容时，首先要考虑用户的注意时长，内容根据时长进行编排时可以分组，同时注意节奏感；其次要充分鼓励创意，求新、求异但不能脱离价值本真，从而守正创新、传承文化；最后要利用好数字化工具，发挥智能创意设计的强大创作能力，持续生产高度仿真的体验感。在传统文化驱动下，利用大小屏、多渠道社交媒体，河南卫视突破传统电视成为传统文化传播的新IP形象。

（二）IP联合：强强联合

影视、游戏领域是最早体会到IP动能力量的领域。IP的建设和营造有着一套成熟的方法。面对数智时代的新变化，在维持原有IP动能的基础上，可以联合不同领域或不同产品的IP，释放彼此的IP动能，增强联合IP动能，从而达到"1＋1＞2"的强强联合的效果。

影视、游戏行业中大大小小众多IP如何能够不断扩大影响力、激发生命力，其中一个方式就是联合文化IP进行产品创新。在联合的过程中，不断融入智能创意设计，使得新产品得到双方IP的赋能。

《上新了·故宫》是北京广播电台联动文化大IP北京故宫博物院打造的综艺新产品，从2018年开播以来，深受年轻观众的喜爱。特别是第三季在原先的节目模式基础上，巧用5G新技术实现概念文化装置——紫禁城时空胶囊，以科技之力存储文化记忆，并在节目预热期间，依托全媒体平台开设短视频互动微答题《上新了·故宫》在线小课堂，多项技术、多个平台在共同打造新产品的同时，也打造了新的IP。《千里江山图》是收藏于北京故宫博物院里的书画文物，代表着青绿山水发展的里程，是中国十大传世名画之一。2017年在故宫博物院曾举办"千里江山——历代青绿山水画特展"，《千里江山图》也逐渐成为众人熟知的青绿山水画IP形象。网易游戏与北京故宫博物院联合开发的手机游戏《绘真·妙笔千山》以横版平面视角和3D自由大视角结合的方式，展现青绿山水的意境和效果。其通过智能技术融入创意设计，尽力还原青绿山水的画风，并运用网易游戏自主研发的NeoX引擎和专有游戏技术开发平台，结合手绘和3D建模的方式，实现青绿山水效果，让用户领略人在画中游的视觉效果和游戏体验。北京故宫博物院、中国东方演艺集团有限公司、人民网股份有限公司共同出品并登上2022年春节联欢晚会的《只此青绿》舞蹈是《千里江山图》IP和影视IP联动的另一成功案例。演出期间，人民网通过短视频、图文等多种方式进行广泛宣传。首演结束后的相关报道曝光量达2.47亿，并在舞蹈演出的基础上利用数字传播扩大了其影响。2022年7月的大暑节气当天推出的"大暑·青箖扇"数字藏品，是一种依托《千里江山图》IP和《只此青绿》舞剧IP衍生的新产品。

除了以具象视觉为主的IP联合其他游戏或影视类IP外，一些较为抽象的IP也可以通过影视或游戏IP进行视觉化，增强抽象IP的视觉形象影响力。比如，《家国梦》是一款由腾讯与《人民日报》联合推出的庆祝新中国成立70周年的公益手机游戏，将攻坚扶贫、绿色出行、"一带一路"倡议、减税降费政策等融入游戏，以数字化、游戏化、迭代式的方式将新中国成立70周年来的政策、面貌变化都展现出来。《家国梦》中，数字智能技术是实现手段，创意设计是内容核心，两者相结合，才能把新中国70年来日新月异的变化通过小小的手机游戏表现出来。比如从绿皮火车到高铁的道具形象变化，在给用户带来惊喜的同时，使其产生自豪感。

跨界的IP联合会碰撞出更为奇妙的反应。比如，上汽名爵与哗哩哗哩电竞的合作，打造"潮玩新主场"，通过打造纯电超跑汽车电竞座舱MGCyberster，颠覆了传统出行场景与电竞娱乐体验，带来了电竞座舱新玩伴、队友出行新玩法和游戏穿越新生态的"三新"体验。

（三）IP新生：生长进化

最初始的小产品以创意为核心，以技术为旋转向心力，不断积累相关的形象和影响力，逐步形成类似风暴结构的大IP。大IP的核心是最初的产品及其创意，靠近核心的是重要的数字智能技术以及与之相关的产品功能，并不断延伸新场景和拓展新功能。

"蚂蚁森林"就是小产品大IP的最典型案例。最初，"蚂蚁森林"只是支付宝中一个不起眼的小产品，只有一些好奇心强、关注环保的年轻人会使用和关注，但如今，"蚂蚁森林"无疑已经成为用户熟知度、参与度、好评度都高的好产品和大IP。"蚂蚁森林"的核心是将支付宝使用行为转化为积分，进而将积分转化为植树行为的产品。其创意是环保，把使用支付宝与环保挂钩，并且是正能量的行为，所以积分以"绿色能量"的形式出现。"绿色能量"积累到一定数量，就能够用它兑换一棵树，不仅可以"种"在手机里，还会被真实地种在急需生态修复的地区。用户还可以使用"绿色能量"来认领一平方米保护地或守护一只动物。在数字智能技术的助力下，"蚂蚁森林"通过系统推送、好友互动等方式吸引用户，同时不断增加新的刺激点如新的树种、新的保护地，来不断持续吸引用户使用；利用陀螺仪技术丰富种树界面的场景，让用户更多、更喜欢停留在"蚂蚁森林"的界面中；利用创意设计思维，关注细节，不断调整和整合各种功能，提升好友互动如采集能量、合种、公益林等具体功能的使用频率，同时还增加了其他相关产品的入口，提升"蚂蚁森林"作为公益IP的形象和影响力。

支付宝紧紧围绕"支付宝使用行为兑换公益行为"的创意核心，利用线上、线下数字智能技术进行核心产品——"蚂蚁森林"——产品IP营造、线上不断丰富与环保相关的支付宝使用行为，并核定不同的能量值，从最开始的移动支付、行走、网络购票、生活缴费、地铁出行到绿色出行、减少出行、循环利用、减纸减塑、节能节约等40余种具体的支付宝使用行为，将使用支付宝与节能减排、绿色环保联系起来，巩固"蚂蚁森林"的IP形象；线下利用摄像头进行所种树苗的影像回传，激发用户的参与感、公益获得感，进一步凝聚"蚂蚁森林"的核心IP。由核心拓展开的是与"蚂蚁森林"紧密相关的产品，并在主界面上做了入口，主要是对公益行为的拓展，不变的是"支付宝使用行为兑换公益行为"这一创意核心。"神奇海洋"将场景从沙漠拓展至海洋，同样通过种植植物改善环境，相应地，将种树行为改变为种海草。这种场景的拓展带来新产品的诞生，还是围绕同一个IP，将其做大。另外，如"蚂蚁庄园"等小游戏也被纳入这一IP，拓展其他公益行为，还运用人格化建设的智能创意设计方法定义庄园小鸡的性格与行为特征。同时，结合线上互动的创新玩法，通过构建"行为—公益—情感"的链路，将"蚂蚁森林"的内涵拓展为"我玩蚂蚁公益游戏，我很公益"的用户感知，突出了其绿色公益的IP形象，多种产品形成了IP族群（见图4-6）。

2020年9月北京数字文化产业IP平台的成立，意味着中国文化优秀IP与游戏IP强强联合。通过这种联合方式，原本零散的文化IP集中在大平台，游戏企业可以更加便捷地接触到丰富而优质的文化IP。北京数字文化产业IP平台是北京市精品游戏研发基地联合中国文物交流中心、北京市文物局、国家图书馆、北京国际设计周、北京中创文旅集团等多家单位构建起的数字文化产业IP平台，融合了古都文化、红色文化、传统文化、京味文化、文物等多样IP，促进了游戏与IP素材的嫁接，达成了游戏企业与IP

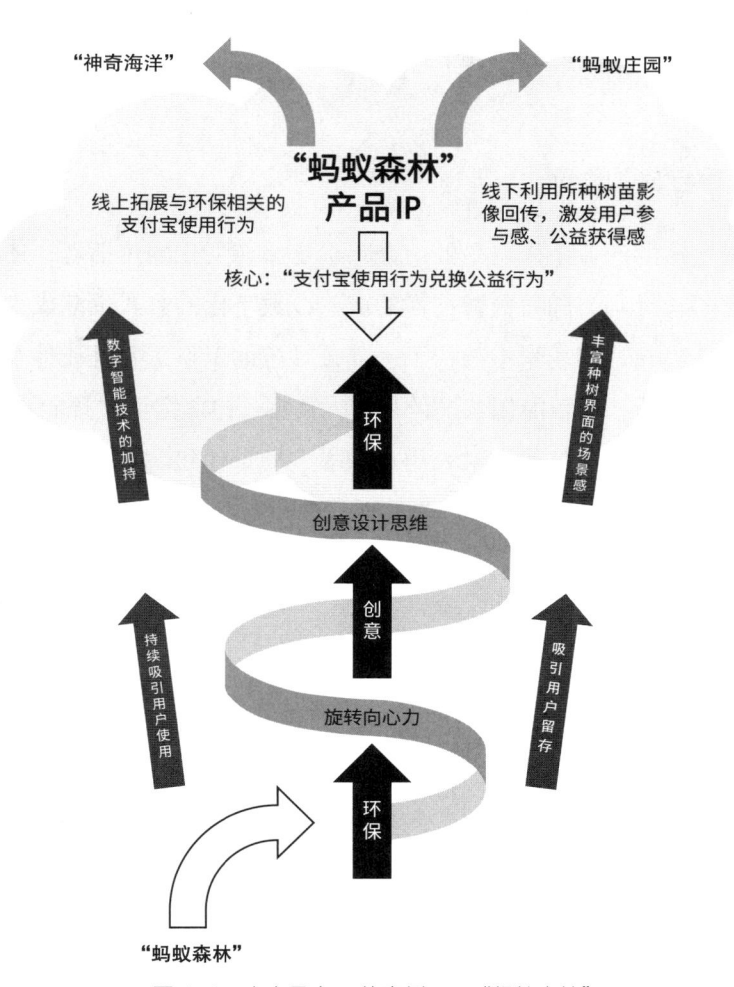

图 4-6 小产品大 IP 的案例——"蚂蚁森林"

素材企业的合作。平台旨在吸引优秀的文化 IP 内容，提供优质的 IP 素材，降低 IP 内容创作方推广、交易环节的成本，扩大 IP 内容交易的机会，助力打造新的文化产品，形成新的文化 IP 品牌，推动优秀中华传统文化走出国门，增强国际影响力。[①]

---

① 参见：《北京成立数字文化产业 IP 平台》（http://hdzx.bjhd.gov.cn/2019/zxyx/szxw/202009/t20200928_4426724.shtml）。

五、旅游与体育：文旅体融合

（一）让导与游更顺畅

导游是旅游产业中人与景的中介，也是旅游文化的传播者，还是整个旅游过程的设计师。随着数智技术的成熟，数字化的方式逐渐成为一种旅游的新方式，在许多场景中替代了一部分导游的工作，并且让整个旅游过程更加顺畅、舒心。智能创意设计利用大数据、LBS定位、智能语音、VR技术、人工智能等新技术，融入用户需求、场景构建、交互体验等创意设计思维，开发了面向多种旅游场景的新产品，形成了线上、线下、"线上＋线下"等多种新型智能导游模式，开启了足不出户的旅游新体验。

1. 不仅仅是机器导游

（1）机器导游的设计进化

为了解决人工导游不足的问题，提升游客的游览体验，室内外景区、博物馆内都根据自身的条件，开发、购买各自的语音导览讲解器来补充人工导游的服务。早期的讲解器需要在服务中心进行人工租借，并且使用机器按键，输入景点语音导览的标识序号，通过外放或者耳机来收听。语音导览讲解器通过语音合成技术，以背景音乐烘托气氛，用字正腔圆、音调优美的声音和多国语言为各国游客服务。游客在游览景点、观看展品之余可以获得相关的人文、历史、文化等知识。随着移动支付的普及，除了人工租借外，语音导览大多以自助租借的形式出现，自由度和便捷性更高，游客也更愿意尝试。

随着各种数字技术、互联网技术的进步，尽管一些语音导览讲解器由按键改为触摸屏（触摸屏不仅具有输入的功能，还能显示图片、文字，甚至是视频），但仍然存在提升体验感的空间。智能创意设计根据游客在游览时，希望能够跟随游览线路获得相应景点的主动讲解的需求，设计了定位感应式的语音导览讲解器。比如：利用BDS和GPS卫星系统定位，为户外景区游客自主讲解景点历史故事；利用 RFID 等无线射频技术，为室内景区游客自主进行展品介绍，满足"机随人讲"的实时互动需求。

扬州的中国大运河博物馆升级了语音导览讲解器，将内容讲解与用户需求对应，分为儿童版和成人版。儿童版的语言更活泼，部分图片内容还升级为视频动画，并采用设问等启发式讲解方式引发儿童的思考。游客可以通过智能导览自助出租柜扫二维码租借讲解器，然后将讲解器挂在脖子上，戴上耳机。讲解器靠近展品后，展品标签上的无线信号激活装置和语音导览讲解器的信号接收装置对接，便可自动播放讲解内容。游客如果对展品感兴趣，可以拿起讲解器，通过屏幕上的文字、图片、视频等进行快速而深入的了解，也可以在屏幕上输入展品语音导览编号，快速地进入讲解。语音导览讲解器作为"机器导游"，通过智能创意设计优化了游客在游览、观展时的体验。

除了"机器导游"外，旅游领域的应用智能机器人也在进行着不断地设计进化。2015 年，日本曾在东京都港区台场的一处旅游资讯处推出过精通三国语言且能进行人机对话的人形导游机器人。2018 年，扬州瘦西湖推出了一款能与游客亲密互动的旅游智能机器人"旺宝"。其能够听懂中英文，主动宣传扬州旅游，并进行简单的对话。2019 年，智能导览步行机器人"优友"能够如同人类导游一般带领团队，除了具备丰富的导览知识外，还能聪明地避开行人和障碍物，配合导览内容做出正确的手势。同年，山西平遥古镇的步行街里投入了多台智能机器人导游，与之前的"机器导游"不同的是，这个智能机器人导游不仅能够进行讲解、互动，而且还有代步电动车的设计，游客可使用它来代步和导游。对于缺乏人工导游的夜间步行街来说，它是一个智能化的补充。海南中智信研发的旅游智能服务机器人"源源"具备语音交互、对话问答、人脸识别、语义理解、环境感知、自主定位导航等功能，可以在景区景点、市民游客中心、博物馆等旅游场景为游客提供多语言咨询服务，为智慧景区赋能。智能创意设计在分析游客需求、场景需求后，利用日益精进的智能技术不断设计着、优化着"机器导游"，补充了人工导游的不足，提升了游客的游览体验。①

（2）手机成为随身导游

"机器导游"即便能够提供丰富的体验，也因为数量与活动范围有限，无法满足大量游客的导览需求。智能手机与5G技术的发展，使得手机成为智能导览的分布式终端。

"驴迹导游""美景听听""三毛游景点讲解""口袋导游"等智能导游APP覆盖国内外1000多个旅游景区、博物馆、网红景点、旅游胜地，并利用"GPS+微定位"，通过算法精准定位游客，触发自动讲解，并通过地图展示定位讲解点作为补充定位方式，为游客提供专业、便捷、丰富、有趣的景区导览及旅游攻略。其中，"美景听听"具有AI识别功能"博物馆之眼"，能够在博物馆内通过扫描展品、标牌等方式识别后自动讲解，"随扫随听"的方式则成为一种旅游导览的新体验。

智能导游APP集众多景点导览于一体，以满足游客的基本导览需求，但其精细化仍然是进一步设计的目标。一些较大的景区也推出了自己的导览小程序。小程序相对APP来说，更轻量化，也更方便游客即时体验。例如：曲阜三孔景区内的实体导览牌上都标有"三孔探秘"小程序二维码，用手机扫一下这个二维码，便能打开"三孔探秘"小程序；在景点地图上点击"耳机"按钮，便能看到景点的介绍；可以选择"背论语免费听讲解"或者"29元解锁全部讲解"来聆听孔子后人讲述景点背后的故事，也可以点击"餐饮""商店""卫生间""出入口"等快速导航到想要去的地方。

2. 足不出户的旅游新体验

智能导游APP在整合线下旅游资源的基础上，也向线上旅游拓展。丰富的景区介绍使得即便没有达到实地的游客也能充分了解景点情况，或是在旅游前做好攻略，或是作为弥补不能现场到达的遗憾，通过智能导游APP获得一定的旅游体验。比如，全球旅行文化内容平台"三毛游"，在整

---

① 参见：《导游机器人PK真导游 是机器"智慧"还是人工"智障"》（https://www.imrobotic.com/news/detail/18901）。

合线下1.5万余个景区与博物馆资源的智能导览内容基础上，提供了在线VR云游功能——用户可以足不出户，在家"云游"景区、"云看展"，实现了从线下旅游导览向线上文博展览、历史文化课程、艺术鉴赏、旅行FM等内容延伸，打造了线上、线下文旅融合的文化新服务模式。

2020年开始的新冠疫情加速了VR旅游的发展。"全景客"（全景客虚拟旅游网）作为中国最大的虚拟旅游电子商务平台，实现了1万多个景区高清720度三维全景。用户在"全景客"的小程序或APP中游览虚拟景区的同时还能收听景区的介绍，深入了解景区的情况，如身临其境一般。为了营造更真实的旅游场景，"全景客"还设计有全景虚拟拍照功能，用户可以上传照片与景区进行虚拟合影，并一键分享至社交网络。这样旅游时的"拍照—打卡"体验一样也没落下。"全景客"除了带给用户虚拟实景漫游体验外，还进一步服务线下旅游。例如，"全景路线"可为旅行社或旅游网站提供虚拟旅游线路设计展示，让用户能够在线上体验旅行线路，提高用户的体验感从而增强购买旅游产品的欲望，进而提高转化率；"玩转全景"为用户提供上传途径，"全景客"网站的注册用户可以上传自己拍摄的全景照片，并写下旅行心得或体验，和不同地区的游客共享全景照片，甚至可以找到志同道合的朋友。线上的全景漫游和线下的实景旅游通过720度全景技术、互联网交互技术等开创了足不出户旅游社交的旅游新体验。

（二）让运动盛会更欢畅

随着数字智能技术的不断创新，智能创意设计应用于体育领域，为体育注入了新的活力，为建设体育强国提供了源源不断的新动能，还为不断满足人民群众日益增长的体育需求创造了新方法、新途径。我们不仅能在冬奥会、亚运会等体育盛会上看到智能创意设计的表现，还能在全民健身等大众参与体育方面看到智能创意设计的介入。一种新的体育模式正在逐渐形成——数字体育。

1. 数字参与更全民

数智化的体育将产生新的场景，也会带来新的体验，形成新的模式，并更广泛地推进全民健身，建设体育强国。《全民健身计划（2021—2025年）》就明确提出，要推进体育产业数字化转型，鼓励体育企业"上云用数赋智"，推动数据赋能全产业链协同转型，提供全民健身智慧化服务，支持开展智能健身、云赛事、虚拟运动等，推进体育智能制造、智能可穿戴设备、"互联网＋体育"等产品落地，丰富线上健身、线上赛事、体育直播、电子竞技等数字内容，大力发展运动项目产业，积极培育户外运动、智能体育等体育产业，催生更多新产品、新业态、新模式。利用数字智能技术促进体育发展，主要包括体育领域的数字政府治理、全民健身数字化、运动训练数字化、体育竞赛数字化、体育产业数字化等。由此带来的数字运动新概念通过数字智能技术联结运动场景与智能装备，突破了时空界限，使参与者能够更好地实现强身、健心、乐群等目的的体育活动。除此之外，智慧体育场馆拥有以数字平台为核心且具有全面感知、泛在互联、综合分析、辅助决策和智能控制等功能的融合基础设施，体现了专业、便利、安全和节能环保等特点。[①]

智能创意设计激发体育产业产生主体新动能、技术新动能、模式新动能、业态新动能，使更多的人参与体育健身，进而打造智能健身新产品、智能运动新场地、数字体育新活动，提供虚拟竞技体育、休闲体育娱乐、数字体育宣传等新服务。

2018年，数字化体育项目——电竞项目——以表演项目的身份登上了雅加达亚运会的舞台。2022年的杭州亚运会上，电竞成为正式比赛项目。随着电竞项目进入综合性体育赛事，大众对电竞的认知度、认可度都有显著提升，也会有更多人参与其中。2021年，国际奥委会与多个国际单项体育联合会及游戏发行商合作举办了有史以来第一项获得奥运官方许可的虚拟体育赛事——奥林匹克虚拟系列赛。其包含棒球、自行车、赛艇、帆船

[①] 田野，徐士韦，鲁传杰. 数字中国背景下全民健身数字化: 机遇、挑战、优化策略[J]. 四川体育科学, 2023(2): 1-9.

和赛车运动 5 项赛事，鼓励世界各地的虚拟体育和电子竞技爱好者积极参与，从而带来全新的数字体验。该赛事将竞技体育的参与者从实体世界的竞技者拓展到虚拟世界的竞技者，扩大了参与主体，让更多的人，特别是年轻人参与到体育运动中，从而弘扬奥林匹克精神。

越来越多体育产品通过智能技术融入了创意设计，并进行了升级。比如，电动滑板产品汲取滑板运动的精髓，兼具时尚潮流。融入技术设计后，滑板不仅是短途代步工具，也是潮流运动产品。AI智能足球鞋搭载"人—球"感知、柔性电路、AI算法等技术，能够获取触球、跑动、盘带、配合、热区等数百项"人—球"数据。同时，这些数据也可以通过可视化形式在社交媒体分享，提升运动的乐趣。骑行运动智能头盔可监测运动数据，用户可通过手机查看实时骑行运动数据，包含轨迹、速度、时间、消耗热量等。这些智能产品作为数智时代体育产业的新产品在不断给用户带来新的体验和乐趣的同时，也逐渐形成了一个个以数据为基础、以产品为中介、以社交为手段的体育运动产业新模式。

除了数字化赋能专业体育场馆外，还有利用智能创意设计集健康、运动、休闲为一体的智慧健康主题公园。比如，2021 年开园的富阳智慧健康主题公园（富阳儿童公园内）应用物联网、人工智能、大数据、体旅融合、人脸识别等技术，兴建智慧健康步道、体感跳远等各种智慧健身运动设施，并运用各种石雕、宣传板等环境装饰物，与互动电子屏共同构成公园内的健康宣传设施，与绿树草地一起构成宜人的健康主题公园环境。霓虹交互钢琴步道、灯光跷跷板可利用精密的传感互动装置，根据人的动作"弹出"美妙的音乐、变换灯光颜色、投射不同的图案等，为运动的过程增添乐趣。利用大数据、人脸识别等技术，人们可以通过互动电子屏知道自己今天的步行数据、消耗的卡路里。在公园步道上，人们行走的步数还能兑换成积分。杭州的钱江世纪城奥体核心区亚运主题公园也即将投入使用。各种智能设施与优美的环境、专业的场馆构成了集全年龄段休闲娱乐、运动健身、科普教育于一体的亚运主题滨河公园：智能跑道通过起点、终点和中间点设置的三块智能互动电子屏，凭借人脸识别、位置定位等技术记录运动信息；互动电子屏通过摄像头实时捕捉锻炼者的关节动作，将锻炼者跟随互动电子屏进行的太极拳动作与专业动作进行对比并打分；"AI环球骑行"装置与对面的"星律动"景观装置进行互动，"星律动"的彩灯钢条则根据骑行速度的不同呈现不同色彩。

数智技术打造的体育相关活动不仅是直接的身体锻炼与运动，还包括广泛参与的运动盛会。例如，杭州亚运会火炬"薪火"同款3D版数字火炬成为亚运会历史上首个数字特许商品。其一经发布，便吸引了大量体育迷们的关注。杭州亚运会数字火炬作为数字时代的全新形式，希望通过数字化探索和创新，让原本不可能接触到真实火炬的普通人也能够有机会拥有亚运火炬，并成为亚运精神的传递者。拥有唯一编号、永久存证、不可复制以及不可篡改的数字火炬，也能让收藏者拥有一份专属的亚运记忆，让杭州亚运会成为一届人人可参与的体育盛会。除了数字火炬，杭州亚运会还发行了一系列亚运主题的数字特许商品，以让更多喜欢体育、关注亚运会，同时又追逐潮流的年轻人，有机会拥有更多亚运记忆。

2. 观看比赛更全景

智能技术融入创意设计为体育产业带来更广泛的全民健身普及新动能，也让专业体育比赛以更全景、更精彩的观看方式吸引更多的观众，并成为体育爱好者，在平时能够更多地参与到体育健身活动中，使全民健身更为普及，并作为刺激点，加快体育强国的建设。比如，2022年北京冬奥会的成功举办，吸引了大量普通人参与到冰雪运动中，冬奥会精彩的转播也让更多人了解冰雪运动项目、喜爱冰雪运动。

2022年，北京冬奥会虽然因为新冠疫情没有大量观众进行现场观赛，但在数字化、智能化技术融入创意设计的辅助下，观众坐在家中也能够享受犹如在赛场的临场感。"云转播"、8K超高清视频、"子弹时间"等技术，给观众带来了全新的观赛体验。"云转播"与卫星转播车、网络专线等传统转播方式不同，是通过互联网就能接收直播信号的赛事转播新方式。本次北京冬奥会是奥运历史上首次将高清电视直播和网络渠道直播等全部进行"云转播",也是首次全程以 4K,甚至部分赛事以 8K 的超高清格式转播,是历史上最"清晰"的一届冬奥会。"云转播"除了实现超高清的转播,还提供编辑、制作等技术工具,方便媒体实现远程直播、精彩回放、特效制作和内容集锦等。360 度环绕拍摄技术将全方位镜头画面传回云端。实时剪辑制作能为观众带来诸如"子弹时间"("子弹时间"源自"黑客帝国"系列电影,子弹在即将射中时画面切换为慢镜头,并围绕子弹旋转 360 度)的效果,从而为观众开启了观赛的特殊视角。特别是在空中技巧类赛事的转播中,观众能够看到定格的画面,还可以 360 度观看动作并配合解说,能够通过转播了解冰雪运动。云计算的高并发低延时特性和"云转播"的 360 度环拍技术,融合了剪辑画面的创意设计,实现了人物识别跟踪、3D 数字重建、剪辑合成渲染等电影特效般的赛事转播画面。正是由于真实、丰富的赛事转播视觉效果,观众人数不断突破,仅在冬奥会开幕后不到 1 周的时间里,就有超过 5 亿人次的收视,并在转播时长、技术、内容制作方式等多方面都创下了新纪录。

冬奥会期间,中央广播电视总台在北京冬奥会主媒体中心、国家体育场、首都体育馆、张家口新闻媒体中心、延庆冬奥村和清水苑社区等地设立了 6 块 8K 大屏,实时转播总台 8K 频道的超高清内容,吸引了众多中外观众驻足观看,构建了全新的空间传播矩阵,实现了线上、线下及家中、户外同步观看的新模式。在家中,除了电视端外,观众还能在中央电视台体育 APP 等手机端观看比赛。为了提升用户体验,还提供了在收看时是否收听解说的选择。这是智能技术与创意设计融合的结果,不一味炫耀技术,而是给用户提供适当的技术,为更好的用户观看体验服务。[①] 咪咕视频的冬奥频道还推出了"云呐喊""云包厢"等在线体育赛事观看新方式,使用户即使不在赛场现场,也能拥有如在赛场一般的互动性、参与感和沉浸感

---

① 孙蕾蕾. 2022 北京冬奥会的科技创新与数字传播 [J]. 全媒体探索,2022(1): 4-9.

极强的观赛体验。

除了"云转播",很多的智能产品也使得转播更专业、更如亲历。比如,由中央广播电视总台研发的名为猎豹的超高速 4K 轨道摄像机系统,是专门用于速度滑冰(大道速滑)赛事转播工作的特种摄像设备。猎豹通过电磁力,驱动承载着陀螺仪摄像机的轨道车实现加速和减速,保证摄像机在轨道上高速平稳地往返运行。为了配合大道速滑的转播,其可以在 U 形弯道上自由移动而不打滑,并频繁加减速。其最快速度可达 25 米/秒(约等于 90 千米/小时),远远超过速滑运动员的速度(通常运动员滑速为 15—18 米/秒)。此外,中国红的 4K/8K 超高清转播车、可以"仰视"速滑运动员的冰面锥筒摄像机、时速达 350 千米的高铁 5G 超高清演播室等,都是使转播更完美的智能硬件产品。

首钢大跳台运用的 AI"时间切片"技术、中央电视台新闻 AI 手语主播则是在人工智能技术基础上融合创意设计呈现更多视角转播的重要手段,为更多观众提供一种新的赛事转播观看体验。作为虚拟数字人的 AI 手语主播利用语音识别、机器翻译等技术,不仅能将视听内容翻译成手语,还能实时演绎动作和表情。当下,越来越多的虚拟数字人被应用到转播、互动节目、直播等北京冬奥会的相关场景中。比如,当谷爱凌还在赛场奋战,她的数字分身 Meet GU 已经在演播间和观众一起参加节目并互动;再如,新华社虚拟人 REAI 做奥林匹克公益宣传,气象虚拟人冯小殊播报气象信息,淘宝虚拟人冬冬直播带货卖冰墩墩……虚拟数字人、数字分身、数字孪生等技术让更多的观众获得新奇的体验。

北京冬奥会开幕式完美呈现了创意和技术的融合。鸟巢体育馆中设置的 1 万平方米的 LED 大屏作为大画板,在"5G + 4K/8K + AI"等国内领先技术系统的支持下呈现出一系列如梦似幻的艺术瞬间。其他各种智能技术与创意设计则是这场神秘而浪漫的开幕式的画笔,在 LED 大屏(画板)上创作。比如,各国运动员登场时,在 LED 大屏上用冰的形式展现纸鸢、天坛等中国传统文化元素,美学创意是笔;在和平鸽展示环节,数百名孩子举着和平鸽模型在雪原上奔跑穿行，人工智能实时动作捕捉技术是笔。诸如此类的场景不胜枚举。

2022年2月20日，北京冬奥会花样滑冰表演赛中场的光影表演，是一场以冰面为屏幕、创意与技术交相辉映的盛大演出。冰面投影项目负责人、清华大学美术学院信息艺术设计系教授吴琼阐述了智能创意设计在冰面投影设计方面的具体运用："我们对运用人工智能技术辅助设计创作感觉很兴奋，确定了作品的目标：要基于三维运动员追踪技术（3DAT）创新花样滑冰运动的表现形式，让观众体验到花样滑冰运动的魅力，感受科技赋能后的时尚；要综合运用中国文化的元素，比如图案、色彩、构形、音乐，构建出国际化的语言，为全世界的观众带来一场冰面上的视听盛宴。"[1] 3DAT可使用较少数量的标准摄像机从不同角度拍摄运动员的训练过程，并通过人工智能算法对采集到的视频数据进行智能分析处理。一般来说，3DAT是为运动员训练服务的，但吴琼教授带领的清华团队利用3DAT，借助可视化的分析，发挥创意设计的创造性，完成了对花样滑冰运动的创新式表达，充分表现了花样滑冰的力量、速度和仪式感，让大众在感受花样滑冰魅力的同时，还感受到智能创意设计所带来的新时尚。最终的表演呈现了花滑运动之美、科技运用之智和中国文化之趣的糅合。冰面作为承载一切可能性的特殊画布，以震撼的3D裸眼效果，呈现智能技术与创意设计融合的前沿成果。

冬奥会的体育场馆建设也大量运用了智能创意设计。国家速滑馆（冰丝带）作为世界首个全智慧冬奥场馆，采用了全过程、全专业BIM技术和智能化建造、管理手段；首钢园区的滑雪大跳台（雪飞天）是北京西部工业区的改造物，可以在48小时内通过技术完成全球首例空中技巧场地"转换"；"水立方"和"冰立方"魔幻变身，成为全球唯一的"双奥场馆"，装配式快速拆装和调平动态检测技术助力实现了这一转换。

---

[1] 参见：《美术学院吴琼团队打造冰上视听盛宴 助力冬奥花滑表演赛》（https://www.tsinghua.edu.cn/info/2795/93044.htm）。

北京冬奥会的后勤服务也在智能创意设计的辅助下让运动员和相关工作人员感到更加温暖。食品是运动员最重要的后勤保障之一。基于区块链技术的食品安全溯源系统实现了食品和数字身份的绑定，保障了标签及溯源信息的不可伪造和不可篡改，实现了食品及原材料"从农田到餐桌"的来源可查、去向可追。智慧餐厅还配备了100多台餐饮机器人来完成炒菜、饺子、馄饨、汉堡、薯条等食物制作。送餐机器人会利用空中云轨传送系统将饭菜送到点餐人的位置。交通是另一项重要的后勤保障。首钢园区将L4（高度自动驾驶）级别的无人驾驶引入交通服务，来自百度、北汽、京东等公司的100多台无人驾驶汽车为民众在冬奥期间的交通需求保驾护航；时速350千米，连通北京、张家口与延庆三大冬奥赛区的京张高铁全程无人驾驶，还搭载了世界首个高铁5G超高清演播室。①

北京冬奥会不仅在场馆、表演、赛事转播、后勤服务等方面融合了多种数字智能技术与创意设计等，还推出了冬奥数字藏品作为冬奥衍生品，其中，最为人所津津乐道的便是那片将浪漫与爱传递给全世界的数字雪花。用户身份证和区块链技术生成的冬奥数字雪花证书附有数字雪花的身份序列号、存储时间、授时凭证号等独特而唯一的信息，使之成为不被篡改和盗号、可永久保存的珍贵数字资产。除了数字雪花，还有国际奥委会官方授权的500个冰墩墩数字盲盒在nWayPlay平台发售。国家体育总局联合打造的4款冰娃、雪娃3D运动形象数字藏品，以及短道速滑、花样滑冰等动态样式的奥运云徽章数字藏品，在冬奥会开幕式倒计时50天时开售，但均立即售罄。大家的热情源于其有趣的造型、有价值的区块链技术、有意义的冬奥纪念，奥运云徽章数字藏品是智能技术融合创意设计在特殊的时间节点上营造的新体验与新价值。

从智能技术融入创意设计在北京冬奥会上的尝试可以看出，智能创意设计能够融入赛事全链路，提供更加丰富的体验。

---

① 周军.北京冬奥会中的科技元素[J].阅读，2022：8-9.

六、教育与艺术：以文化人

（一）教育大众化与自主性

充分利用大数据、云计算、人工智能等技术并融合创意设计，可构建一个集网络化、数字化、个性化、终身化于一体的教育体系，实现"人人皆学、处处能学、时时可学"的学习型社会，使我国教育实现从基本均衡到高位均衡、从教育大国到教育强国。智能创意设计在助力教育的大众化、普及化的同时，也让学习不再是被迫的，使人们从自主学习中感受学习的快乐。

1. 数智化教育让人人都受教育

在数字智能技术的发展推动下，教育也在发生变革和创新，人工智能与教育逐步深度融合。在总结新冠疫情以来的大规模在线教学经验的基础上，数智化教育在理念和模式上都有了新的发展：从纵向上来说，使学习贯穿人生始终，提供了终身学习的机会和平台；从横向上来说，让人人都能受教育，提供了均衡的学习资源。

（1）让终身教育更普及

终身教育（lifelong education）是人们在人生从婴儿到老年各阶段中所受教育的总和，既包括从小学到大学各个阶段的学校教育，也包括从学校毕业以后各种形式的学习及培训等社会教育。终身教育不仅仅指长期教育，更重要的是在需要的时候能以最好的方式提供必要的知识和技能。这种需要不仅指的是工作或职业方面的需要，还包括人格铸造、个性发展、潜力挖掘等方面的需要。

终身教育除了终身性这一特征外，还包括全民性、广泛性、灵活性等特征。这些特征在智能创意设计运用于教育教学上得到了更好的体现。全民性体现在更多的人通过互联网接受教育；广泛性体现在通过互联网可以不受地域和时间的约束来接受教育；灵活性体现在借助数字智能技术，可以各种形式来满足不同的学习需要。

终身教育中，学校教育由教育部部署推进教育数字化转型，如《教育信息化十年发展规划（2011—2020年）》《教育信息化2.0行动计划》等。2021年发布的《教育部等六部门关于推进教育新型基础设施建设构建高质量教育支撑体系的指导意见》提出，要以教育新基建促进线上、线下教育的融合发展，推动教育数字转型、智能升级、融合创新，支撑教育高质量发展。"三通"（"宽带网络校校通、优质资源班班通、网络学习空间人人通)、"两平台"（"建设教育资源公共服务平台和教育管理公共服务平台"）自2012年提出后，经过10多年的建设与应用，在教师信息技术应用能力、教育信息化技术水平、教育信息化国际影响力等多方面取得重大进展。2022年2月，《教育部2022年工作要点》明确提出实施教育数字化战略行动，建设国家智慧教育公共服务平台。

2022年3月28日，国家智慧教育公共服务平台正式发布。继国家中小学智慧教育平台后，国家职业教育智慧教育平台、国家高等教育智慧教育平台同步上线。国家智慧教育公共服务平台为广大人民提供了丰富的优质数字教育资源，集中了资源优势，创新了供给模式，有助于应对疫情防控、服务"双减"落地、赋能职业教育发展、创新高校教育改革，引发了教学内容、教学方式、教育模式、评价方式等一系列变革，正在助力重塑更加人本、开放、平等、可持续的教育新生态。

国家智慧教育公共服务平台涵盖了人的学校教学各个阶段和形态，包含了从小学、初中、高中、职业教育、高等教育等学校教育全形态，满足了终身学习中学校教育阶段的需求，以及毕业后社会教育中有关职业教育的需求，体现了学习的终身性、全民性、广泛性的特征。

与数字课程建设相适应的数字教材建设有助于推动教学过程数字化转型。数字教材即以数字形态存在、可装载于数字终端、可动态更新内容、可及时记录交互痕迹的新型学习材料，实现了从编辑加工、内容审核、出版发行到教学使用、平台支持等环节的全流程数字化。数字教材建设是实现课堂教学数字化转型、优质教育资源共享的基础，重点在于探索新型教材建设标准和知识体系编写规范，研发新型教材互动设计与编辑工具，建设知识图谱、支撑平台和示例教材等，探索基于各种应用场景的数字化教学新模式。①

针对老年阶段的学习，不少教育机构也在逐步利用数字智能技术提供老有所学、老有所为的服务。老年人通过互联网既能够作为学生进行学习，也能够发挥余热，作为老师分享经验等。比如，浙江政务服务网一体化平台的掌上入口——"浙里办"APP上新建了"浙里老干部"专区。其中包括"云上老年大学"模块，可以为老年人日常学习提供线上线下报名、课程信息查询、在线课程学习等功能。网上老年大学——全国老年大学官方学习平台APP涵盖了老年人感兴趣的多样化内容，为1000万名以上老年学员提供教育服务，为中国亿万老年人提供终身学习的机会和高质量的生活方式。在APP的设计上，结合老年人使用智能手机上课学习的需求和能力现状，除了直播课程、课程回放外，还建立了辅导答疑、学习有礼、班级群、同学圈等辅助学习、答疑解惑、交友娱乐等激励性功能模块，是在智能技术之外的设计温情。智能创意设计有助于提高老年用户的黏性，在信任感、陪伴感、成就感、社交感等方面做针对性的功能设计，保持了老年人学习的持续性，提升了老年人生活的幸福感和获得感。

除了专门针对老年人的云端课程和教育服务外，也有面向全年龄段的教育平台，如结合读书会、名人讲座等的学习平台或APP。为了让学习不再只固定在教室和学校，让学习回归社会和生活，让学习发生在任何有学习需求的地方，各种智慧教育教学的APP或平台提供了无处不在的学习资源、无处不在的学习服务和无处不在的学习伙伴。

（2）让城乡教育更均衡

国家智慧教育公共服务平台不仅在个人维度上是一个知识及教育的大

---

① 参见：《黄荣怀：未来学习，要构建智慧教育新生态》（https://news.eol.cn/xueshu/hui/202204/t20220406_2218987.shtml）。

平台，从弥合城乡教育数字鸿沟的维度上来说，更是一个惠及城乡学生的智慧教育大平台。数字化时代曾让城乡逐渐扩大了数字鸿沟。国家智慧教育公共服务平台的上线是继农村中小学现代化远程教育工程利用卫星传输优质教育资源后，又一次拉近城乡教育差距的举措。通过这一平台，海量的优质教育资源得以从城市传送到乡村，促进了城乡优质教育资源开放共享，实现了优质教学资源的无缝整合与无障碍交流，使得各地学生可以获取适合自己的教育资源（多媒体课件、视频课程、教学软件等），提高了农村教育质量，使助力基于平台资源的教与学成为新常态，是突破教育资源地域限制的大智慧。

同样，民族地区教育发展也需要紧跟新时代、新形势、新要求，聚焦民族地区教育发展现状与需求。国家通过实施民族地区的"智能教育试验区试验校"项目，建立了22个试验区、121所试验校，并在发达地区建立了20所支持学校，通过互联网等数字智能技术进行远程联动，在直播教学、教学交流等方面开辟数字时代发达地区与民族地区教育共同发展的新路径。

早在2014年，杭州市援疆指挥部就在阿克苏市援建了"杭阿远程互动教室"项目。互动教室一端连着杭州源清中学，另一端连着阿克苏市高级中学，两端都设有高清录播教室，做到了"万里同课"。高清录播教室配有三块屏幕：一块全景式取景，一块对着黑板，一块对着课件，上课时学生的情况和各种细节都能清楚看到。随着技术的进步，教室内的硬件设计中，屏幕更大，也更清晰，网络同步率更高，应用范围也更广，"一块屏幕"正不断改变边远民族地区学生的命运，推动着区域教育公平的实现。[1] 远程直播教学以其便利性、即时性、直观性，将优质学校的教育理念、教学模式、教师智慧和学校文化等引入边远、民族地区学校，以破解民族地区各级各类学校面临的教师普遍教学胜任力不高、骨干师资不足、课堂教学质

---

[1] 石天星，胡国伟，陈云飞．禹丽锋我省各地积极探索 触摸互联网＋教育的脉动——智慧课堂教育无边界 [J]．浙江教育技术，2016(2): 9-10．

量不高等难题。"一块屏幕"消除了时空阻隔，提供了边远、民族地区教育发展策略的重要样本和案例，让教育城乡一体化、区域教育均衡、优质教育资源覆盖面扩大成为现实，让民族地区实现优质教育资源共享，助力于解决民族地区教育发展不充分、不均衡问题。2021年，杭州市景和小学开展"两地三校，共享美好课堂"的杭、阿两地"空中丝路"联合教学研讨活动。两地的孩子们一起连线、一起上课、一起学习、一起互动，两地的老师们各抒己见、交流心得、思想碰撞，从而实现了资源共享、课堂共享、共同研讨、共同成长。互联网等数字智能技术促使边远地区教师主动适应互联网、大数据、云计算、人工智能等新技术变革，助力民族地区学校实现"自我造血"的可持续发展。[1]

从城市到乡村，从沿海地区到内陆地区，数字智能技术融入创意设计打造的新型教学设备工具、新型教学平台，实现了各地学生共享优质教育资源，缩小了区域、城乡、校际的差距。

2. 自主学习激励，越学习越快乐

（1）按需学习，因材施教

慕课（massive open online course，MOOC）是互联网技术兴起后形成的新型开放在线课程形式，其含义是大规模开放在线课程，是面向所有人开放的在线自学课程。其利用互联网技术以前所未有的开放性和共享性，提供一种全新的知识自主学习模式。截至2024年3月底，我国慕课数量超过7.68万门，注册用户达4.54亿，服务国内12.77亿人次，慕课数量和应用规模居世界第一，并先后举办中国慕课大会、世界慕课大会，形成了一整套包括理念、技术、标准、方法、评价等在内的慕课发展的中国范式。国内中国大学MOOC、智慧树等平台上建设在线开放课程，包括与大学同步的课程以及面对职场、考证、心理等的课程。

智慧树平台用易于判断和识别的不同分类标签，来帮助用户更快地进

---

[1] 石天星，胡国伟，陈云飞. 禹丽锋我省各地积极探索 触摸互联网＋教育的脉动——智慧课堂教育无边界 [J]. 浙江教育技术, 2016(2): 9-10.

行选课学习。智慧树的同步课堂除了优化了线上的使用步骤，还建设了线下全景教室，通过环绕大屏、VR技术、5G技术等数字智能技术融合创意设计，打造360度全景同步课堂。一方面，在线下能够营造更加沉浸式的学习氛围，还原虚拟的"真实现场"；另一方面，在线上无缝对接全球直播的同步课堂，打破时空边界。此外，可以通过人工智能技术实时提取讲课字幕，还能根据人工智能判断讲课的重点，生成不同具体知识点的视频切片。

（2）智能评价激励学习

由于在线自主学习常常缺乏有效的监控，电脑、手机等互联网设备容易被学习以外的娱乐游戏等影响，因此需要通过设计一些手段来培养学习者养成善用技术的习惯。利用智能创意设计，可以对缺乏自制力的学生提供积极干预。例如，与电脑端慕课匹配的"知到"APP手机端还加入了平时成绩计算，有利于抑制学生突击"刷课"的行为，真正养成良好的在线课程自学习惯。"知到"APP的"平时成绩"为了让学生合理地安排学习进度，保证适时适度地学习，以大数据记录的方式考查学生的在线课程学习行为。"平时成绩"包括学习习惯分、学习互动分、学习进度分。学习习惯分和规律学习的天数相关，一天有效时长达到或超过25分钟为一次规律学习。学习互动分为问答社区里的有效师生互动。问答社区里的排名越靠前，互动得分越高。学习进度分主要考查观看视频和完成测试等的学习环节进度。"知到"APP用更符合学习情况的设计来激励学生学习，养成良好的自主学习习惯。让教师和学生从关注技术逐步转变为关注教学活动本身，才是智慧教育成功的重要特征。

智慧教育需要更智慧的教育评价方式，物联网、云计算、移动通信、大数据等新一代信息技术的发展为教育评价从经验主义走向数据主义提供了技术保障，有利于实现各种教育管理与教学过程数据的全面采集、存储与分析，并通过可视化技术进行直观的呈现，实现即时评价、过程评价。①例如，杭州新世纪外国语学校的"世纪钉"平台统一设置了评价主体的权限。为避免"滥用"评价，各年级、各班级须明确方案及实施办法，统一尺度、统一管理，依托以"世纪钉"为载体的大数据智能终端，持续发挥德育评价的导向、激励功能，做到评价的连贯性和持续性。②

（3）云端整合管理提高效率

2019年，浙江大学联合智园打造了以学习为中心的"学在浙大"2.0。其利用先进的数字智能技术手段，积极探索实践HyFlex混弹性合教学模式，推动数字智能技术与教学场景深度融合。其通过完整记录师生教学及学习行为轨迹，支持多种开课方式和课程管理模式，满足翻转课堂、混合学习、MOOC、SPOC、碎片化学习等多种应用场景，帮助教师提升备课效率、教学效率并增强课堂互动，从而实现精准教学，助力学生随时随地开展学习、建立电子档案、推动个性化学习，打造教学评管全场景，实现全流程的教学设计与全校的教学运行管理。疫情防控期间，其为7万多名师生的远程教学保驾护航，累计支持千余场在线考试，涉及学生超过5万人次，实现了全校大规模的云测试。其与浙大钉直播、智云课堂录直播系统无缝融合，形成"空对空、地对空、地对地"多模式空中课堂；贯通了教、学、评、管各个应用场景，实现了远程教室、课堂与平台无缝衔接，形成了"三通合一"教育新范式。云计算技术通过整合资源实现了管理数据的统一采集与集中存储，有效避免了"信息孤岛"，减少了教育管理上人力、物力和财力的浪费。通过记录师生在线教与学行为数据，不仅能够直观呈现信息化教学建设、资源建设整体运行情况，还能够多维度地洞察师生教与学，并基于教学大数据精准给师生"画像"，科学诊断、评估教学质量和水平，自动提报、及时预警。学校管理者可以适时、灵活调整教学管理策

---

① 杨现民. 信息时代智慧教育的内涵与特征 [J]. 中国电化教育, 2014(1): 29-34.
② 王建. 构建孩子喜爱的评价体系——基于学校办学理念下的"互联网+小学生智慧评价" [J]. 课程教育研究, 2018(51): 8-9.

略，科学分析与决策。

3. 最好的学习是与生活融为一体

随着互联网的普及、移动互联网的发展，学习被越来越多地"搬到"线上，线下的学习也因为有智能交互技术的介入而变得更具沉浸感。所以，未来学生所面临的环境是一个虚实结合的智慧教育生态环境。学生将无时无刻、无处不在地接触到网络上教育教学信息资源、学习共同体等。当教育教学以多种形态渗透到生活中后，生活空间也就变成了一个虚实结合的学习空间。数字智能技术不是单独的工具。通过数字智能技术整合各类专业资源，以虚实互补的方式运作，可以建立创新型学习生态圈。学习者在这种生态圈中以主体的地位与其他学习者、教师、家长、社会专业人士等互动，每个人既是知识生产者，也是知识的消费者。从粉笔、黑板到电子屏幕，电子化、数字化技术的迭代让教师讲授知识的工具已经发生了改变，但智能技术的应用将使技术不仅仅成为教师单向输出知识的工具，而且发展成为知识发展学习、自由探究、知识构建、交流协作的工具。学校和教育机构因为互联网的汇集作用也不再是一个封闭的环境或机构，而是和学校以外的社会共同构成的一个开放的学习空间。学习设备也将趋向小型化、移动化、虚拟化，将集成更多的传感器、探测器、采集器。通过电子化的卫星感知设备可以提升学习设备的情境感知能力，捕获用户、设备、场所、问题、应对策略方法等真实世界的信息，以及各种人类感官不能直接感受到信息。这些信息都将被采集到移动设备，从而进入数字的虚拟世界，并结合现实世界学习来增强人的学习能力。

未来学习还将朝着情境感知的智能学习迈进。未来的学校、图书馆、教室、博物馆，都能自动输出自己的信息，使每位学习者都能沉浸在现实世界和数字世界交织的信息生态环境之中。基于XR技术的多种穿戴设备等智能感知和表现设备为学习者提供了新的虚拟与现实交织在一起的学习空间，并利用位置跟踪等技术，使学习者获得身临其境的参与感，完全沉浸在学习之中。最好的技术是消失在生活当中的技术，最好的学习就是跟我们生活融合在一起的学习，是无处不在、无所不在、按需供给的学习。[①]无处不在的互联网利用实践社区、社会过程内化、参与共同活动来促使人们实现社会学习。

教育可以用不同的形式来表现，融入生活、润物无声的教育更容易让人接受。通过智能创意设计与生活各个场景进行无缝融合，可以使学习与生活融为一体。[②]比如腾讯游戏与语文出版社、《人民日报》新媒体中心、中国免疫学会等机构合作，推出了《普通话小镇》《健康保卫战》等作品。其以游戏的形式，为解决部分社会问题提供了新的思路和方法，实现了数字文创赋能教育行业。

（二）拓展艺术边界

计算机技术，特别是数字智能技术，与艺术交互而演变出无数的艺术范式，比如人工智能艺术（AI art）、计算机艺术（computer art）、生成艺术（generative art）等新的艺术形式。近年来，人工智能独立进行写诗、作画、谱曲已经不再是新鲜事。虽然有一些争议，但不论是工具层面还是内容层面，数字智能技术都拓展了艺术的边界，也更广泛地传播了艺术。工具层面，即传统的纸、墨、砚、琴等，内容层面，即通常被称为艺术的东西，两者在数智时代都发生了根本性的转变。新技术提供了新的艺术创作的工具和材料，如计算机、3D打印机、智能交互平台、新材料等，新技术与艺术的结合使得原本属于科学技术领域的东西，如数据、信息、运算符码等也成为创作的源泉，所得的艺术之物也日益趋于虚拟化。艺术边界的拓展体现在思想革新、技术运用、传播渠道等多方面，并衍生出众多前所未有的艺术形式，带动了更多的人加入艺术创作、欣赏中。艺术逐渐进入寻常百姓家。

---

① 余胜泉. 智能时代的未来教育愿景[J]. 人民论坛·学术前沿, 2023(18): 32-43.
② 参见：《科技赋能＋文创思维——数字文创产业迎来时代发展新机遇》（http://www.ce.cn/xwzx/gnsz/gdxw/202008/01/t20200801_35441972.shtml）。

1. 载体的"屏化"

通过数字智能技术，传统艺术形式不再局限于现场，而是从线下走向线上，接入云端，将高雅艺术通过从"云"到"端"的屏幕引入百姓生活，实现了人人参与、熟悉、创新、突破的艺术新业态、新模式。美术、音乐、舞蹈、文学、戏剧、影视、摄影、曲艺、杂技、建筑和园林等，都能够通过屏幕进行表现和传播。数字智能技术并不是用互联网线上的形式扼杀线下的形式，而是通过线上屏幕扩大传播面，让更多的人了解某种艺术门类，在提升了观众的艺术兴趣后，再引流至线下参与、欣赏艺术。微博、小红书、抖音、快手等社交分享平台也通过手机屏幕，为艺术家搭建了直接和受众沟通的渠道。"吸粉"千万的网红主播可能就是一位艺术大师，也可能是一位推荐戏曲、话剧或其他艺术的爱好者。通过社交网络涟漪式的传播方式，越来越多的人成为艺术的欣赏者、参与者、创作者，对艺术来说是既是传播，也是传承。

2020 年，京版大众文化讲座在原有线下形式的基础上，增加了线上直播和视频宣传的屏上传播。这成为一次从现场到"互联网屏"的契机，收到了极好的反馈。2021 年，讲座保留了线上形式，邀请了梅派艺术传人李玉芙、裘派艺术传人李欣、奚派艺术传人张建国、武生泰斗王金璐的长子王展云，进行了线上直播。数据显示，2020 年 11 月 29 日由中央电视台视频分发的直播，在 1 小时内就有 24.5 万人观看，其中，微博占 5.8 万，今日头条占 0.1 万，百家占 2.1 万，UC 占 0.2 万，快手占 10.6 万，抖音占 2.1 万，知乎占 3.6 万。这是原本线下场景中无法达到的观看量，但依托互联网却能够达到更多的观看量。[①]

2. 内容的"AI 化"

随着人工智能技术的不断发展，新文科背景下，多学科交叉融合日益深入。人工智能开始参与诗歌、绘画、音乐、戏曲等多个艺术领域，不同

---

① 王琨. 数字技术赋能戏曲艺术发展的路径研究 [J]. 中国戏剧, 2022(4): 94-96.

的艺术领域里出现了不同的人工智能艺术创作内容，同时也引发了诸多如艺术定义、艺术标准、艺术主题的问题。虽然这些问题都还存在争议，但不可否认的是，人工智能技术已经深入艺术的方方面面，产生了重要的影响。因此，将艺术领域的知识融入人工智能的学习系统，对于推动人工智能技术的内涵式发展至关重要。①

在诗歌领域，微软人工智能产品小冰通过神经网络等技术手段深度学习 1920 年以来的 519 位诗人的现代诗，并以人类艺术家为基准，在庞大数据集样本中应用自然语言处理的技术。在训练了上万次之后，小冰创作出了混淆人类感知的诗句，并在 2017 年出版了《阳光失了玻璃窗》。2018 年上线的"人人都是徐志摩"是由艾耕人工智能团队开发的写诗小程序。用户可以上传图片，由人工智能机器人 MO 根据图片所传达的信息，写一首现代诗。

在绘画领域里，2016 年便有一款名为 Prisma 的 AI 作画工具。其通过神经网络和深度学习算法，根据众多世界名画形成印象主义、立体主义、抽象主义等几十种可供选择的视觉艺术滤镜，进行多种艺术风格的"风格迁移"，可以生成用户个人专属的"世界名画"。其被大家称为世界名画的私人定制平台，使普通的照片充满了浓郁的艺术气息。上文所述的小冰还通过数据集对过去 400 多年艺术史上的 236 位著名画家的画作进行了系统学习，其自主生成的画作于 2019 年在中央美术学院美术馆举办了"或然世界"（alternative worlds）画展。②

在音乐领域里，音乐创作、音乐演奏、数字声音处理等具体环节都有人工智能的参与。比如，由音乐制作初创公司 AIVA Technologies 打造的人工智能产品 AIVA，通过对莫扎特、贝多芬、巴赫等人所创作的近 3 万首音乐作品的深度学习来进行作曲，并在 2018 年发布了首张音乐专辑《I am AI》。人工智能音乐创作工具可以通过相关算法，解析令人愉悦的音乐模

---

① 高峰. 元宇宙——未来计算艺术发展的新生态 [J]. 美术观察, 2022(4): 24-25.
② 叶春辉. 潘多拉的盒子：危机和希望的双重馈赠 [J]. 美术观察, 2017(10): 13-15.

式及特征，创作数字音乐。比如，2020 年，网易发布了一首作词、作曲、编曲、演唱全部由 AI 完成的歌曲——《醒来》。①

在戏曲领域里，利用 GPT 技术，可以在大模型里有效运用文字、音频、视频等数字资料，并由人工智能创作戏曲，甚至可以通过预训练大模型技术模仿名角的声音、指法、图像，创作出相应的戏曲作品。②

3. 创作的"大众化"

AI 与艺术融合发展的核心在于普及 AI 技术。由于早期 AI 技术的门槛较高，艺术专业领域的知识难以直接应用于 AI 技术平台，这在一定程度上阻碍了 AI 技术在艺术领域的全面应用。目前，许多公司建立了基于 AI 技术的系统平台，技术应用门槛不断降低。AI 技术使艺术创作变得更加简便、高效。在新一代 AI 创意工具中，许多平台已经能够实现 AI 算法的自动生成。任何人都能通过 AI 系统提供的数据模型，快速创作出风格迥异的艺术作品，如逼真的动画、视频等。同时，艺术创作的时间成本也大幅减少。毫无疑问，降低 AI 技术门槛将为更多人、更多领域在艺术融合及创作方面带来无限可能。Disco Diffusion、Midjourney、Imagen、Parti、NUWA、Make A Scene、Stable Diffusion、Tiamat、6pen.art、文心·一格等国内外 AI 绘画工具都可辅助用户进行绘画创作。③

另外，还有 AI 艺术图像生成工具，比如，能够带来画风迁移的 Neural Style、能将涂鸦变成艺术画的 Neural Doodle，以及能进行图像类比的 Image Analogies 等。这些 AI 工具的产生加速了艺术作品的解析和重构过程，使得普通人也能通过简单选择和按键，在短短几秒内将原本平淡无奇的照片变成有艺术感的作品。它们使得艺术的再创作变得简单，用户们的艺术创作热情也持续高涨。④

---

① 参见：《网易首支 AI 生成歌曲〈醒来〉将在"2020 网易未来大会"惊艳发布》（https://www.163.com/tech/article/FTNHV1K100097U7R.html）。
② 王琨. 数字技术赋能戏曲艺术发展的路径研究 [J]. 中国戏剧, 2022(4): 94-96.
③ 叶泽坤. AI 让艺术更具创造力 [J]. 戏剧之家, 2022(13): 187-189.
④ 叶泽坤. AI 让艺术更具创造力 [J]. 戏剧之家, 2022(13): 187-189.

人工智能融入艺术的过程随着技术的进步变得更加多样化和人性化，所得的结果会随着用户的差异变得更加丰富。用户借助人工智能创作的艺术作品不断地作为素材被添加到人工智能的学习库中。不同用户的审美观、个性特征和个人风格为人工智能提供了丰富的创作素材，为人工智能艺术作品注入了新的灵感和生命力。AI-Sketcher是一款智能绘画软件，能够根据用户的习惯自动生成高质量的图画。该软件通过收集用户数据，构建了一套深层非线性的网络结构。这个网络结构能够从大量图像样本中提取出最本质的深度特征。通过复杂函数逼近的方法，软件在图像生成过程中将这些特征进行表征和嵌入，从而显著提升了图画的生成质量。人类艺术素材和人类、人工智能合作生产的艺术素材不断地被添加、融合，提供给人工智能学习，从而产生了新的艺术内容和形式，也为艺术创作提供了新模式。[1]

---

[1] 王文凤, 张荣. 智能技术在交互式绘画设计中的应用及其创作机制研究 [J]. 包装工程, 2022(S1): 89-95.

第五章

制造新业态：线上线下 C2D2M

5 CHAPTER

> 富有之谓大业，日新之谓盛德。
> ——《周易·系辞上传》

数智时代，制造新业态迅速崛起。从装备与交通的创新智慧、电子与汽车的智能生活，到医疗与康养的健康晚年、家居与家电的个性居所，再到鞋服与装饰的国潮崛起以及基地与平台的协同高效，展示了制造产业在数智时代的新风貌。这些新业态以线上线下C2D2M模式为主线，实现了从消费者到生产者的逆向创新和价值创造。

新经济 新设计 新动能

目前，全球正被新一轮科技革命和产业变革席卷。互联网、信息通信、人工智能、能源、材料、生物等领域科学技术的飞速进步，促进了数字经济的迅猛发展，并推动了各种基础软件的云化转型。智能创意设计完成了从现实世界到虚拟世界，再到虚实结合的空间过渡。其设计协作模式由人与人转向人与人、人与机、机与机多种协作并存，协作方式也呈现出全球、跨界、开源、贯通、多模态及自组织性等特点。对于作为国民经济主体和保障社会稳定重要支柱的制造业而言，智能创意设计由模仿跟随走向自主创新，推动制造业从全球价值链中低端地位向中高端地位提升，产生了积极的动能效应。

智能创意设计对制造业的动能效应主要体现在产品设计上的内生自主创新效应以及以消费数据为驱动的集智能、个性、品质生产于一体的外协助推效应。作为帮助我国制造业由全球制造价值链低端向上进步的重要工具和关键环节，智能创意设计对构建创新、智能、数字、绿色、精准服务及可持续发展的先进制造体系，提升中国制造业的自主品牌创新及国际竞争能力，推动我国早日成为制造强国和创新型国家具有重要战略意义。

一、数智时代的制造产业

（一）全球制造业的发展特征

制造业的进步是人类经济、社会和文明进步的主要动力。此外，它还扮演着科学技术理论向实践转化的重要途径的角色，并且是整个国家经济体系的命脉。各国政府对制造业的关注都上升到国家战略层面，将其作为实现强国梦想的基础。

自德国提出工业4.0后，世界各国均以自身经济现状与竞争优势为立足点，制定了一系列制造业革命的国家战略。2019年11月，德国《国家工业战略2030》问世，主要内容涉及改善工业基地的框架条件、加强新技术研发、调动私人资本、在全球范围内维护德国工业的技术主权等。德国认为发展制造业依靠的重要突破性创新是数字化，尤其是人工智能在产业中的应用，并强化对中小制造企业的支持，积极推进数字化进程。[1]

美国在2018年发布的《美国先进制造业领导力战略》中提出三大目标，即开发和转化新的制造技术、培育制造业劳动力、提升制造业供应链水平。未来智能制造系统的开发和转化以智能与数字制造、先进工业机器人、人工智能基础设施，以及制造业网络安全等方面的大力发展为前提。

2017年3月，日本调整了工业价值链计划的战略提法，在《制造业白皮书（2018）》中明确表示，互联工业是日本未来制造业的关键。为了促进互联工业的发展，日本提出了支持实时数据共享和使用的政策，并加强了基础设施建设，提高了人才培养和网络安全等方面数据的有效利用率。此外，日本还在国际和国内推动各种合作。2019年，日本决定开放有地域限制的无线通信服务，并通过推进地域版5G技术的发展，鼓励智能工厂的建设。

---

[1] 郧彦辉. 主要发达国家智能制造战略研究[N]. 中国计算机报，2020-12-14

当前，全球制造业正从工业 4.0 背景迈向工业 5.0，工业 4.0 侧重制造的数字化和自动化生产，强调"物联网+工业"，以提高生产效率和质量为核心。工业 5.0 则更强调人与机器的协同作业，注重智能制造和可持续发展，致力于打造更加灵活、高效、智能的生产模式。在此发展进程中，各国政府纷纷提出了人机融合、机器换人、智慧工厂建设等一系列关于制造产业战略改革的举措，数字经济、智能技术、人机协同的发展在世界各国制造产业发展道路上都产生了极大影响。在战略举措的推动下，以数据驱动的柔性生产及智能生产是世界各国制造产业最突出的特点，不同制造企业根据资源的可用性可以选择不同的企业战略，以实现不同规模的数据驱动智能制造。例如，不同于拥有独家云基础设施的大公司，中小企业可以采用由第三方（如亚马逊和阿里巴巴）提供的随需应变的云计算服务。数据驱动制造业的关键价值主张对于不同规模的企业在本质上是一致的，即制造数据能在任意地点被有针对性地处理，以帮助决策者在短时间内理解市场变化，并对变化做出准确判断，制定快速反应措施，从而解决不断滋生的问题（见图 5-1）。

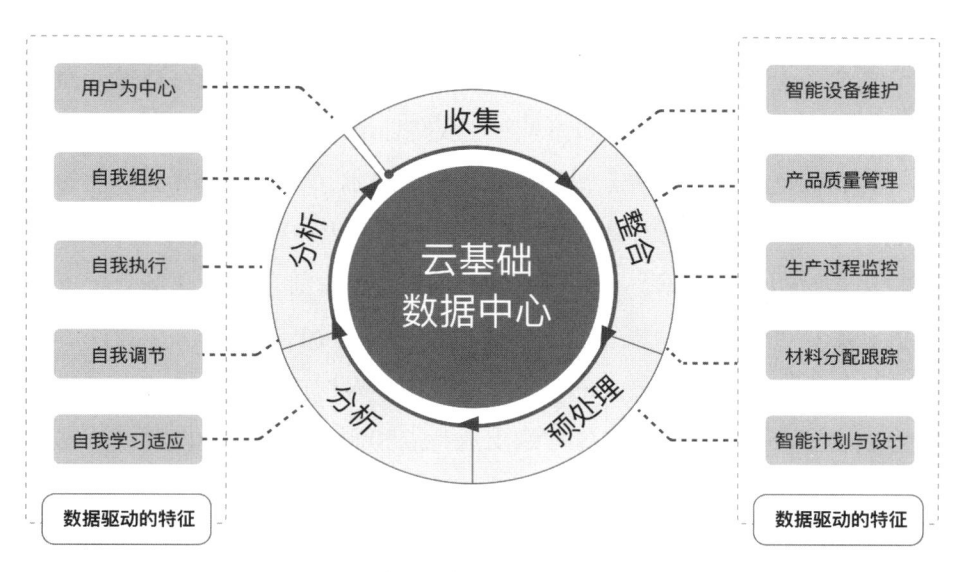

图 5-1 数据驱动制造产业的特点及应用

数据驱动的制造产业具有以下 5 个特征。

第一，利用用户数据定制产品，从而实现以用户为中心的产品开发。例如，用户人口统计、需求、偏好和行为的相关信息可以使用大数据分析精确量化，设计出更加个性化的产品和服务。

第二，利用制造资源和任务数据落实智能生产计划，实现自我组织。例如，生产计划可以基于来自不同生产地点的内部和外部数据创建，进而选择合适的制造资源形成最优配置，满足制造任务和生产计划的全部要求。

第三，利用制造过程中的各种数据进行精确控制，实现自我执行。例如，原材料和零件可以随时送到任何需要它们的生产现场，生产设备可以自动加工原材料或在必要时组装零件。

第四，利用实时状态数据进行制造过程监控，实现自我调节。这意味着不仅操作员可以得到通知，而且系统本身也能通过人工智能系统自动响应意外事件，比如制造资源的短缺或制造任务的变化。

第五，利用历史数据和实时数据进行主动维护与质量控制，实现自学习和自适应。例如，可以预防机器故障和预测质量缺陷，以便制造系统能够主动地处理潜在的问题。

总之，大数据的价值并不仅仅取决于所考虑的数据的绝对数量，而且取决于隐藏在其中的信息和知识。通过战略性地利用和有效地整合物联网、云计算、移动互联网和人工智能等新兴信息技术，可以支持数据驱动的制造业。例如，一些创新的物联网解决方案促进了传感器在制造业中的部署，以收集实时制造的数据。云计算使网络数据存储、管理和非现场分析成为可能，用户可以很容易地通过各种移动设备访问分析结果。人工智能解决方案使智能工厂能够在最少的人力参与下做出及时的决策，能够显著提高生产效率和改进产品性能。考虑到上述特点和制造数据生命周期，数据驱动的智能制造模式可以通过具体的应用程序得到体现，从而为制造企业提供全方位的服务。

数据正在成为提高制造业竞争力的关键因素。数据的战略重要性得到了制造商的普遍认同。数智时代的制造业旨在将整个产品生命周期的数据转化为制造智能的驱动条件，以便对制造业的各个方面产生积极的影响。

（二）数智时代的中国制造业

中国制造业向智能制造转型不能仅仅作为一个技术问题来看待，其背后的设计创意创新的逻辑也不能忽视。智能制造不仅仅体现在技术体系的升级革新方面，更重要的在于设计创意对制造服务逻辑的解构和创新重组，以及用设计创新驱动对制造服务应用的重新定义。

1. 中国制造业的分类、现状

我国将制造业定义为应用制造资源（包括物料、能源、设备、工具、资金、技术、信息和人力资源等），根据市场需求，经过制造过程，将其转化为可供人们使用和利用的大型工具、工业产品以及生活消费品的行业。

我国工业拥有41个大类、207个中类、666个小类，是全世界唯一拥有联合国产业分类中所列全部工业门类的国家，有220多种工业产品产量居世界第一位。2021年，我国有143家企业进入世界500强榜单，比2012年增加64家。其中，工业企业入围73家。高铁、核电、4G/5G等成体系走出国门，"中国制造"在全球产业链供应链中的影响力持续攀升。[①]

2. 智能创意设计赋能制造业

随着科技的高速发展，制造业基本实现了全球范围内的产品设计、制造和服务的异地协作。此外，数据传输、大数据计算以及共享等服务都采用了标准格式，从而提高了资源的配置效率。这种模式使得大规模个性化定制成为可能，并且制造商可通过互联网获取产品性能参数的海量数据。因此，在智能创意设计的赋能下，我国制造业呈现出以下特点。

（1）强调设计能力的赋能助推作用

2019年，工业和信息化部、国家发展和改革委员会等十三部门印发的

[①] 王政. 制造业正从中国制造向中国创造迈进[N]. 人民日报, 2022-03-21(01).

《制造业设计能力提升专项行动计划（2019—2022年）》明确指出"制造业设计能力是制造业创新能力的重要组成部分。提升制造业设计能力，能够为产品植入更高品质、更加绿色、更可持续的设计理念；能够综合应用新材料、新技术、新工艺、新模式，促进科技成果转化应用；能够推动集成创新和原始创新，助力解决制造业短板领域设计问题。近年来，设计创新有力促进了制造业转型升级，也带动了设计自身从理念到方法，以及实现方式等方面的持续进步，但设计能力不足仍是影响制造业转型升级的瓶颈问题，在设计基础研究与数据积累、设计工具与方法、设计人才培养、试验验证以及公共服务能力等方面仍亟待加强"[①]。

（2）加快制造业服务化转型

实现创新发展的先进制造模式之一是将制造业服务化。这种模式以服务为主导，以制造为基础，将制造业由提供产品转变为提供"产品+服务"，从而提升竞争力、引领制造业产业升级。不过，相较于发达国家，我国的制造业服务化仍处于起步阶段。大部分制造企业服务化水平较低的原因包括以下两方面：第一，我国制造企业多集中在产业链的加工组装环节，其产品技术含量较低且附加值有限，致使企业对生产性服务业的需求不高，主要涉及批发零售、仓储物流等低端服务领域。第二，我国大部分制造企业服务化转型能力较差，在价值链衍生以及提供集成服务和整体解决方案、产品定制服务等方面表现不足。制造业服务化的核心在于将价值链由以制造为中心向以服务为中心转变。随着时间推移，制造环节所占比重会越来越低，服务增值则会越来越高，从而实现对产业附加值构成的调整。这一转变需要智能创意设计来促成。

（3）推进制造柔性化生产普及

柔性制造与传统制造相比，不需要更换生产设备即可完成产品类型变换。这得益于柔性制造系统中灵活的组件和完备的数字化生产系统，在客

---

① 参见：《制造业设计能力提升专项行动计划（2019—2022年）》（http://www.gov.cn/zhengce/zhengceku/2019-11/13/content_5451517.htm）。

户需求导向下，通过修正生产系统参数，便可以满足多样化的产品需求。与传统工程制造生产相比，柔性化生产能够更好地应对不可预测的变化，并且允许一定程度上的产品变更以及自动化生产。海量的客户数据促进了柔性化生产的发展，体现了以生产智能化为支撑的生产系统在应对短期大量多样化产品需求时所发挥的重要作用。

（4）建立工业互联网，实现供需精准对接

工业互联网通过全面连接工业经济的所有要素链、产业链和价值链来支持制造业数字化转型。它不断催生新技术、新模式和新产业，进一步重塑工业生产制造和服务体系。利用工业互联网的技术优势，制造企业能够连接下游需求和上游供应，并精准对接客户。通过远程协同实现在线办公，能基于对市场变化的预测帮助企业找到重点发展方向。此外，工业互联网还能帮助连接资方与企业，缓解资金紧张。

借助工业互联网，我们将关注点下沉到产生工业数据的生产一线。边缘计算作为主要方向，可以帮助工业数据实现智能化流动，通过云边协同的形式更加精准地服务各类制造类工业企业以及工业互联网上的各类需求端。工业互联网提供赋能支持，使得智能工厂的订单交付率、能源利用率和库存周转率都得到了显著提升。宝钢股份上海宝山基地工厂通过覆盖全厂的智能化生产系统不仅提升了生产效率，实现了疫情防控和稳定生产的有效平衡，还成为新上榜"灯塔工厂"。

（5）推动制造生产空间虚实结合

"虚拟生产""云制造"等均属于当前中国制造业的热门词语。"中国制造"由传统的实体生产制造正式迈入元宇宙时代的虚拟制造与实体制造相结合的时代。中国制造技术的创新发明及智能创意设计的应用，使得产品在虚实结合的生产、制造的空间中不断提质增效。

当前，中国制造业倡导数字孪生和虚拟生产，以促进数字化转型和新型制造模式的发展。数字孪生利用数据和模型推动新型制造模式的发展，包括数字孪生和数字线程，数字孪生在实时连接、映射、分析和反馈物理资产与行为方面具有优势，实现了工业全要素、全产业链和全价值链闭环优化。例如，云MES将MES管理、云端存储和大数据计算功能集成在一起，可以高效地执行任务分派、数据采集、生产跟踪、质量控制和资源管理等任务。此外，在生产后期，通过AI技术分析云端数据，云MES可以及时发现问题，总结原因并持续提高制造生产效率。

（6）激励制造业重点领域不断创新突破

"蛟龙"深海探测、"嫦娥"月球探测、"神舟"载人飞行、"祝融"火星探测成功；"羲和"日地同步监测、"天和"空间站建设、"北斗"导航系统组网完成；大型客机首飞、万米载人潜水器交付、极地破冰科考船交付；全球80%以上的5G终端用户连接了5G网络……这一系列装备制造上的突破性成就表明中国在一些前沿领域中已经开始领跑。

（三）智能创意设计与制造业

在迈向制造强国的进程中，中国制造业需要顺应时代发展需求来进行转型升级。目前，以互联网、大数据、人工智能为代表的新技术与制造业融合日趋深入，我国制造业转型升级也需要创意设计和智能化科技融合助力。

在中国工程院咨询项目"数字创意产业发展战略研究（2035）"中，潘云鹤院士提出了以数字创意技术和创新设计为基础支撑，以文化创意、内容生产、版权利用为核心，通过融合渗透来促进周边产业领域的发展，并率先提出了智能创意设计的概念。

创意设计是一种将充满创造性思想和理念的过程或结果以设计方式呈现出来的方法。这种设计已广泛渗透于人们的生活，并与制造产业密切相关。在数字经济时代背景下，人工智能、大数据、物联网、云计算、区块链等新技术在创意设计中的应用，不仅丰富了创意设计的创作形式与手段，也重塑了创意设计产业的业态与价值链，推进了创意设计内涵的变革。这种变革塑造了在数字时代以设计为核、以技术为体，协同多学科、多主体、多媒介，实现需求发掘、内容生产、手段更新的设计新形态，形成了设计4.0时代的智能创意设计。[①] 在这过程中，创意设计与智能技术的深度融合造就了智能创意设计精准化、共创化、智能化的特点，也成为智能创意设计推动制造产业数字化发展的重要基础。[②]

1. 智能创意设计变革制造方式

智能创意设计深度融合了创意设计与智能技术，从设计层及技术层渗透制造流程，并根据消费数据形成的数据流在需求分析、开发设计及设计应用、设计升级阶段实现生产与需求对接，使设计扩展至智能制造全流程，技术层、设计层、数据层与制造流程相互融合，并受数据的驱动而进行设计创新（见图5-2）。

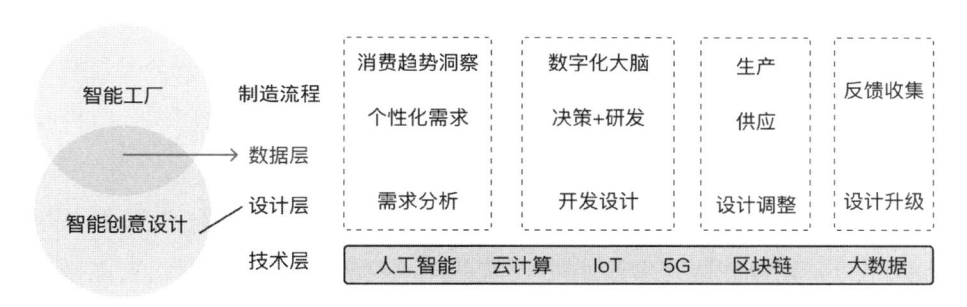

图5-2 智能创意设计变革制造方式

智能创意设计助力智能工厂从"激活智能制造生产要素—变革制造生产方式—加速智能制造协同创新"的综合视角进行制造产业要素及生产创新方式的数字活化。数字化设计工具及数字化设计平台的构建将加大设计产业的知识的输出及人才的群聚效应，减小设计业务发展阻力。[③] 智能创意设计改变了传统单纯追求产品或企业价值最大化的设计理念，以完善制造产品、服务并实现可持续发展的目标，促进环境、社会、企业和设计师的和谐发展。其内涵包括以下几点。

---

① 罗仕鉴,房聪,单萍.群智创新时代的四维智能创意设计体系[J].设计艺术研究,2021(1):1-5,14.
② 罗仕鉴,朱媛,石峰.创意设计融合智能技术提升新经济新动能研究[J].包装工程,2022(2):17-28.
③ 王伟光,冯荣凯,尹博.产业创新网络中核心企业控制力能够促进知识溢出吗?[J].管理世界,2015,6:99-109.

（1）智能创意设计激活智能制造的生产要素

智能创意设计激活智能制造的生产要素，加快了制造工艺的进步。在制造产业的各个领域，3D打印技术发挥的作用日益突出。3D打印技术在融合创意设计后影响了产品的设计和制造，促进了新材料的开发，并为生物制造等新应用打开了大门。例如，新的化合物的发现会带来新药物以及新的包装、运送装置，新的混合工艺将会出现。拉塞尔·托拉通过打印制造智能织物，整合电子功能，为设计师设计过程提供了额外的创意选择。[1]

智能创意设计激活智能制造的生产要素，优化了制造材料的发展。数智时代的制造业要面向生产未来产品所需，生产所有类型的材料，包括有机材料和生物材料。从处于生命周期末期的产品中回收的材料将会增多。垃圾填埋场将成为各种材料再循环的起点。如何利用废弃材料进行产品再生将是数智时代制造业要纳入和开发的新议题。加琳娜·米哈列娃通过对细菌纤维素的研究，设计了一种可再生新型生物材料，可广泛应用于时尚和纺织领域。[2]

智能制造六大支柱包括材料、数据、预测工程、可持续性、资源共享和网络化，以及制造技术和工艺（见图5-3）。智能创意设计激活智能制造的生产要素，加速了制造数据流通及预测。传感器的部署、无线技术的发展以及数据分析技术的进步和用户共创的参与，便于制造业上下游企业从材料特性、工艺参数到客户、供应商等各种来源收集更多数据。这些数据将用于为任何创业设计预想提供动力，包括在线进行产品原型迭代以及按用户需求实现小规模定制生产。传统制造业集中于使用数据进行分析、监控和控制，如生产力分析、过程监控和质量控制。然而，这种努力强调的是过去的制造过程和系统，而非未来状态。在数字经济背景下的制造将允许探索未来的空间。例如，供应链上的各生产、制造、销售行为数据涉

---

[1] Torah R, Wei Y, Grabham N, et al. Enabling platform technology for smart fabric design and printing[J]. Journal of Engineered Fibers and Fabrics, 2019(14): 1925958322.

[2] Mihaleva G. Bio matter in creative practises for fashion and design[J]. AI & Society, 2021(36): 1361-1365.

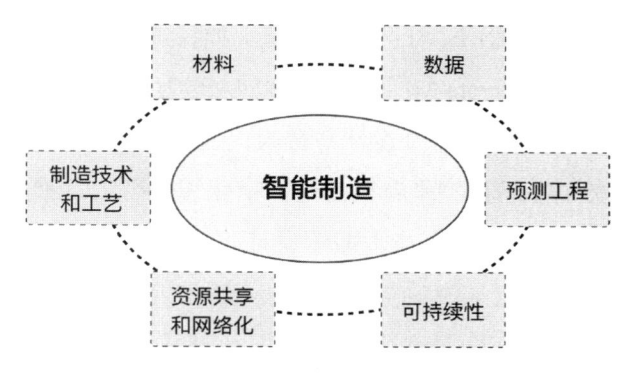

图 5-3　智能制造及其六大支柱

多个系统（如综合生产力、产品质量、能源和运输），可以支持有关未来生产和市场条件的决定。预测工程让制造企业从被动反应向主动预期转型。可以想象，一些制造业将变得高度分散，一些则可能更为集中。例如，对运输成本、上市时间和定制敏感的产品可以在靠近客户的地点生产。

（2）智能创意设计变革制造生产方式

智能创意设计变革制造生产方式，将设计数据纳入制造生产资源。随着互联网技术及分布式存储、计算等大数据相关技术的突破，虚拟世界中的数据资源成为与物理世界中的实体物质同等重要的制造业生产资源。数字资源一方面帮助生产主体理解用户的行为与偏好，并判断用户需求，了解企业外部环境动态；另一方面帮助企业内部规划产品供给，检测产品质量，量化生产效率。总体而言，数字媒介是可选择的数字人性化。[①] 智能创意设计以数据为生产资源，为制造生产主体提供了一种识别和利用高价值机会的前瞻性方法，有利于做出正确的商业决策并降低产业风险，帮助企业更加主动地了解产业发展趋势并迅速适应市场变化。

数字化智能设计平台是设计创造、智慧群聚与知识溢出的重要工具，具有智能（智能创意汇聚、智能生产方式）、高效（设计知识高效传递、设计人才高效聚集、设计作品高效生成，设计数据高效管理）、价值性（经济

---

① 王蒙, 黄本亮. 数字媒介介入非物质文化遗产的文化空间重塑：意义、路径及异化可能 [J], 文化艺术研究, 2021(2): 27-37, 112.

价值增值、产业价值增值、社会价值增值）的特点。目前，数字化智能设计平台包括以 APPle Create ML、华为 ModelArts 为代表的集成开放型平台，以太火鸟智能分发平台、特赞设计平台为代表的商用型平台以及以 Adobe Sensei 为代表的创意输出型平台。搭建数字化智能平台，重点是在云端构建协同设计环境，利用数字技术缩短设计生产与制造实现之间的产业链条。[1]

智能创意设计正在变革制造生产方式，它使得数字智能技术能够转变制造生产的关系。数字智能技术丰富了设计产业创造主体的层次，使生产关系呈现出多维度、多领域的网状结构。各生产组织之间由竞争关系转向互惠共生关系。[2] 由于数字技术的普惠赋能，制造产业内部竞合关系不再是单纯的企业间的直接对抗，而转变为基于设计产业整体价值链的垂直竞争与合作关系。[3] 企业内部、企业之间或是某一区域内的生产共生关系都将涉及多个产业共生单元。这些共生单元将分享创新技术、创新知识或创新主体，以互利互惠为原则进行创意生产。长三角、珠三角地区协同规划的设计园区、工业设计小镇及其他在制造产业网价值网链中相互融合的设计生产主体，就是制造领域新型产业集群间的共生单元。

（3）智能创意设计加速智能制造协同创新

智能创意设计加速智能制造协同创新，并实现可持续创新发展。可持续性在制造业中是至关重要的。可持续发展的目标是将原材料、制造工艺、能源和制造业的污染物纳入产品和市场，进行循环使用和流通。任何重大可持续性努力的切入点都是产品和市场。毫无疑问，如果产品和工艺的开发遵循可持续性标准，就能取得最大的可持续性收益。创意设计将推动制造业中产品的可持续设计。智能工艺将影响可持续材料的开发和制造工艺的革新。智能创意设计是为再制造、再利用和再制造提供平等基础的主要

---

[1] Frich J, Vermeulen L, et al. MAPPing the landscape of creativity support tools in HCI[C]. Proceedings of the 2019 CHI Conference on Human Factors in Computing Systems, 2019: 1-18.

[2] 陈春花, 赵海然. 共生：未来企业组织进化路径 [M]. 北京：中信出版集团, 2018: 110-121.

[3] 胡晓鹏. 产业共生：理论界定及其内在机理 [J]. 中国工业经济, 2008,(9): 118-128.

力量，翻新旧产品不是传统的制造活动，但是，它可能进入新的"制造字典"，并使得制造业和服务业之间的界限进一步模糊。

智能创意设计加速智能制造协同创新，促成了制造资源的创新共享。随着制造业日益数字化和虚拟化，许多创意和决策活动将在数字空间中进行。虽然在某种程度上，数字空间是高度透明的，但具有专门知识的实物制造资产将受到保护。这种"数字—物理"分离允许跨企业的资源共享，包括那些相互竞争的企业。制造业已经采纳了由第三方运营的设施来进行生产的合同和服务模式，例如：在交通运输领域，优步（Uber）通过共享乘车服务减少了交通拥堵；在住宿服务领域，爱彼迎（Airbnb）推广了共享住宿资源的模式。智能制造将受益于资源共享。创意设计融入智能技术有助于普及制造设备、软件、专业知识的共享，甚至实现协作建模和创造空间。

除了共享制造设备，运输也是一种值得关注的有意义的资源。制造业有两大类运输：内部运输，包括专门的物料搬运设备或各种轨道；外部运输，为供应和分配链服务。从制造业会计的角度来看，运输通常被认为是一种非增值活动。这引发了一种想法，即缩短旅行距离不仅会降低成本，而且还会对环境产生积极影响。机器人技术和自动驾驶汽车（从地面到空中）的发展将通过提高其自主性和共享性，影响内部和外部运输。在区域和全球范围内，运输将是制造业空间结构演变的一个重要因素。

智能创意设计加速智能制造协同创新，提升了协同创新的速度。在数智时代，智能创意设计为制造业提供了全新的产业服务，如数字化定制、分布式协作办公软件和智能设计服务等。这种创新的产业模式提高了设计的产业价值。以出版业的平面设计为例，传统的平面设计服务存在着设计效率低和服务质量受到设计师能力的影响等问题。近年来，随着产业数字化进程的推进，出现了许多数字化解决方案。洛可可的智能数字化设计工具具有美、对、快、省、可商用的特点，颠覆性地解决了以往设计实践中设计师重复劳动、设计实现周期长、沟通不畅等痛点，实现了设计服务的普及化，提高了智能制造的可能性。

2. 智能创意设计激发制造新模式：C2D2M

随着数智时代到来，互联网、物联网、云计算、大数据和人工智能技术广泛应用于制造业。技术的革新助推制造生产直接对接消费需求。基于消费数据的驱动，制造企业以智能创意设计为手段开展产品的设计、开发，从而改进生产制造过程，提高制造的灵活性，改善产品的性能，提高生产效率和生产智能水平，实现制造从大规模统一生产到小规模按需生产的转变。

制造业将步入分散生产的新时代，互联网、大数据、云计算、物联网等新兴技术与制造生产结合，可以实现制造企业利用大数据来分析数据，从而改进制造过程，提高制造业的灵活性和智能水平，并由此提高产品的生产效率和性能，让制造业直接与消费需求对接。制造业从以产品为核心转变为以消费者为核心，从以生产为本转变为"生产+服务"或服务为本，服务化转型态势明显。

C2D2M（consumer to design to manufacturer，消费者到设计到制造商）模式正是在制造业服务化转型态势下，以设计创新为纽带，消除中间环节，通过平台让商家直连消费者和生产者，提供更有竞争力的商品，并推动形成新的制造模式，即生产、制造商直接为消费者设计、生产（见图5-4）。C2D2M模式以需求为导向，以消费者为通路，消费者直接与生产者连接，中间省略了多余环节，实现产销合一，通过消费者分享自身的真实体验、感受来影响其他消费者。目前，C2D2M模式是数字经济的主导模式，产品在消费者中的口碑成为品牌的生命线，最终实现大规模的定制。青岛红领公司对业务和管理流程进行了全面改造，建立了柔性和快速响应机制。打造了产品多样化的大规模定制生产模式，实现了互联网平台的一体化，包括订单提交、设计打样、生产制造以及物流交付等。这些举措帮助其从纯生产型企业转变为创意服务型企业。青岛红领公司的定制业务年均销售收入和利润增长率都超过了150%，年营业收入更是达到了10亿元。另外，

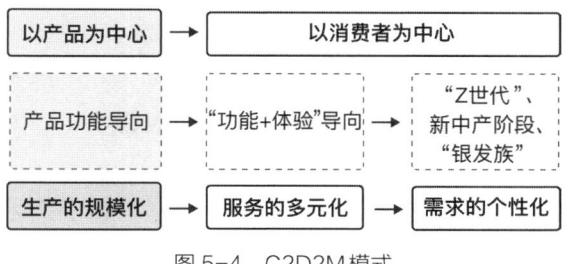

图 5-4　C2D2M 模式

徐工集团创造了独具特色的智能制造和创新设计模式，构建了智能化的全球协同研发平台。平台以数字化产品设计、集成化产品管理、网络化信息发布、科学化项目管理，以及虚拟化协同研发为基础模块，通过互联网提供在线、实时、远程和智能服务来满足对机械设备的需求。

数字化改变了商业，把传统的 2B 转向 C2D2M。数字经济环境使得用户、企业间的交流更为便捷，所以从品牌商、原材料、生产、服务到销售，均可围绕消费者提供设计服务，可实现制造业传统链式价值创造向以消费者为中心的竞争协作制造网络转换。传统的制造业从以产品为中心转向基于客户个性化需求的差异化设计制造，能更好地满足差异化需求，包括功能及体验诉求。

3. 智能创意设计推动工业元宇宙 B 端效率提升

工业元宇宙是未来智能制造的一种形态，强调在虚拟空间中映射和扩大实体工业可操作的范围。通过虚拟空间和现实空间的联动来协同工作、模拟运行以指导实体工业高效运转，使得工业企业能够降低成本、提高生产效率，并且促进企业内部和企业之间高效协同，从而推动工业高质量发展并实现智能制造的进一步升级。

相对于数字孪生，工业元宇宙具有更广阔的想象空间。数字孪生是将现实世界 1∶1 地映射到虚拟世界中，通过在虚拟世界中对生产过程和设备进行控制来模拟现实世界的制造生产。但工业元宇宙中的虚拟世界不仅有现实世界的映射，还具有现实世界中未被实现或无法实现的体验和交互。此外，工业元宇宙更加注重虚拟空间和现实空间的协同联动，致力于实现虚拟操作以指导现实制造工业。

面向工业元宇宙，新一代智能技术将与创意设计深度融合，并贯穿于制造活动的各个环节，包括设计、生产、管理和服务等。相对于C端元宇宙的数据隐私、硬件设备发展不足等难点问题，B端元宇宙的"落地、铺开"可能会更快地到来。B端与C端不同，主要聚焦在解决现实问题、降低沟通成本、加速项目落实。例如，工程级AR智能眼镜能够为制造业提供更好的技能训练、维修操作工作的简化、品质控制的改善三大优势，同时无须过多考虑C端需求的美观度、舒适度等问题，部分产品已在加速落实。英伟达是元宇宙B端应用的先驱，已经开始逐步连接制造和虚拟化。英伟达旗下的Omniverse可译为全能宇宙，主要面向B端客户端开发者，是帮助其将现实变为虚拟的开发平台。Omniverse的重要的特性之一是遵循物理定律，可以模拟粒子、液体、材料、弹簧和电缆。英伟达的目标是首先将物理世界中的一切设计为虚拟产品并进行测试，将以前仅用于游戏的虚拟渲染应用到所有物理施工环节，最终打造一个工业级B端的全能元宇宙。

目前，创意设计融合智能技术激发提升制造业领域新动能已经出现了若干典型案例。我们将从智能制造涉及的装备与交通、电子与汽车、医疗与康养、家居与家电、鞋品与服饰等方面提炼、整理各类代表性案例，总结数智时代智能创意设计的新兴范式，归纳创意设计和智能技术的融合路径，为刺激新经济业态的滋生和促进经济发展贡献智慧。

二、装备与交通：创新智慧、安全绿色

竞争一直是国家之间的主题，特别是国家间实体经济的较量。实体经济的基础在于强大的装备制造业，而制造创新的动力则源自智能创意设计。在全球各国实力博弈中，工业设计在科学技术集群化发展的基础上，将创新、创意与智能技术结合，不断突破边界、创造奇迹，展示出了人类智慧

与担当精神。"嫦娥"奔月、"北斗"导航、"蛟龙"入海、航母入列，谱写了星辰大海的新篇章；高铁成网实现了朝发夕至、一日千里的飞驰梦想；核电攻关展现了几代人的强国担当……重大工程装备系统集成和创新设计能力的提升，不仅将引导中国制造迈向高端路径，还会使民族的脊梁更加坚挺。

（一）从跟跑到并跑、领跑：重大装备实现突破

进入数字智能时代，数据成为生产手段，设计要素虚拟化、设计对象系统化、设计过程动态化、设计形式多样化，智能创意设计在装备与交通领域呈现出突出的价值。

1. 智能创意设计推进装备科技创新

装备既是人类认识世界不可缺少的条件，也是人类征服外部世界的物质基础。国家的科技创新在很大程度上围绕着装备展开，重大技术装备标志着一个国家制造业体系的发展能力和水平实力。自党的十八大以来，一件件大国重器横空出世，一批批重大装备实现突破，一些前沿领域开始进入并跑、领跑阶段，对装备科技创新的要求超越现实世界进入可能世界，仅依靠历史经验则无法满足，这需要人们转变思维方式（见图5-5）。

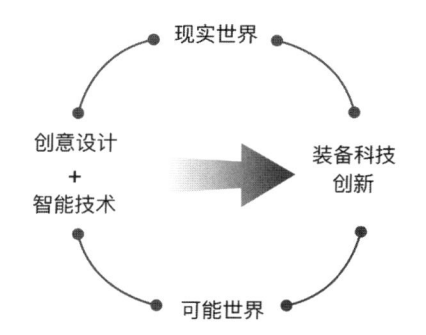

图5-5　智能创意设计推进装备科技创新

装备科技创新存在现实世界创新和可能世界创新两种不同模式。现实世界里已经存在的现实装备出于种种原因无法获得，而需要科技人员自行

研制是发展中国家常常遇到的问题。这种从已有装备出发，重复研制出来的装备，实际上并非真正的创新。与之相对的是可能世界创新，可能世界是模态逻辑中的概念，一般指现实世界中的事物和现象可能的存在方式与存在状态。可能世界的装备是人们构想出来的。它尚不存在，需要科技人员结合科学或工程中的具体问题进行创意、设计、研制与生产等。

装备科技属于工程科学，可能世界的可能装备是"无中生有"。装备的具体形态、性能与交互首先取决于创意与设计。创意与设计作为装备科技创新的原动力，将引领装备设计工程师们超越现实世界，走向可能世界，并充分发挥想象力，大胆创想与设计各种可能装备，以未来的可能装备引领现在的科技发展。这要求人们面向未来，面向各种各样的可能，让新的可能装备在颠覆性创新中从科幻的可能世界走向现实的物理世界。

（1）创意设计与智能制造技术结合，突破装备的深海探索极限

自从党的十九大报提出建设海洋强国战略后，中国海洋科技发展便进入了新征程。中国海洋科技一直坚持走自主可控和开放合作的创新发展之路，扎根海洋强国的关键领域并深耕多年，在深水、绿色、安全等海洋高技术领域自主创新，不断取得新突破，以蛟龙号、深海勇士号、奋斗者号和海斗号等潜水器为代表的海洋探测运载作业技术，已经实现了质的飞跃。同时，这些设备的核心部件的国产化率也有了大幅提升。半潜式钻井平台蓝鲸1号在南海成功试采可燃冰，全球首个半潜式波浪能养殖平台澎湖号和全潜式深海智能渔业养殖装备深蓝1号均已交付使用。多项突破性成果见证中国海洋科技实现了由技术引进到中国制造再到中国创造的转变，为海洋强国建设提供了有力的保障。

奋斗者号大幅提升了我国的全海深作业能力，是中国在海洋装备方面取得的标志性成果。奋斗者号于2020年11月完成万米海试，创造了10909米的中国载人深潜纪录，体现了我国在海洋高技术领域的综合实力。

（2）独特设计与智能制造技术相结合，实现中国航母自主创新

2019年，国产航母的入列标志着中国航母发展的新高度。2021年7月

20日，全球首艘智能型无人系统母船在广州开工。人工智能、无人装备技术的深度应用，将使智能型母船摆脱载员的限制，不仅可降低海洋科考难度及成本，而且可提升其履行使命和完成任务的能力，使之具备其他类型航母所不具备的优势。负责航母设计的中国船舶重工集团有限公司不仅扩大了航母的排水量，而且拓宽了航母甲板，方便装载数十台配置不同观测仪器的智能系统装备，实现对目标的立体动态观测。

（3）创意设计与智能制造技术结合，催生水、空"两栖"飞机

在智能创意设计的助力下，作为我国自主研制的大飞机"三兄弟"之一，AG600飞机最大起飞重量为53.5吨，机体总长36.9米，翼展达到38.8米，最大航程为4500千米，最大巡航速度为500千米/小时，最大航时达12小时。AG600飞机可迅速投入灭火行动，往返于水源和火场之间，具有高超的森林灭火和特种灭火能力。其每次汲水量可达12吨，每次投水可覆盖4000余平方米，且可多次往返取水灭火。此外，AG600飞机还具有出色的海上救援能力，可以快速响应、快速到达，适应复杂的气象条件。其起降抗浪能力也不低于2米，可一次性救助50名海上遇险人员。

2. 智能创意设计助力中国航天梦

党的二十大再次强调了制造业高质量发展的目标。经过多年的不懈努力，中国现代制造业的基础日益坚实，自主创新意识也逐渐提升。在吸收和应用高新科学技术方面，中国航天飞行器在内、外部设计上得到了美学方面的提升，使得中国制造业展现出了高效、安全、人性化的特点，并体现了智能创意设计在保障和推动制造业高质量发展中的重要作用。

（1）天和号的设计与创新

2021年4月29日11点23分，我国在文昌航天发射场成功发射了搭载空间站天和号核心舱的长征五号B遥二运载火箭。这次发射任务圆满成功。天和号作为中国自主研制的空间站核心舱，其智能创意设计涉及以下多个方面。

第一，拟人化设计与智能机器人技术完美结合。天和号配备了智能机

器人技术，能够完成一些危险或繁琐的任务，如太空中的维修、清洁、检测等。此外，天和号内嵌智能语音交互技术，航天员能通过语音交互与航天器进行沟通，以实现指令下达、数据查询等功能。

第二，"圆筒插圆筒"的外观设计与智能环境控制、自主导航技术融合。天和号空间站就代表了现代大型空间的主流成熟设计，"圆筒插圆筒"是其显著的外观特征之一。外观设计与其自动识别、自主控制的自主导航和控制技术结合，保证了其在太空中的安全、稳定运行。此外，在圆筒空间内融入智能环境控制技术，能够对空间站内的温度、湿度、压力、氧气含量等参数进行智能监控和调节，以保障航天员的生命安全和舒适度。

第三，人机交互设计与虚拟现实技术结合。航天员在太空中长时间生活，需要一些娱乐方式来缓解孤独和压力，智能虚拟现实技术则可以提供虚拟游戏、电影等娱乐方式。

（2）神舟 14 号出舱椅背后的智能创意设计力量

2022 年 12 月 14 日，神舟 14 号撤离空间站，成功着陆。此次神舟 14 号所使用的航天员出舱移送座椅集合了工业设计、结构设计、制造工艺等众多专业智慧，关注中国航天人的情感需求，通过梳理出舱移送场景下的使用流程、交互需求和复杂多变的环境因素，在中国航天员中心专家老师的指导下，解决了航天员返回地面后短期的身体保障需求，减轻了长时间处于失重状态对航天员自身骨骼、肌肉、血液等的巨大影响。随着航天飞行任务的常态化，此次设计要实现从坐立到平躺的舒适支撑、从乘坐到抬送多状态转换的便捷操控及各种温差环境下的温度变化适应。相较以往，设计团队利用先进的 3D 打印技术和碳纤工艺等，为出舱椅解决了诸多的技术与工艺难题，满足了严苛的航天任务需求。

神舟 14 号出舱椅是功能与形式完美结合的工业设计作品。工业设计师始终坚持以人为本的设计理念，在满足严苛的航天任务需求的情况下，更把握我们中国文化中的仪式感与美感的人文需求。从材质选择来看，出舱椅采用了高档的真皮材质，触感柔软、舒适，体现了中国传统文化中对于材质品质的追求。从形状设计上看，出舱椅整体为流线型的造型，既符合人体工程学原理，又展现了现代科技与传统文化相结合的美感，以精益求精的设计展现我们的国家形象。

3. 智能创意设计实现国产大飞机的中国梦

智能创意设计将先进技术和艺术创意相结合，是一种综合性设计方法。该方法贯穿产品研发的全生命周期，旨在运用创造性的设计思维，将造型美学、工程技术、生产制造、市场营销，以及系统决策相融合。通过这种创新的设计方式，可以提升产品的创新价值，并更好地为广大消费者和使用者提供服务。国产大飞机的工业设计重心从最开始的飞机内饰图案设计转向驾驶舱和客舱的造型设计，再转向飞机性能的优化设计。从国产大型客机C919开始，在吸纳、利用高新科学技术基础上，工业设计团队采用集成的设计思维，旨在提升产品的集成性和舒适性。他们在样机、飞机驾驶舱、客舱和外部涂装等领域展开设计工作。智能创意设计是中国制造业高效、安全、人性化的重要体现之一，在保障和推动制造业高质量发展方面扮演着至关重要的角色。

（1）从二维到三维的数字化工艺设计制造体系的升级

国内飞机制造企业通过长期的研究和技术集成，成功地突破了关键技术瓶颈，构建了能够支撑各类工艺设计需求的三维化、系统化、集成化的企业级数字化工艺设计平台。该平台实现了传统二维工艺设计制造体系向三维数字化工艺设计制造体系的转型，并提供了多项关键功能，如基于模型的定义（MBD）、三维装配过程仿真验证及优化，以及三维工作指令的创建、发放及浏览等。在飞机总体设计阶段，制造企业已开始进行工艺总方案设计，并采用基于成熟度的协同工艺审查方法对设计成果进行评估，同步展开后续的工艺策划工作，包括装配协调、零件制造技术、工艺分离面、部件装配图表等一系列工艺指导性文件的定义与编制。

通过三维工艺设计，三维数据（模型等）可以替代二维工程图纸和纸质工艺指令，实现生产过程数字化。三维工艺电子数据包成为生产现场工作的技术依据，并通过工艺设计平台与生产管理系统的集成，将三维工艺指令等工艺数据信息发送到车间生产现场。生产工艺、人员、设备、工装及工具等资源信息的有效集成，可通过直观的界面显示产品的设计结构关系、工艺结构关系和几何模型，展示工艺仿真过程和工装使用定位方法以及相应的操作说明等信息，使工人按指令进行操作，提升了工作的准确性和效率。三维工艺设计与仿真、基于轻量化模型的工艺过程可视化技术以及CAX/PDM/MES多系统集成技术的应用，能够缩短产品研制周期，提高产品质量和生产效率，实现无二维图纸、无纸质工作指令的数字化制造，改善生产现场工作环境，使现场工人容易理解并减少操作错误。三维数字化工艺设计技术的深入应用必将有助于推动我国飞机制造业的快速发展。[1]

（2）高辨识度和强烈视觉冲击的飞机外部涂装设计

涂装设计对提高品牌的认知度和影响力有着重要作用。优秀的涂装设计可以成为飞机的有力标识，便于推广。涂装设计需与飞机外形有机结合。C919飞机的外部涂装设计突出了四大风挡和翼梢小翼等设计亮点，使飞机在任何角度下都显得美观。这种具有高辨识度和强烈视觉冲击的设计可以起到良好的宣传作用。在同等性能条件下，外观设计越美观的飞机越有销售优势。在工艺选择上，为了使C919飞机的喷漆明亮、通透，设计师采用了安全环保、更薄更轻的水基漆对其进行外部喷漆。相较于传统涂料，水基漆能够大幅减少有机挥发物（VOC）的排放，从而更加环保和健康，并且在质量、色泽和光感方面也更有优势。在商用飞机标记和标牌的设计上，设计师坚持运用美学思想，以符合规定的标注位置为前提，通过突出标记、标牌的统一性和可读性来进行设计。在设计方案的验证上，设计师通过仿真手段辅助对标记、标牌的验证识别，让决策者可以身临其境地感受设计方案，并快速地将设计更改体现在方案里。

---

[1] 潘友星. 中国大飞机的工业设计 [J]. 大飞机, 2019(1): 18-22.

（3）智能创意设计提升驾驶体验

驾驶舱作为飞机上的控制与操作中心，其设计对飞行安全有着直接的影响。考虑到飞行员在静止和操纵飞机时的身体结构、活动范围、视觉和心理特性等方面的状况，设计师必须综合运用人机工程学、设计心理学原理来设计各种仪表、仪器、按钮、控件的形状和大小，并对各种要素进行合理布局。

C919 驾驶舱工业设计注重集成的概念，从用户的角度出发，综合考虑用户的工作流程和行为习惯等因素。设计师不仅要考虑大的布局，如驾驶舱内 T 形区和操纵台的布局，还要关注细节，如操纵杆或按钮的触感是否舒适等问题。在进行 C919 驾驶舱的内部设计时，设计师考虑到驾驶舱内男性飞行员居多，选用了比较硬朗的切角直线条，将斜切面元素贯穿设计始终，并配以深棕色及棕米色的壁板，凸显 C919 驾驶舱的规划性和秩序性，给人一种稳重感和科技感。

（4）智能创意设计增强路途愉悦感

作为客舱中的重要设备，旅客服务装置（PSU）是乘客与飞机的主要交互设施之一。为了打造精品客舱，C919 运用智能创意设计，结合创新的设计思维和集成化设计思路，打造了一套集成式旅客服务装置：将出风嘴和个人阅读灯进行了集成，将操作模块由原来的 6 个整合为 3 个，使操作界面更加清晰。[①]

CR929 宽体客机的客舱设计以提升乘客的坐乘舒适度为理念，主要突出了豪华、舒适、宽敞、美观和智能等特点。头等舱采用包厢式设计。厢内情景模式随着整体照明变化而变化，从而营造出沉浸感。公务舱座椅呈反鱼骨形，可实现 180 度平躺，内置娱乐系统、阅读灯和杯托等细节设计，提升了乘客的舒适度。经济舱座椅采用"3 + 3 + 3"的配置，过道非常宽敞，即便在乘务员服务时，仍可轻松通行。客舱内饰采用通透的整体设计，

---

① 潘友星. 中国大飞机的工业设计 [J]. 大飞机，2019(1): 18-22.

使人感到宽敞舒适。前服务区采用柔和曲线形天花板设计，勾勒出天花板整体天际线；缎带造型象征着中俄合作的美好未来，并配合情景照明和动态极光变化，营造出与众不同的视觉效果。

（5）智能创意设计缩短生产周期

中国东方航空集团有限公司研发的3D打印飞机内饰件技术以熔融沉积增材制造工艺为基础，结合满足CCAR25部（中国民航局发布的《运输类飞机适航标准》）非金属材料防火要求的3D打印材料。运用该技术能快速、小批量制造客舱装配件，来解决原始设备制造商（OEM）航材采购周期长、费用昂贵的问题，可以降低某些采购周期较长或需求不大的零部件的库存数量。同时，通过3D测绘和3D建模的方法，可以建立各种机型的舱内零部件的3D模型数据库，在出现需求的最快时间内调取图纸打印制造零部件，显著缩短通过国内厂家开发建模和生产的周期。

4. 创意设计思维创新装备服务业态

自创新驱动发展战略大力实施以来，我国在加快创新型国家建设的道路上取得了一系列的丰硕成果，"中国天眼""悟空""墨子"等重大科技成果相继问世。

FAST，世界上最大的射电望远镜，俗称"中国天眼"，正式投入使用后，各地政府开始借此打造旅游产业。据贵州省平塘县官网介绍，当地依托FAST建设了射电天文科普旅游文化产业园项目，力图打造集旅游服务、科普教育、休闲养生、观光体验于一体的综合旅游文化产业园。园区紧挨FAST 5千米核心区，占地约3平方千米。项目主要建筑融入了星空天文元素，具体包括五星级大酒店（星辰天缘大酒店）、FAST游客服务中心、天文体验馆等。平塘县围绕"中国天眼"景区，大力打造国际天文科普旅游带，吸引了全国各地的游客和天文爱好者，成功拉动了地方经济发展。仅2024年"五一"假期的前4天，景区就接待游客4.37万人次。[①]

[①] 何明珠，廖毓齐. 来天文小镇仰望星空[N]. 贵州日报，2024-05-05(03).

（二）从国内到国外："中国轨道"扬名世界

1. 智能创意设计助力中国轨道交通发展

2019年9月，中共中央、国务院出台了《交通强国建设纲要》，要求各地区各部门结合实际认真贯彻落实。《交通强国建设纲要》明确指出，要实现时速250千米级高速轮轨货运列车重大突破。2020年9月，习近平总书记强调："要建设现代综合运输体系，形成统一开放的交通运输市场，优化完善综合运输通道布局，加强高铁货运和国际航空货运能力建设，加快形成内外联通、安全高效的物流网络。"[1]随着我国城市化进程的快速推进，城市轨道交通行业得到飞速发展。在中国智慧城轨设计运营过程中，智能创意设计对形成数字化智能运输体系的助力作用体现在以下几点。

（1）智能创意设计促进国内交通制造数字化

中国轨道交通以《中国制造2025》为行动纲领，依托工信部智能制造专项高速车车体制造新模式，建立数字化研发工艺设计系统平台、制造过程管理系统（MES）、数据采集与分析系统等信息系统和智能化硬件设备，实现产品研发、工艺制造、仿真验证的数字化，使制造过程、信息采集、物料配送、质量管控更加智能。对于制造商来说，依托数字化制造，强化制造过程中技术和管理数据及流程的标准化，连接制造过程中技术、生产、人员、资源、供应链、安全环境和质量管理标准化数据，完善工业实时数据获取和归集能力，开发基于不同算法模型，实现制造系统的数字孪生，可提升物理产线与数字产线的交互验证水平，进而不断提升生产的质量、效益和效率。

（2）智能创意设计带动国内交通运输服务新模式

智能创意设计开创了设计、制造、运维/检修一体化平台的高铁货运产品产业链体系，带动了一体化运输服务新模式，完全实现了"门到门"，突破了"最后一公里"的快捷运输瓶颈。高铁货运的网络、速度、成本、全

---

[1] 统筹推进现代流通体系建设 为构建新发展格局提供有力支撑[N]. 人民日报, 2020-09-10(01).

天候运行的优势，将会对当前国内快递和货运的发展格局产生重大影响。航空运输费用高，汽车运输效率慢，时速350千米的新型高铁快运动车组凭借安全、经济、可靠、高效的优质服务，将成为未来快捷货物运输的第一选择。

中车唐山机车车辆有限公司是国内轨道车辆主要研发制造单位，产品涵盖了动车组、城轨/地铁、大铁路等全谱系化产品系列。这些产品奠定了我国基于轨道列车的安全、高效的商贸流通体系基础，并在高速列车数字化制造方面提供了实践案例。新型高铁快运动车组产业链形成了设计、制造、运维/检修一体化的平台。依托智能创意设计，动车组的设计融合工程美学与新材料、智能化、模块化的智能技术，可满足快捷货物容积大、载重高、速度快的运输需求，运行安全、可靠，可满足公路、铁路、航运一体化运输需求，并形成相关的标准体系，对我国高铁快运的发展具有技术引领和工程示范的作用。

中车唐山机车车辆有限公司打造了安全、高效、高速的货运商贸流通体系，采用产、学、研、用相结合的模式，开展协同技术的创新，联合前端技术研究及后端应用平台，以创新带动产业发展，打通上下游企业，打造时速350千米的新型高速轮轨货运列车技术与全链条物流运输产业体系，初步构建起安全高效商贸流通体系。

（3）智能创意设计创新工业设计方案

新型高铁快运动车组的工业设计方案从顶层设计出发，将艺术设计与工程美学相结合，并充分考虑人机工程学、空气动力学等因素，外观造型简洁、鲜明，内部装置结合人员工作和货物装载的需求，实现了结构的标准化、模块化，性能安全、舒适、可靠。动车组的设计为工业创意设计和工业化批量生产的完美结合提供了范例。动车组的流线型车头满足了高速运行中减阻、降噪的需求。头形设计采用仿生学设计原理，以中华鲟骨骼线形为特征，体现出流畅简洁的速度感，棱线分明而圆润，兼具时代感、科技感。外观色彩简洁鲜明，体现了速度、现代、自然与和谐，在实验中展现出良好的空气动力学性能，司机视野宽阔。

（4）智能创意设计促进技术创新、材料升级

智能创意设计促进了轨道产品的技术创新。其通过制定高速货运轮轨产品行业标准，研究新型高铁快运动车组承载系、走行系、货物便捷定位、重心自适应控制、快速装卸等关键技术，进而沉淀、编制、推广相关技术标准，共制定行业标准1项、中车标准2项。通过完善平台构建、技术标准的建立，可确保快捷货运作业安全以及迅速、高效地进行。

智能创意设计促进了新材料的创新。动车组大量采用了铝、镁等轻金属材料以及碳纤维等复合材料，特别是考虑到动车组货仓区发生火灾时，车辆停于受限空间，货仓区使用结构防火技术，并采用新型膨胀型防火涂层。当发生火灾时，车体型材上的防火涂料受热膨胀，会挤压碳纤维棉，形成碳化层，能够保护车体仍具有一定的完整性。

新型高铁快运动车组的开行将改变中国物流运输业多式联运的格局。作为最绿色的运输方式，其可有效降低社会成本及物流成本，提高冷链物流时效性，拉动周边产业发展，促进区域交流，推动国民经济持续快速发展。

2. 智能创意设计支持中国交通装备走向世界

随着中国提出的"一带一路"倡议不断深入推进，以及高端装备向全球市场全面推广，中国的高铁技术已成为海外交通运输基础设施建设的领军者，被视为中国的新名片。中国高铁正在快速拓展国际市场，"走出去"的步伐正在不断加快。截至目前，中国铁路国际合作项目已经覆盖了世界上100多个国家和地区。在智能创意设计的助力下，我国高铁出口呈现高端化、全球化、快速化等趋势。

由中车株洲电力机车有限公司自主设计的丽江旅游观光列车、轻量化磁浮列车、五模块储能式现代有轨电车，均获得德国IF设计大奖。获此殊荣和独特的创意设计密不可分。

丽江旅游观光列车是全球首列全景观光山地旅游列车，其设计灵感源

自丽江特色美景蓝月湖。列车选取梦幻蓝的颜色与湖水呼应；头罩造型采用大型曲面"天空之境"设计；车窗采用电动调光的大型观景侧窗，能根据日照强弱明暗变换，既防晒又可观景。从古镇到雪山海拔一路增高，车辆设计考虑到沿途仰视的视角，实现了120—150度的视野，方便旅客将沿路美景尽收眼底。

轻量化磁浮列车是我国第一列轻型磁悬浮车，率先采用四模块悬挂结构，匹配车辆和轨道设计，拥有噪声低、环保、低耗、环境适应性好等诸多优点，实现了小型化、轻量化，极富现代感和未来感。室内设计宽敞、舒适和安全，在整体尺寸小型化的同时，力求为乘客提供最佳的乘坐体验与视觉体验。列车采用全自动驾驶技术，降低了运营成本，提高了安全性和可靠性。

五模块储能式现代有轨电车在车头造型上利用仿生设计，模拟微笑海豚，整个车身则呈现新绿凸显城市活力风。车顶安装透明窗顶，乘客在车内可见蓝天白云，车内由浅蓝、暖黄交相辉映。这款有轨电车采用"超级电容＋钛酸锂蓄电池"供电，充电30秒能跑5千米以上，五节车身短而灵活，可在城市复杂的建筑群中行驶自如。此外，车身运用100%低地板技术，乘客抬脚即可上车。

（三）从孤立到整合：集成与服务模式创新

集成创新是指把已经被掌握的科技资源集成起来，包括自创技术或他创技术，通过兼容并蓄、融会贯通、放大效应，再创一个或多个新的科学和技术或新的产品和产业。[1] 跨界集成式创新中已经被掌握的科技资源来自不同产品或领域。

跨界集成创新智轨电车是由中车株洲电力机车有限公司全球首发的具有完全自主知识产权的高科技产品。其快运系统具有运量大、建设投资少、

---

[1] 于开乐, 王铁民. 基于并购的开放式创新对企业自主创新的影响 [J]. 管理世界, 2008(4): 150-166.

低碳环保、建设周期短等特点，将轨道交通和快速公交系统等的综合技术性能优势融合在一起，在城市交通出行方案上属于跨界集成式原始创新。2021年2月，长三角一体化发展示范区迎来第一列智轨电车的首次实地运行。吴江捷运系统T1示范线一期项目开启试跑，将使轨交4号线同里站与同里古镇之间的接驳问题得到有效解决，为游客畅游同里带来便利，同时提升吴江的旅游品质和交通效率。其设计方案从不同的角度展示了吴江地区的城市交通发展特色，立足于表达小桥流水人家的概念，利用拱桥、河道、小船、波光粼粼的水面等元素及相关颜色，诠释江南安宁、悠闲的城市韵味。

自2020年底，上海自贸试验区临港新片区中运量T1示范线全线试运行以来，滴水湖站成为众多公交、地铁线路的始发站。作为临港新片区的交通枢纽和特色公交的代表，它还承担着促进产城融合、提升新片区城市品质的作用。2021年8月，随着临港环湖一路智能网联及自动驾驶公交载人示范应用的启动，环湖一路智慧公交结合环滴水湖观光线路，通过"车路协同"，引领临港新片区智慧交通建设和数字化转型，不仅打造了智慧出行的新样板工程，而且形成了智慧交通与智慧旅游融合的新业态。此设计基于"打造15分钟社区圈"的惠民出行原则，致力于激发临港新片区未来城市人文活力，利用临港新片区得天独厚的地理环境，将塘下公路、鲜花港等自然元素结合起来，形成滴水湖设计构思，在设计时着重考虑了公交系统的联络地图，便利于市民乘坐公交系统往返于社区服务用房、公共活动场所、托老所、卫生服务中心等地点，并配合所在区域的商圈、科技馆、图书馆等现代化建筑群，设计出充满未来城市风格的涂装方案，为居民打造功能多样、生态和谐、环境宜人的社区出行环境。涂装方案从俯视滴水湖的视角，对该区域进行了数字化诠释。大面积的湖蓝色、浅蓝色交相辉映，体现出临港新片区傍水发展的区域特色，并以蜂巢元素以炫光绿点缀于侧围周边，尽显未来科技感。

三、电子与汽车：智能生活、便利出行

随着智能时代的到来，3D 打印、机器人辅助制造、虚拟制造、云制造应运而生，智能技术与创意设计实现了深度的融合。在工业设计的有力支撑下，"互联网＋制造"的新业态渐成气候，新的创新模式不断涌现。互联网、云计算、大数据等技术的发展与应用极大地扩大了对消费电子类产品的需求，为消费电子行业带来了前所未有的新机遇。一些小众品牌和互联网企业开始崛起，市场竞争已从以往的性价比竞争转向精品化、差异化的竞争。在此背景下，许多企业也纷纷开始进行数字化转型，以消费者为中心的个性化定制将成为众多非电子企业转型的方向之一。

（一）个性化生产

1. 定制迎合新趋势

用户对个性化的追求是智能时代下人们新的消费趋势，由此，一批根据用户喜好需求而进行定制化生产的企业应运而生。

在传统的电脑消费过程中，用户只能被动地选择电脑配置。广州某网络科技公司研发了为用户定制的电脑，配置了水冷系统让核心配件降温更快速。用户可以在网上下单，选择不同参数的硬件配置，然后公司根据客户需求再来定制组装电脑。这为用户带来了独特的体验。

除了依靠个性化定制获得独具特色的产品外，随着 3D 打印技术的发展，越来越多面向普通消费者个性化定制需求的家用 3D 打印机产品正在涌现。父母可以在家中和孩子一起设计玩具，然后将产品打印出来，极具体验感与趣味性。

无论是网上下单，依托企业进行个性化定制，还是依托 3D 打印技术，自己动手进行个性化定制，其体现的都是正在悄然而生的消费新趋势：个性化、场景式、体验感成为消费者越来越看重的因素。

2. 定制引领智慧生活

面对个性化的消费趋势，一些大企业也开始转向个性化生产。老牌家电企业海尔近年来便建立了可视互联工厂，一改传统工厂封闭的模式，与消费者直接对接，让消费者可以自由选择产品的容积、款式和功能等，进行个性化的产品定制。

海尔为应对"互联网+"推出了一系列个性化定制服务，已经成为引领智慧生活的先锋。海尔基于用户体验进行的交互设计给予用户细微的关怀，旨在实现智慧生活的理念，从而引领智慧生活圈。海尔提供的不仅仅是一件件家电单品，而且是一站式的服务方案——从家电到智慧生活圈、从家电定制到全流程可视的互联网工厂。目前，海尔已初步形成共创、共赢生态圈的平台效应。

如今，由于空气环境的复杂性以及人们生活品质的提升，人们对空调的需求已经不再局限于温度控制的基础功能，而产生了智能、香薰、除甲醛等更多个性化的需求。用户需要的已不再是传统的硬件产品，而是系统化的智慧空气解决方案。针对空气环境的新变化和用户多样化的新需求，海尔给出了智慧空气生态圈的解决思路。该生态圈是由海尔首创的个性化"空气套装"，通过"软件+硬件+服务"的形式，根据不同用户的需求组合出个性化的健康空气，从卖空调转变为给用户提供室内空气净化的体验。

3. 定制推动服务创新

国内手表行业的名牌产品罗西尼手表，以特有的简约风格和内涵吸引了亿万消费者的目光。公司自1984年成立以来，在短短几年时间里不断发展壮大，从产品单一的表壳加工厂发展成了具有专业设计能力的制表公司，形成了较大的国际影响力。罗西尼在定制表方面成绩卓著，接受了几十万只国内外定制表的订单。罗西尼手表也曾多次作为国家领导人出访时赠送给外国领导人的礼品。

近年来，公司也推出了个性化定制的服务。顾客可在官网上自主浏览，选定产品后，公司会根据用户要求在后盖、表壳、表带等位置刻上定制的标志或文字，之后由相应的部门将设计图纸提交给用户确认，双方对设计方案都满意后即可进行定制制作。

罗西尼通过产品的服务体验设计为用户带来了全新的手表购物体验，也通过定制的个性化服务为企业带来了更多的利润。

（二）客户数据驱动

1. 自动驾驶转向客户数据驱动

根据佐思汽研发布的《2022年中国自动驾驶数据闭环研究报告》，自动驾驶发展正在逐步从技术驱动转向数据驱动。如今，自动驾驶传感器方案及计算平台已逐渐趋向同质化，供应商的技术差距也越来越小。

自动驾驶技术的迭代一直在快速推进。对于自动驾驶，数据贯穿于研发、测试、批量生产、运营和维护的整个生命周期。随着智能网络连接的汽车传感器的迅速增加，ADAS和自动驾驶汽车数据生成量也呈指数级增长。未来，只有数据驱动的汽车产品进化到满足用户的个性化需求，汽车生产企业才能走得更远。

2. 智能创意设计推进用户客制化能力

随着现代车企的技术迭代，汽车生产企业也面对着用户越来越多样化、个性化的产品需求。在以往，客户往往只能前往线下门店，通过实地沟通协商的方式完成对自己所选车型的个性化定制。受传统生产流程的局限，一方面，客户的个性化定制十分受限，用户的个性化需求只能在很小限度上满足。另一方面，个性需求往往需要付出多达数月甚至更多的时间成本。因此，汽车生产企业需要通过新的信息技术和流程将生产端与销售端直接相连。

以电动皮卡车生产商Rivian的网页定制化下单系统为例，用户可以在官网自由选择定制化内容，包括所选车型的车漆颜色、内部装饰主题，甚至各种车载配件。所有已选择方案都会实时同步在页面左侧的3D展示窗口展示，用户可以随意拖动鼠标右键，直观地看到所选方案的360度效果图。所选方案的总价也能实时更新。用户选定并付款后，生产端就能直接收到相应的生产需求，同时自动化的生产线也能根据个性化的定制内容进行生产。

3. 智能创意设计促进多样化产品涌现

Soundscape 耳机是一款通过众筹方式推出的创新产品，为音乐爱好者们带来了个性化与模块化定制的乐趣。Soundscape 耳机由 AXEL 团队开发。该团队一致认为，音乐是一种高度主观的体验。每个人对于音乐的喜好各不相同，因此需要一款合适的耳机来满足用户的个性化需求。不论是注重细节的交响乐迷，热衷于节奏感的说唱爱好者，还是追求充满动感的摇滚迷，Soundscape 耳机都提供了模块化定制的功能，以实现不同的用户群体对音乐的追求。

Soundscape 耳机的设计考虑了人体工程学原理，并与头部尺寸相适配，使佩戴体验更加舒适。它采用可更换的头梁和衬垫，以确保最佳的佩戴感受。此外，耳机的头梁还集成了 LED 灯光，为用户带来炫酷的效果。针对不同音乐类型，Soundscape 耳机专门设计了 3 种不同的扬声器单元：Deep、Pure 和 Core。Deep 模式强调节奏感，使人沉浸在音乐的韵律中；Pure 模式注重音乐的细节，让用户能够更好地感受音乐的层次和细微之处；Core 模式则适用于流行和摇滚音乐，可带来充满动感的音乐体验。

此外，用户还可以在其账号中导入自己的音乐偏好，并从 1200 种组合中选择最适合自己的音效。这使得用户可以更加有针对性地定制耳机，以实现欣赏不同类型音乐的最优体验。总之，Soundscape 耳机通过个性化定制的设计理念，为音乐爱好者们带来了独特而卓越的听觉体验。无论用户对哪种类型的音乐情有独钟，Soundscape 耳机都能满足其需求，并打造出独一无二的音乐世界。

（三）产业业态创新

1. 智能创意设计驱动新制造模式形成

在互联网的浪潮下，网络汽车服务已逐渐成为未来汽车工业的大方向，对汽车服务业产生了深远的影响。奥迪已经在智能工厂中使用小型和轻型化的机器人来取代工人，进行琐碎零件的安装固定工作。

有别于现阶段传统的抓取机器人，奥迪智能工厂生产发明的抓取机器人使用的是柔性触手。柔性触手的结构类似于变色龙的舌头，可以更加灵活地抓取零件，甚至螺母、垫片等细微零件也可轻松抓取。奥迪柔性装配车配备了多个机械臂，能够按照既定程序准确地识别位置并拧紧螺丝。与此同时，车辆还设有装配辅助系统，用以提示工人在何处进行装配，并能够检测最终的装配结果。尤其在一些需要人工参与的线束装配任务中，装配辅助系统可以指示需要进行人工装配的位置，并对最终装配结果进行检测，以确保产品质量，避免残次品的出现。

总的来说，奥迪柔性装配车中的机械臂和装配辅助系统相互配合，为装配过程提供了高度自动化的辅助支持。这种智能化的装配系统不仅提高了效率和准确性，还保障了产品质量，预防了残次品的产生。在奥迪汽车生产中，这一先进的装配技术为实现高质量和可靠性的产品制造做出了重要贡献。

2. 智能创意设计加速工业 4.0

近几年，随着工业设计的迅速发展，传统资本或企业驱动的制造模式已逐步转变为设计驱动的新制造模式。

吉利汽车西安的制造基地建立在工业 4.0 的综合结构上，是世界上第一个全车系、全能源、全架构的超级智能工厂，也是吉利汽车目前智能化程度最高、工艺最先进的整车生产基地。

智慧工厂又称黑灯工厂，即在黑暗的条件下依然可以高效运转。它的生产操作由高度自动化的机器人及其他高科技设备按照程序要求自动完成。与传统工厂相比，智能工厂最大的不同之处在于自动化、全车型以及数字化。在这个占地 2260 亩[①]、总投资超过 100 亿元的黑灯工厂里，除了有机器

---

① 约为 1.51 平方千米。

人可以替代人类提升生产效率之外，还配备了许多运用先进设备、技术和工艺的车间，可以满足吉利汽车三大平台、六款车型的柔性自动智能化共线生产需要，而且仅需 1 分钟便可实现从全自动转台到车型的切换，改变了传统生产线一线一车的作业模式。

3. 能创意设计促进用户共创

极氪汽车是传统车企向科技与电动化转型的代表性案例。和其他整车企业的工厂一样，极氪汽车的工厂也有冲压、焊接、涂装、组装四大工艺车间。其中，焊装车间实现了高度自动化，配有 380 余台柔性机器人，焊接自动化率达到 100%，其利用智能自适应焊接控制系统，形成了焊接质量参数一车一单式的管理。

极氪汽车以"5G+"工业互联网技术为载体，打造了智能、绿色的智慧工厂，将智能制造发挥到了极致。作为一家用户型企业，极氪汽车基于极具创新性的用户思维和商业逻辑，在工厂的设计理念上与其他汽车工厂具有明显的差异。极氪汽车的工厂采用直接面对顾客的设计理念，并将此理念贯穿顾客的高端定制到生产交付的全流程。

极氪汽车以"共创极致，智能守护"为核心理念，并借助大数据和智能数字化技术，通过"极氪伙伴"连接用户的整个生命周期旅程场景，实现内外部资源的无缝对接，全面满足用户的需求并优化资源配置，实现精准的服务接入。在服务过程中，"极氪伙伴"时刻倾听用户的声音，收集反馈意见，进而打造出独特的服务，推动内部团队不断进行服务迭代和升级。极氪汽车已在全国十多个城市建设了极充站、超充站和轻充站，并不断完善其补能体系。此外，通过与第三方充电资源合作，极氪汽车正在扩展其全国范围的充电服务体系，旨在为用户提供更加便捷的服务体验。

4. 智能创意设计成就小配件大贡献

随着科技的不断进步，用户对汽车舒适度和安全性的要求不断提升。这也推动着汽车行业向智能化、电子化和网络化方向迈进。现如今，汽车正在逐渐融入先进的科技，以满足用户对于高水平舒适性和全面安全性的追求。智能化技术、电子化系统和网络化功能正在成为汽车发展的重要趋势。

宁波帅特龙集团曾为国内最早的汽车制造厂（长春汽车制造厂）的第一代红旗汽车生产配套烟灰缸，一做就是30多年，把这个看起来极其普通的小物件做到了行业顶尖。作为国内汽车内饰件行业的隐形冠军，帅特龙设计研发制造的产品覆盖汽车八大内外饰件的上千个品种，从车载烟灰缸到车用门扣手，再到阅兵仪式上红旗车的副仪表板、杯架和车标。帅特龙通过产品的研发创新和技术的转型升级，作为一家集设计、研发、制造、销售汽车功能性内外饰件汽车零部件于一体的国家高新技术企业。

帅特龙董事长吴志光认为，帅特龙能成为制造业企业单项冠军的核心竞争力在于对尖端技术的执着追求。为了进一步增强企业核心竞争力，帅特龙成立了技术创新中心，专注于汽车电子与智能新技术的研究，不断提高自主创新能力，积极推进创新产品的研发和落地以及产业化发展。结合用户对于汽车配件的控制需求原理来进行硬件设计，不仅提升了新领域高科技产品的综合竞争力，还积极拓展了产业发展格局。

（四）新能源，新动能

在新能源汽车时代，技术的革新引发了汽车结构与功能以及人们出行方式等方面的重大变化。这种变化给汽车设计带来了前所未有的机遇和挑战，使设计成为汽车研发工作的重要部分。在这个时代，国内汽车制造商面临着无法借鉴的局面，它们必须自行摸索并建立起一套独特的设计哲学，打造具有国际水平的设计产品，以满足消费者对于高水平外观的期望。

1. 智能创意设计带来全新车身形态

在新能源汽车时代，技术革新引发了人们出行方式的变革以及汽车结构与功能的变化，也使得汽车设计面临着前所未有的全新机遇和挑战。近年来，随着消费水平的不断提升，颜值对于消费者决策的影响越来越大。因此，作为新能源汽车的引领者，比亚迪汽车始终将设计作为研发的重头戏，明白只有构建属于自己的设计哲学，才能更好地满足消费者对高颜值的期待，从而打造国际化的设计产品。

比亚迪汽车的全新设计语言Dragon Face展现了西方现代工业设计理念与中国传统文化在美学方面的融合。这一设计语言首先应用于比亚迪的宋MAX车型和王朝概念车上，并取得了积极的市场反馈。随后，比亚迪汽车推出了全新一代的唐、秦Pro、元、宋等车型。这些车型都延续了Dragon Face的设计语言，并赢得了广大中国消费者的喜爱和认可。Dragon Face设计语言的成功融合展示了比亚迪汽车在创造独特外观美感方面的引领地位。它将中国传统文化与现代汽车设计相结合，为消费者提供了独特而备受欢迎的汽车选择。比亚迪汽车以Dragon Face设计语言为品牌注入了新的活力，同时也展示了中国汽车设计的创新能力和实力。

唐、宋、元车型都是以朝代来命名的，它们的造型设计也同样存在着朝代的元素。这也正是文化的体现。甚至如秦、元的前脸，还有一点汉字"秦""元"的意味。这些车型和它们的名字一样，将印象、科技、文化的理念融合到设计之中，将科技前卫的外观设计与中国元素融于一体，彰显了中国的文化，独特夸张的造型让人过目难忘。造型设计对许多科技元素的运用，也与比亚迪科技创新品牌的特质形成了很好的呼应。

2. 智能创意设计带来全新驾驶体验

作为国产智能电动汽车企业的代表之一，2022年8月10日，小鹏发布了其新一代电动汽车G9的内饰图。其内饰整体采用环抱式座舱设计，通过经典的暖棕配色搭配具有光泽感的皮质材料，打造出豪华高级之感。中控区域的大屏也十分醒目，采用了"中控+副驾娱乐屏"的设计，配合小腿托以及自带冷暖光调节的化妆镜，可以通过座椅位置的调节实现"一键入镜"，并能够独立记忆化妆习惯坐姿，为副驾驶的女性用户提供舒适的出行体验。

此外，G9使用了行业内首个量产的基于3D UI人机交互系统，其高清智能联体大屏能实现信息流转共享。该系统运用感知技术，将真实世界呈现为立体画面，并投射到车机屏幕上，实时显示驾驶相关信息。在语音交互方面，G9配备了全新的全场景语音系统，能够实现四音区对话，并将本地语音功能嵌入车机系统，即使没有网络也能正常对话。此外，G9还搭载了"Xopera小鹏音乐厅"，配备了丹拿原厂Confidence高级音响系统，并融合了杜比全景声技术和7.1.4多声道音乐系统。

G9将杜比全景声技术首次运用于车内影视、音乐、冥想、功能音效等多种场景，并通过硬件与软件之间的相互协同，实现座椅、氛围灯、空调与香氛的联动，为用户打造前所未见的沉浸式全场景5D体验。

3. 智能创意设计推动智能座舱落地

现阶段，传统座舱正逐步实现向智能座舱的转变，手势控制、语音识别、HUD等功能也在不断丰富。在软件定义汽车的背景下，智能座舱可以集成更多的信息或功能，让用户拥有更直观、更个性化的体验。未来，汽车的整个电子电气架构将发生变化，传统的分布式ECU将向集中控制的方向发展，并最终向车载中央计算机发展。

吉利汽车车联网技术总工程师蒋爱强认为，真正的智能座舱并不是功能上的一味叠加，而是在功能的精细化和人性化等方面进行提升，从而为用户打造出极致的交互体验。现阶段，智能座舱正在围绕交互升级、功能提升、环境优化、互联互通等方面进行全面升级，以实现场景化功能推送以及内饰设计优化。然而，随着智能座舱的功能不断增多，子系统也会越来越多。这时，智能座舱就需要根据用户的感知体验，结合车型的市场定位，来进行相应的硬件创新及其配置组合的升级。

未来，智能创意设计将推动汽车内饰朝着智能化方向发展，主要通过出行、娱乐、交互体验、个性化、安全监控与生态互联六大维度来丰富智能座舱的软件体验，从而做到从硬件、软件到服务的全方位升级。硬件的升级能提高人、车和环境的感知能力，增强车对外界环境的感知。软件的升级意味着加强智能化、人性化、生态化、场景化的设计理念，打造多模态交互的应用，为用户带来更加友好的交互体验。服务的升级将围绕出行、娱乐、个性化、交互体验、安全健康、生态互联六大维度，关注用户群体的差异化，全面提升用户的服务体验。

4. 智能创意设计打造绿色座舱体验

除了面向个人的私家车内饰智能创意设计，吉利汽车在公共交通载具内部环境的智能创意设计方面也取得了一定的突破。

吉利商用车是首批通过CN95智慧健康座舱认证的企业。其中，吉利远程E12纯电动城市客车成功通过了全部五项认证，包括清新空气、健康选材、抗菌防霉、低噪隔音、电磁洁净。吉利远程E12纯电动城市客车是一款具备智能属性的5G智慧车型。除智能和环保的特性外，健康座舱的称号也同样实至名归。同时，车辆还应用低温等离子灭菌技术，与新风系统组成整车复合净化系统，实现了快速除菌、除味、去除有害气体，创造了清新、健康的驾驶空间。

由于车厢是一个相对密封的环境，灰尘和污垢等容易附着在内饰材料的纤维上，从而滋生细菌病毒，对人体健康造成不良影响。吉利远程E12纯电动城市客车通过使用抗菌抑菌的内饰材料，可以有效防止座舱内细菌、病毒等滋生。除了外在可能存在的细菌和病毒，制造过程中一些有害化工物质的使用也会同样引发健康风险。吉利远程E12纯电动城市客车确保在乘客可接触的部位采用不含铅、汞、铬、镉等6种有害物的健康材料，在保护环境的同时保障乘客的安全。

基于此前健康车的研发经验，吉利远程客车事业部通过广泛的调研，应用智能创意设计，专注于客户最为关注的主动测温拦截、空气净化等功能，提供了一套完整的解决方案，实现了测温拦截、可疑人员循迹、实时监控、实时调度、危险预警等功能。

（五）虚实转换

数字智能制造技术的快速发展和应用推动了制造业的转型与创新。通过将虚拟现实、增强现实、全息成像和裸眼3D等核心技术与大数据、物联网、人工智能和区块链等技术结合，制造业可以实现更高效、更灵活和更个性化的生产方式。这种数字化技术的渗透使得制造业可以在虚拟空间中完成物理世界的操作和交互，大大提升了制造过程中的效率和质量控制水平。

未来，随着数字化技术的进一步发展，制造业可能形成以"平台/场景＋产品/服务"和"IP＋定制"为核心的商业模式。通过构建数字化的生态系统和产业链，可以培育出一批优质的数字智能制造企业，从而形成新的产业格局和发展生态系统。移动互联网和元宇宙等数字化技术将继续推动制造业的变革和创新，使得制造业能够更好地适应快速变化的市场需求和消费者个性化的需求。

1. 智能创意设计提高制造业虚拟化应用效率

英伟达数字汽车厂可以通过利用数字化技术和虚拟现实技术，极大地提高汽车制造商在设计规划、组装生产和车辆测试方面的效率。英伟达数字汽车厂基于物理性质的Omniverse虚拟汽车工厂世界，提供了一个虚拟环境，可以模拟真实的制造场景和操作过程。在这个虚拟世界中，汽车制造商可以不断地训练机器人。这些机器人具有各种尺寸和形状，可以模拟手提袋、取放臂、叉车、汽车或卡车。通过虚拟训练，机器人可以学习如何高效地执行各种任务，从而提高生产线的自动化水平和生产效率。

宝马（BMW）也与Omniverse合作建立了一个数字工厂，模拟了整个Omniverse虚拟世界，并创建了宝马汽车的数字双胞胎。在这个虚拟环境中，机器人和人类可以共同协作工作，以更高的效率完成制造任务。这种合作模式可以缩短生产一辆完全定制的宝马汽车所需的时间，甚至可以在不到1分钟的时间内完成。

2. 智能创意设计丰富制造产品多元空间体验

随着智能时代的到来，汽车将从单纯的交通工具转变为使用方式多样的移动空间。MINI极具代表性的一款概念车（Vision Urbanaut）的前脸和车尾由LED像素点状屏组成，用数字化的方式演绎光与色彩，是一款充满年轻感和未来感的出行工具。

MINI Vision Urbanaut概念车的使用场景多变，以回归到家的状态为核心，可以在放松、沉浸、游玩等场景模式中自由切换。用户可以躺在像沙发一样的座椅上和朋友聊天，抑或是随着内饰色彩和模式的变换享受独处的静谧。MINI Vision Urbanaut希望打造出的多感官互通式的场景体验，正是当代年轻人追求和向往的生活方式。

3. 智能创意设计促进制造业车企数字化转型

随着智能化和数字化的快速发展，车载AR-HUD（auqmented reality head up display，增强现实与抬头显示的结合）技术作为一种创新的交互方式，为驾驶员提供了实时的车辆信息和导航指引，提升了驾驶安全性和用户体验。

车载AR-HUD技术可以将导航指引、车速、车道偏离警示等关键信息以虚拟的方式投影到驾驶员的视野中，使驾驶员可以将目光保持在道路上，减少视觉转移和注意力分散的情况，提高驾驶安全性。此外，还可以为驾驶员提供个性化的信息显示和交互界面，如个性化导航、车载娱乐和智能助理等。这种个性化体验能够满足驾驶员的特定需求，并提供更加舒适和便捷的驾驶体验。

随着AR-HUD技术的不断发展和用户体验的提升，大众ID.3、ID.4和奥迪Q4等车型已经采用了AR-HUD技术，并且几乎所有新车都已规划使用AR-HUD技术，使AR-HUD技术成为汽车电子领域的热门话题。可以说，AR-HUD已经成为抬头显示系统的终极发展方向。大众汽车的AR-HUD系统由两个主要部分组成。上半部分的远距离显示器视距约为10米，显示区域的直径达到了1.8米，能够以3D动态效果呈现驾驶辅助信息和重要的导航提示。下方的近距离显示器视距约为3米，用于显示车速、导航、道路标识和驾驶辅助等信息。尽管它不具备3D或动态效果，但仍然能够有效地提供相关信息。通过提升驾驶安全、个性化用户体验和优化车辆设计与人机交互，车载AR-HUD技术将重塑汽车行业的商业模式和产业格局。

展望未来，随着虚拟现实、增强现实和数字化技术的不断进步，车载AR-HUD技术将进一步发展和完善。与此同时，车辆制造商将与数字智能制造企业紧密合作，推动车载AR-HUD技术的创新应用，并开拓新的商业模式和服务领域。此外，车载AR-HUD技术的广泛应用还将影响整个产业链。从供应链管理到车辆设计和生产制造，数字化技术的应用将提高效率及质量控制水平，并促进产业链上下游的协同发展。优质的数字智能制造企业将在这一新的产业格局中崭露头角，形成新的生态系统。在不断应对挑战和推动创新的过程中，车载AR-HUD技术将为未来的出行方式带来更多的便利和智能化体验。

（六）新技术，新应用

在智能创意设计的浪潮下，制造业正经历着前所未有的转型与升级。新技术的不断涌现和创新应用的推动，为制造业带来了广阔的发展空间和无限的可能性。其中，无人机技术作为一项颠覆性的技术创新，正在迅速拓展制造业的边界，为各行业带来了全新的场景和应用领域。在丰富新的行业场景和突破技术边界方面，无人机技术取得了令人瞩目的突破性进展。

无人机不仅在航拍摄影、物流配送等领域发挥着重要作用，而且在农业、建筑、环境监测等领域也展现出巨大潜力。通过无人机的高空俯瞰，制造企业可以获得更全面、精准的数据，从而加强生产过程的监控和管理，提高效率和质量。同时，无人机集群技术的突破也为制造业带来了新的可能性。通过无人机之间的协同工作，可以实现更高效的生产和物流管理，更灵活地执行任务。这些突破性的进展为制造业带来了前所未有的机遇和挑战，标志着行业正处在一个全新的发展阶段。

1. 无人机技术丰富行业场景

当前，我国无人机技术发展迅猛，迎来了广泛的行业应用，智能创意设计也协助无人机技术拓展出了许多新的行业场景。

（1）智能创意设计加持无人机，增强植保潜力

我国农业生产正处于向机械化现代化转型的关键时期。由于我国耕地较为碎片化，地势地形也十分复杂，不适合传统的大型农机作业方式，因此无人机发挥了很大的作用。

大疆农服是世界范围内植保无人机企业中的佼佼者。在山西吉县，人工作业因为人力不足，渐渐无法持续，而农业产业化的兴起，则使得规模化作业成为可能。禾文植保队的CEO李耀看到了无人机代替人工进行植保作业的巨大潜在市场，于是成立了以现代农业为核心的公司，主打植保无人机的销售和作业，在吉县的3个月里为约5万亩[①]苹果树提供了植保服务。

不仅是李耀看到了潜在市场，吉县当地的管理者也发现了无人机作业的优势。吉县海拔高，温差大，而且红土层厚，所以非常适合苹果生长。但是当地的果农也同时面临着两大瓶颈问题——人力和水资源的缺乏，而植保无人机作业恰好可以缓解甚至解决这两个棘手的问题。使用无人机喷药可以节省50%左右的化肥和植物农药，以及90%左右的用水量。由于节省了大量的人工和农资物品，使用无人机作业的成本比人工作业成本低50%左右，而且效率大大提升，为村民带来了巨大的便利。

（2）智能创意设计加持无人机，助力光伏产业发展

太阳能电池板一般由p-n结构构成，并通过光电效应发电。其结构具有单向导电性。由于太阳能电池板本身具有电阻，当硅片不清洁或堵塞时，相应的部分会成为电路负载，消耗电流，形成热点，导致其他部分的电池块过热，从而降低发电效率，甚至在严重的情况下，还会导致太阳能电池损坏。但是传统的热点检测大多依靠人工工作，这有很多不便，同时需要大量的人力来检查光伏布局。由于人工限制，漏检也很常见。利用无人机携带的红外热成像仪拍得的红外图像，可以通过分析处理快速高效地完成

---

① 约为33.33平方千米。

大面积光伏电池热点效应检测。

西安热工研究院有限公司的工作人员通过使用无人机解决了光伏热斑检测的难题。无人机光伏热斑检测适合在天气晴朗、无风的环境下进行。光伏电站采用多晶硅光伏组件，工作人员先确定待检测区域，从中选取光伏组件进行检测。随后，设定无人机的自动巡检路线，并进行检测操作。完成检测后，使用相应软件对检测结果进行分析，并生成详细的检测报告。[1] 无人机既高效又精确，可以及时发现和处理光伏组件中的热斑问题，为光伏热斑检测带来了前所未有的便利。

2. 无人机集群技术突破技术边界

浙江大学控制科学与工程学院、湖州研究院团队共同研制出一款蜂群无人机。该无人机不依赖GPS和网络，可以独立地进行计算和思考，甚至轻松躲避障碍，穿越茂密竹林。该研究论文为"Swram of micro flying robots in the wold"，第一作者为浙江大学控制科学与工程学院在读博士研究生周鑫。论文作为封面文章发表在机器人领域的国际顶刊《科学·机器人》，而后又作为封面文章刊发在了国际顶级期刊《自然》。该文章之所以能被国际刊物发表在封面，是因为解决了无人机单体在复杂环境下自主导航和无人机集群快速避障两大难题。

浙江大学团队研制出具有自主思考能力及自主导航功能的无人机，这一无人机行业的新发明直接打破了以往的技术壁垒。浙江大学控制科学与工程学院和湖州研究院团队经过2年多的研究，解决了无人机单体和无人机集群在复杂环境下如何自主导航、快速避障的问题。用来解决这一系列问题的方法并不复杂，即使只使用低性能的控制核心和传感器，也能使飞行中的无人机获得足够强的避障能力。这样，自重不超过一罐可乐的微型无人机就可以随意穿越树林或竹林，而不必担心碰撞。

在解决上述问题时，浙江大学团队没有使用包括北斗、GPS和外部预

---

[1] 杨博，谢小军，马茜溪，等. 无人机检测光伏组件热斑效应的设计与实现 [J]. 太阳能，2017(12): 61-64.

映射在内的特殊支持，也没有为这些无人机设立中央控制中心。这些无人机只需要依靠自己的传感器和处理器。当它们成群行动时，可以利用与其他无人机的通信来确认如何相互合作，快速有效地完成跨越障碍的主要任务。

显然，这种利用无人机自身系统和彼此密集通信的方式进行集群飞行操作的方法，与人们过去解决类似问题的方法有很大不同。在正常情况下，人们希望无人机避开障碍。它们大多不采用类似的视觉识别技术，或基于激光或雷达的测距方法让无人机获得准确的距离信息，以便独立确定和绕过障碍物，而是借助预先携带的地形扫描记录和高精度定位系统，提前避让。但是当地图过期或处于卫星弱信号的区域时，这种方法就无法正常发挥作用。因此，浙江大学团队研发的集群自扫描无人机所能做的远远超过了今天大多数无人机所能做的。

3. 无人机技术助力农业生产

（1）利用无人机进行遥感土壤测定和墒情测定

传统的农业遥感大多依靠卫星传感技术。随着无人机和多光谱相机的不断普及，无人机农业遥感开始应用在农业的各个方面。

使用最广泛的是大江精灵4型多光谱无人机。它是精准农业进步的成果，可以检查整个农田的植被健康状况，并测量杂草、病虫害和土壤状况。它配备了云台稳定成像系统，带有5个窄带传感器。完全集成的6波段摄像机应用起来更加方便。无人机的顶部是一个光传感器，可捕获周围的阳光并提供更准确的数据。RRTK定位模块系统可以提供有关植被胁迫的状态、土壤组成，以及水盐度和污染情况等信息。此外，RRTK定位模块系统可以提供以厘米为单位的高精度位置信息，以用于高精度测量。

（2）使用无人机收集数据进行农田监测

操作人员使用无人机多光谱版系统可以在更短的时间内看到更加宽广的区域。此外，无人机收集的数据质量远高于卫星收集的数据，不仅可以呈现更近距离的视图，而且还可以实现周期性监测。同时，无人机还能够实时处理数据，方便操作人员立即访问可用数据，从而为农田监测带来了许多便利。

（3）借助无人机进行农业种植环境监测和生态保护

利用无人机多光谱技术获取的植被数据指标，可实现作物优产、农业植保定量喷施、作物生长预测、病虫害识别等精准农业应用。无人机多光谱技术还可以用于监测没有可见光的地方，实现对水域藻类等的识别、检测及生态保护，对农业种植用地的环境污染及环境变化进行智能监控。

随着科技的进步，无人机也在逐步推动世界农业的数字化转型，可以通过定期收集和分析无人机飞行数据来获取详细的农田和作物数据。特别是在恶劣天气和极端天气情况下，农田信息的管理将更多地依靠无人机收集相关信息数据。

四、医疗与康养：老有所医，健康生活

（一）工具赋能

在智能创意设计的浪潮下，制造业正在经历着前所未有的转型与升级。医疗与康养作为重要产业，不断引入新技术和创新应用。智能创意设计为医疗与康养设备带来了全新的可能性。通过融合智能技术，如人工智能、物联网和机器人技术，医疗与康养设备变得更加智能化、便捷化和个性化。智能辅助器具和康复设备能够更好地适应用户的需求，提供精准的医疗和康复服务，为老年人和患者带来更好的生活质量。

在智能创意设计的推动下，医疗与康养设备的功能和性能得到了显著提升。创新的设计理念和工艺技术使得产品更加人性化、舒适和安全。例如，康复训练设备、可穿戴设备和仿生设备的研发不断取得突破，为康复治疗与日常护理提供了更好的工具和支持。同时，借助3D打印技术的应用，定制化的康复辅助器具成为可能，满足了个体化的需求。

智能创意设计给医疗与康养领域的制造业带来了巨大的变革。通过政策支持、研发平台和供应链的优化，医疗与康养设备得以创新升级，实现了老有所医、健康晚年的目标。未来，随着智能技术的不断发展和创新设计的不断推进，医疗与康养领域将迎来更多机遇和突破，为人们的健康提供更好的支持和服务。

1. 政策先行

为加快推进康复辅助器具产业的发展，浙江省民政厅与省发改委、省卫健委、省残联等 16 个部门于 2021 年联合发布了《关于加快发展康复辅助器具产业的实施意见》，为康复辅助器具产业提供了有利的政策环境，明确了发展的方向和前进的道路。

目前，浙江省已基本建立了康复辅助器具购买和租赁支持政策体系。在国内市场上，知名自主品牌正逐渐占据重要地位，一些极具影响力的重点骨干企业和康复辅助器具产业集群也在不断崛起。

自《关于加快发展康复辅助器具产业的实施意见》提出以来，浙江省医疗产业的的自主创新能力明显增强，创新人才队伍不断发展壮大，涌现出一批知名自主品牌、创新型重点骨干企业和优势产业集群。这使得浙江省的康复辅助器具产业逐渐形成了统一开放、竞争有序的市场环境。

未来，相关产业将进一步发展壮大，为实现老有所医和健康晚年的目标提供了更加坚实的基础和支持。

2. 平台主导

通过建立研发平台，康复辅助器具产业的发展得到了极大的便利。当前，许多高校都在加强相关学科的学位点建设，并与科研院所和高新企业合作，开展研究生培养，还共同设立了创新实践基地和康复领域院士工作站。同时，优势企业、科研单位、高校和地方政府在康复辅助器具领域创建或联合创建了重点实验室、研究院等，为医疗康复产品的研发提供了最新的理论支持。

随着康复辅助器具领域前沿技术、关键共性技术和新产品的研发，康复辅助器具企业和研发机构对通用设计、人机工程、美学创意的理解日益深入。在这一背景下，各种新型康复辅助器具产品不断涌现，包括康复及护理机器人、康复训练设备、残疾预防设备、可穿戴设备、仿生设备、3D打印技术和无障碍交通工具等。

政府对初创期和成长期的科技型中小企业给予了支持和鼓励，致力于促进企业加强自主创新，实现科技成果的产业化。在康复辅助器具领域，政府还资助制作工程样机、采购设计硬件和实验设备材料等，大力推动成果转化。创意设计也扮演着十分重要的角色，通过优化康复辅助器具工业创意设计，实现了"设计＋品牌""设计＋科技"和"设计＋文化"等新业态的发展，提升了高端综合设计服务能力，为康复辅助器具产业的发展注入了活力。

3. 优化链路

残疾人服务电商平台的建立为康复辅助器具产业服务的多样化开辟了新途径。通过互联网创新地实现产品的适配和购买，为康复辅助器具产业链的关键环节带来了商业模式和服务模式的创新，为残疾人提供了更便捷、高效的康复辅助器具购买途径。

此外，康复辅助器具生产企业也积极探索线上、线下的新型交易模式，通过借助第三方平台开展电子商务业务，进一步创新了供需模式。这种销售模式为企业提供了更丰富的市场机遇，并为消费者提供了更多选择。

政府方面也为境外康复辅助器具生产企业提供了有利的政策支持，对符合条件的科技合作项目和国际交流项目给予支持。这种支持有助于企业完善境外服务体系，加强康复辅助器具走出国门的重点项目的跟踪服务。同时，政府还鼓励企业打造知名自主品牌，并积极支持康复辅助器具产业通过国际性展会平台拓展全球市场。这一举措推动了优秀品牌和精品零部件走向省外甚至走向全球市场，提升了康复辅助器具产业的国际化水平。

4. 智能创意设计赋能森林康养

2020年，浙江省的生态旅游和森林康养产业取得了显著的成绩。其产值达到了 1150 亿元，直接带动相关产业产值达到了 1045 亿元，成为浙江省林业领域最重要的产业。康养旅游是一种以健康为主题的旅游消费形式，是通过各种手段如养颜健体、营养膳食、修身养性、关爱环境等，使人们在身体、心智和精神上达到自然、和谐、优良状态的综合旅游活动。

智能创意设计在康养小镇中的应用不仅体现在规划和设计阶段，还延伸到整个小镇的运营和管理过程中。通过运用人工智能技术和大数据分析，可以对游客的行为、偏好进行精准预测和个性化推荐，为他们提供更好的服务。同时，智能创意设计还可以与康养设施和设备相结合，打造智能化的康养环境，如智能健身社区、智能养生中心等，为游客提供全方位的康养体验。

通过智能创意设计的应用，康养小镇可以实现创新和差异化发展，提升吸引力和竞争力。它不仅能够满足老年人对健康、养生和休闲的需求，还能吸引更多的年轻人参与，推动康养产业的蓬勃发展。智能创意设计的应用还可以促进康养小镇与其他相关产业的融合，形成产业协同效应，进一步推动经济的发展和社会的进步。

5. 康养辅具突破口

目前，一些适老化产品推向市场后未能取得预期效益，其中一个原因是这些产品在特征上过于明显，忽视了老年人隐性的心态特征和需求。一些助老企业推出的居家照护和机构养老等服务产品，主要关注老年人的身体健康和生理问题，却缺少针对心理问题的疏导，对老年人常见的抑郁、痴呆、疏离和失落等负面问题的解决力度还不够。

此外，相当一部分老年人抱有"不服老"的心态，更期望产品能够悄无声息地辅助他们，而不是标榜一种老年专用的身份。只有这样，适老化产品才能从无声无息的辅助过渡到无处不在的呵护，让用户接受，让企业获益，让社会认可。

因此，适老化产品需要更加关注老年人的心理健康和心态疗愈问题，而不仅仅局限于身体健康和生理层面。产品设计应更加注重老年人的隐性需求和心理特征，提供有针对性的心理疏导和解决方案。同时，产品的呈现方式应更加隐蔽，不突出老年专用的特征，而是以一种悄然的方式辅助老年人，给予他们隐秘而温暖的关怀。这样才能真正实现适老化产品的普及和接受，让老年人在使用中感受到尊严和关爱，同时也让企业获得良好的商业回报和社会认可。

（二）设计赋能

1. 创意设计颠覆服务体验

通用电气通过创意设计，让核磁共振和冒险之旅这两个两毫无交集的词语发生了联系，并创造了巨大的商业价值及社会价值。

通用电气MRI（核磁共振）部门开发出了一款效能更高和技术先进的新产品，然而，由于其高噪声的特性，许多儿童都因害怕进入设备而需要使用麻醉药物。虽然研发人员投入了大量心血，但这台可以拯救生命的设备对于孩子们来说，却成了一场噩梦。

该部门的一名职员回到总部后，开始积极思考解决方法，并前往美国斯坦福大学参加了一个设计思维集中营。之后，他将设计思维带回公司，并与医护人员以及社区小剧院合作，一起思考如何解决这个问题。他们在设备上进行了微调和装饰，将原本可怕的核磁共振测试过程转换成了可以让小病人积极参与冒险的奇特体验。

这不仅是一个设计思维帮助个人释放创造力的故事，还是一个员工协同企业成功实现商业创新的故事。尽管没有进行太多技术性调整，但客户满意度提高至90%，需麻醉患者数量降低到10%，因此在竞争激烈的市场上获得了差异化竞争优势。

2. 3D打印赋能医疗康复

iSUN3D定制足部健康产品系统采用了基于云计算的智能3D打印技术，融合了足部康复云平台的扫描、设计、打印、线上跟踪等多个模块。该系统通过扫描获得用户足底三维数据，并将其上传至云平台。接着，由足部矫形师对云平台上的数据进行评估判断，为用户制定最适合的鞋垫设计方案，然后移交给3D打印工程师进一步设计。最终，利用智能制造中心分布在各地的专用3D打印机和3D打印材料，将鞋垫一体打印成型，为用户提供独一无二的定制化鞋垫。该系统可为用户提供高效且经济的足部健康解决方案，通过集中化的设计平台进行评估和产品设计，减小了康复医疗资源分布不均问题的影响。

3D打印定制鞋垫主要应用于医疗保健领域，已在多家医院足脊门诊及康复机构成功应用，在公益性足脊健康筛查及足部矫形领域发挥重要作用。3D打印定制鞋垫可根据用户的实际情况，利用不同的走线排列以及打印密度，实现足部不同区域、不同硬度、不同功能，既能保护足弓结构，又给予足部缓冲和稳定支撑，以满足不同类型客户的需求，实现高度便捷的个性化定制。

3. 创意设计颠覆服务体验

新零售消费方式正在引领整个消费体系的变革、零售行业升级与大健康消费需求的发展，数字化和AI智能化也成为企业在市场中获胜的重要基石。

达摩院的"足帮帮"率先推出了一云四端的智能制造解决方案，包括3D足部建模检测和AR体验等功能。基于3D视觉AI技术，"足帮帮"实现了足部健康还原检测，致力于用人工智能技术实现鞋类企业的降本增效。

"足帮帮"采用结构光扫描技术，自动提取35个特征参数生成模型，只需3秒即可完成对脚型内外翻和足弓变形的评测，然后自动生成脚型3D模型，支持3D打印和鞋垫定制。

"足帮帮"通过数字化、全方位地改造整个鞋类零售业务，重新构建了人、货、场的关系，并将数据反馈给产业，促进了产业升级。这一过程也帮助企业重新定义了内部组织的架构和文化。"足帮帮"可提供专业的测量服务，并沉淀用户的脚型数据，进而优化新品的研发和陈列。企业逐步转变为面向订单的柔性生产模式，以降低成本并提高效率。

"足帮帮"还通过科技化数字试穿来改善用户购买体验。其将 AR 技术与试鞋结合，将整个过程链接淘宝端，用户可以在手机上进行挑选、试穿、搭配、拍照、AR 试鞋和一键下单等操作，从而获得实体店般的体验。商家通过控制企业的人工客服成本，减少了大量的答疑时间，降低了退换货概率，提高了用户体验和静默下单的成交概率，优化了运营成本、物流成本和供应链管理，提高了生产效率，实现了企业数字化升级。

五、家居与家电：个性居所、情趣生活

（一）依：工具赋能

在研发设计领域，国产软件长期无法与国外竞品抗争。Autodesk、Catia、Adobe 等外国软件公司几乎统治了国内的工业设计市场。

现今，智能技术发展已经进入了一个工业化大生产的时代，越来越多的行业开始依托人工智能技术进行转型升级。[1] 科技的发展使得人的与人、人与社会、人与环境的交互变得更加自然化，用语音、手势、情感代替键盘进行输入，用触觉、嗅觉、语音进行输出……全新的场景正在改变着人们的生活方式。智能创意设计必须不断为人民居家生活体验提供新产品、新服务和新体验，以满足不断增长的用户需要和数字世界的需要。AR、VR、3D 打印等技术的成熟使得虚实结合的体验成为可能。随着技术的发展和算力的增强，VR、AR、MR、5G 等信息技术及其他人工智能技术，加之物联网、脑机接口、智能穿戴、全息投影等软硬结合技术，将通过全新的服务给用户带来多层次、实时的所见即所得的新体验。在体验经济中，以体验为中心的服务[2] 得到了广泛的关注。在智能时代，体验价值的重要

---

[1] 张凌浩. 前沿话语与体验策略：《新文科视域下的用户体验设计》书评 [J]. 创意与设计, 2021(6): 92-95.

[2] 罗仕鉴, 邹文茵. 服务设计研究现状与进展 [J]. 包装工程, 2018(24): 43-53.

性将随着社会发展而不断攀升，用户体验设计的思维与价值都将赋予新的内涵。①

1. 酷家乐：所见即所得

酷家乐是由家居行业的独角兽企业以分布式并行计算和多媒体数据挖掘为技术核心推出的VR智能室内设计平台，于2013年11月上线。酷家乐通过Exa Cloud云渲染技术，云设计、BIM、VR、AR、AI等技术的研发，10秒生成效果图，5分钟生成装修方案，实现了所见即所得的全景VR设计装修新模式。②

作为云设计软件和SaaS服务提供商，横向上，酷家乐将把所见即所得的体验推广到更多细分领域，如全面覆盖家居场景中的全屋定制、衣柜设计、橱柜设计、瓷砖设计、顶墙设计等设计产品，并从家居拓展到全空间，提供家装设计、全屋硬装、软装家居、办公空间设计等全行业解决方案；纵向上，将深挖家居行业需求，以设计为入口，对接并且全面服务家居品牌线上、线下的多种场景业态，为家居企业提供覆盖设计、营销、生产、施工、管理、供应链等场景的解决方案和服务，构建更开放的生态，实现创意设计与智能技术在大家居行业内的深度融合。

随着5G时代来临，短视频作为一种新的媒介形态正走向主流，成为众多家居品牌的营销新手段。面对时代对行业提出的升级诉求，酷家乐借助5G技术，通过视频定义下一阶段的设计展示方式，为行业注入新的生命力。其渲染视频功能于2021年2月推出，包括漫游视频、生长动画、灯光动画、模型动画等，直击主流的信息展示方式，即让设计方案"动起来"，以动态的方式将空间的美好状态更加直观地分享给用户，给用户带来全方位升级的新体验。

2023年6月推出的酷家乐AI是基于自研AI模型研发的AIGC产品，上

---

① JENSEN J L. Designing for profound experiences[J]. Design Issues, 2014(3): 39-52.
② 刘欣昌. 论新型智能室内设计平台"酷家乐"的出现对室内设计行业的影响[J]. 西部皮革, 2019(13): 108-109.

线短短 4 个月，设计师已累计出图 1500 万余次，帮助设计师打开创意思路。这是酷家乐公司在 AIGC 领域里的新尝试，也体现了智能创意设计的无限潜力。

2. 三维家（Sunvega）设计软件

三维家是以家居产业为依托，依靠云计算、大数据和人工智能等多项核心技术打造的家居工业互联网平台。其日产设计方案超过 100 万个，渲染方案图总量为 13.1 亿张，3D 楼盘户型图数量超过 500 万张，家居产品素材/模型超过 4500 万个，成为中国家装产业大数据中心之一。

三维家聚焦于大家居产业，通过云计算、大数据和人工智能等多项核心技术，以信息化、数字化为基础，为大家居产业提供云软件解决方案。其服务网点已覆盖国内外 100 多个城市，是国家高新技术企业、广州"未来独角兽"创新企业、广州市"定制之都"示范平台。三维家以 C++ 为底层开发语言，以 3D 家居云设计系统、3D 家居云制造系统、数控系统为核心，开发包含家居设计、营销、生产、管理全流程的软件系统，链接行业数字化生态，为大家居产业提供前后端一体化的解决方案，推动家居产业数字化升级，使家居设计更便捷、更真实，使家居生产更精准、更高效，帮助企业降本增效，"让家居没有难做的生意"。

在后端，三维家的 3D 家居云制造使设计效果图精准对接工厂。通过算法优化板材开料方案，还能多订单混合排产，帮助企业节省板材。三维家的 CAM 系统和运动控制系统都是建基于云的在线系统，通过不断积累的数据，其生产制造的知识图谱不断得到优化，整个生产执行也更加精准和高效。而传统的工业软件因无法留存数据，不具备此种优势。

利用人工智能技术，三维家 3D 家居云设计让家居设计变得更简单，即使是入门设计师，也可以很快做出"高大上"的效果图。三维家推出了一个名叫拟间的 VR 设计营销产品。导入户型图后，其 10 分钟之内就可以生成一个完整的 VR 设计方案，方便顾客 VR 漫游看房，虚实同屏，呈现出实际装修效果和设计效果图的对比。

3. 英伟达的模拟、协作平台（Omniverse）

2021年8月11日，英伟达宣布将向数百万用户开放全球首个为元宇宙建立提供基础的模拟和协作平台（Omniverse）。Omniverse构建了面向设计与工程的元宇宙，是一个为设计师、工程师等创造共享虚拟空间，以进行实时协作的云原生技术平台。其最大的优势在于能够实现互联互通。

Omniverse充当了枢纽的角色，开放给所有连接其平台的应用。其工作流程可以简单描述为：众多热门的DCC应用以及使用Kit为Omniverse专门创建的新应用，都能被导出USD文件格式，并支持MDL，进而通过Omniverse Connector插件创建的Omniverse门户，实现与Nucleus数据库的连接（包括几何图形、灯光、材质、纹理，以及描述虚拟世界及其演变的其他数据），最终可以实现众多内容创作应用的使用和连接。Omniverse还创建了APPs来展示它在不同工作流程中的功能。APPs不仅本身是一款实用工具，还可作为起点，使开发者在其基础上构建、扩展或创建自己的应用。

Omniverse能帮助解决数据协同、团队协作、大数据、数据资产的安全性方面的核心痛点。Omniverse通过通用3D格式USD打通了各个软件工具，并通过自己在图形渲染等方面的技术优势，为这些软件工具的使用与互通提供算力支持，从而加快数据传输与转换的速度，减少软件使用时卡顿、延迟等问题，进一步提高了实时协同的工作效率。

（二）感：多元体验

1. 智能创意设计赋予生活厨电情感共鸣

随着生活水平的提高，基于单身经济下新消费热点，"天猫正当红"连续2年助力厨电行业布局新兴市场，聚焦一人食场景的消费需求，以智能创意设计为工具，提供多样化厨电设计及一站式解决方案。一人食场景的主要消费者为"90后"或"95后"，除了关注性价比外，他们非常关注厨房小家电是否智能化以及具有高颜值。这促使供给端的产品设计往更美观、更创意以及向更智能的方向发展。萌潮化、时尚化、社交化、个性化的设计给予消费者新的感官刺激，进一步推动了厨电向年轻消费群体渗透，实现了厨电产品从功能属性到消费属性的转变。

（1）强调情感化设计，融合数字化创新

情感化设计通过柔和、拟人、IP跨界的设计手法，拉近了产品与消费者的距离，从而实现了用户与产品的情感沟通。产品形态以可爱、圆润、极简为主，形态简单，造型细节亲近人，充分考虑到人们操作的便利性。

以天猫小家电行业为例，通过数字化洞察，精准把握消费者需求，联合 Alibaba Design 发起新商品孵化模式，向阿里巴巴相关平台商家提供全案设计能力。基于智能创意设计，商家通过创新中心提供的全链路新品孵化支持，打造行业超级爆款新品。

（2）智能创意设计满足用户需求

方太作为中国市场上为数不多靠研发和产品取胜的本土企业，自创立之初，就立志要打造中国人自己的高端品牌，以不贴牌、不代工、不打价格战为准则，专注于为中式厨房提供高品质的体验。

秉持着用户体验至上的信念，方太在设计语言、产品组合、物联网战略等方面探索如何为中国人提供更优质的厨房生活。方太对40多个城市的1000多户家庭进行了实地深度调研。在和不同类型的中国家庭共同经历从洗菜到洗碗的全过程之后，方太梳理出人们在烹饪的不同阶段对水槽功能的不同需求，推出了全球第一台专为中国家庭设计的水槽洗碗机。这款产品一经上市就受到广大中国家庭的喜爱，斩获了国内外诸多设计大奖，打开了国内洗碗机的市场。方太也成为消费者心里水槽洗碗机的代名词以及中国厨房的新时尚。

现在，方太已是中国高端厨具品牌的引领者。它的集团总裁曾提出创新"三论"——仁爱、有度和幸福。实现这三个词语要以创意智能设计思维为导向，观察用户，体验同理心，以仁爱之心看到别人看不到的机会，以有度之法解决问题，实现用户幸福生活的目标。

2. 智能创意设计拓展生活空间

（1）模拟建筑的虚拟化构建

英伟达率先布局了模拟建筑，致力于减少能耗和优化性能。英伟达CEO黄仁勋表示，在现实世界构建物理建筑之前，可以在虚拟世界中先设计一个物理建筑的模型，在完全数字化的世界中训练机器，模拟照明条件，并模拟如何分配空调，以减少能源消耗。美国著名建筑公司Bentley搭建了一个名为iTwin的新平台，可用于使用3D模型在施工完成后建筑的整个生命周期中监控和优化性能。Bentley是英伟达为元宇宙建立提供基础的模拟和协作平台（Omniverse）的合作伙伴，也是Omniverse在模拟桥梁上的应用。

（2）虚拟房间的商业场景拓展

通过AI技术创建人物，可在教学、社交、医疗等领域产生价值。贝壳找房数年前就开始研发VR技术。基于对行业的深度理解和领先的三维重建、AI技术，贝壳找房把线下的物理空间复刻到线上，在国内率先实现了不动产领域三维实景模型重建和VR技术的大规模应用落地，打造了VR看房、VR讲房、VR带看等沉浸式看房体验。用户可以在VR视野中720度自由行走，对户型结构、装修、空间尺寸等信息一目了然，并获得图片、文字、直播等无法带来的方位感与空间感。

一位当代艺术家设计了全球首个数字NFT虚拟房间，并以330万元的价格在NFT市场上售出。购买者戴上AR或VR眼镜就能享受色彩斑斓的数字环境，并在虚拟的室内环境中关注自己的精神健康。

（3）家居购物的体验改善

2021年，全国至少有30余家大型家居销售场所关闭，其中包括中国家居销售行业的龙头企业红星美凯龙、居然之家等。2022年4月，宜家家居在中国市场陆续关闭了上海、贵阳等多地的线下门店。不仅如此，全国许多大型家居销售场所也相继被曝出停业的消息。家居实体店的纷纷关闭揭示着实体卖场当下面临的严峻挑战，也宣告着过去"线下体验、线上购物"的家居产品购物方式将迎来新的转变。随着家居产品线上化趋势的加强，互联网家装定制领域也迎来了飞速发展。电商销售在优化产业链的同时，也使得家居销售模式发生了巨大变化，从传统线下渠道转向"线上+线下"。例如，小红书、抖音、微信公众号、快手等线上平台正在积极分流，并且整装和整家定制等服务也在抢占流量。

在实体家居卖场经营惨淡的同时，"线上+线下"体验更好地服务消费者，优化了消费者购物时的体验。比如，IBM和美克家居签署了战略合作协议，联合推出名为Lifestyle Advisor（家居生活顾问）的APP。该应用是一款针对高品质家居生活产品销售企业零售店互动营销的应用。三方优势整合，全面提升"互联网+"时代下的个性化家居生活体验，并改善消费者的家居购物体验。

Lifestyle Advisor作为一款移动应用程序，在购物的场景中充分发挥了移动终端的优势。这款APP集中了产品演示、家具换装和搭配、下单等功能，还能针对消费者的消费特点进行个性化分析和推荐。商家可以根据需求对这款APP提供的家居生活顾问形式进行定制开发，以实现更多的消费场景延伸。比如，产品展示和3D试摆功能除了在传统卖场使用，还可以延伸至咖啡厅、书店、俱乐部等各类场景，突破原有的家居产品消费场景，产生新的家居产品消费场景，使消费者可以随时随地挑选心仪产品。

除了能够拓展新的消费场景之外，利用Lifestyle Advisor还能跟踪并收集消费者在导购引导下的家居产品浏览以及购买过程中的具体数据信息，包括消费者中途放弃购买或最终完成购买的全过程数据。这些重要的数据将反馈给APP后台进行分析和处理。分析结果可以对产品的定价以及产品的设计发挥重要的指导作用，让消费者的意见和体验真正与产品融合，对产品产生影响，形成"设计—开发—销售"的闭环。Lifestyle Advisor还能通过大数据对消费者的购买行为进行分析和归类，最终反馈在之后的销售过程中，帮助导购为同类型消费者提供精准的产品推荐服务。

2. 智能创意设计精致生活细节

随着经济的飞速发展，消费者的生活品质得到了大幅度升级。现代家居生活倡导智能场景布局，万物互联成为家居行业发展的新指标，家电产品、生活产品也从最开始的实用性、功能性过渡到了幸福体验、美好品质的高标准，家庭场景的个性化、智慧化布局也成为重要趋势。

三翼鸟作为2020年9月海尔发布的智慧家庭场景布局品牌，可针对用户的体验需求，科学、合理地对居家场景进行布局，并提出定制化的解决方案。三翼鸟提供从平面到空间立体的布局，让有限的空间得到最大限度的利用。

就用户而言，三翼鸟本着为用户负责的原则，满足其个性化定制的需求。各地设计师协会推荐出优秀的设计师后，设计师将与海尔旗下的各类门店展开合作，将订单量和各个方案的用户满意度作为考核标准。设计师有机会通过后方成为三翼鸟黑标联盟设计师即超级合伙人，建立与三翼鸟的长期合作关系，享受三翼鸟平台提供的双向佣金，从而为用户定制符合地域文化、偏好、习惯的特色化场景方案。

三翼鸟黑标联盟的成立，让设计师不但可以获得学习交流的平台，而且可以结识其他优秀的设计师，从而相互学习交流，扩展人脉，锻炼自己的技能，更好地提高自己的能力和价值。三翼鸟还为设计师特别提供了高效的数字化工具，改变了原来设计师面对单一客户的局面，真正意义上做到了从点对点到点对面的服务转换，从而扩大了设计师的服务圈层，同时为客户的个性化智能家居设计提供更高效、便捷的通道。另外，三翼鸟黑标联盟依托海尔品牌的背书，以海尔全品类产品为设计对象，再加上海尔强有力的售后保障，真正意义上实现了设计师和三翼鸟的双向努力。

（三）塑：智能场景

1. 以"APP+"智能应用模块支持个性的生活场景

在智慧家居领域，智能场景的建立通常是通过"APP+"智能应用模块来实现。智能应用模块主要以互联网、物联网等技术为支撑。为了满足用户的个性化需求，即便是物物相连的智慧家居仍然需要通过各种智能终端设备监测、记录、了解用户的日常行为和生活习惯，并充分利用大数据和云计算来分析、挖掘用户的生活规律，最终提出最贴合用户习惯的服务方案，从而提供智能化、个性化的家居生活体验。

安心加云联智慧生活作为全屋智能家居设备的管理控制中心和交互平台，能够支持数百种不同品牌的智能家居产品与电器的接入。该平台可以实现全屋智能家居设备的互联、互通、互动，记录用户生活数据，并根据这些数据实施智能联动的家居解决方案。同时，该平台可为用户提供智慧社区、智能家居服务等移动应用产品，让用户享受智慧生活带来的便利。在楼房交付前，可以进行智能家居多种个性化场景搭配调试部署。当用户登录APP后，可以一键触发场景实现，并按照自己的需求组合常用的设备指令，实现多设备的统一操控。同时，该系统还可以根据用户拥有的设备、使用的手机终端、日常的行为记录等信息，为用户提供设备及指令的推荐搭配，进一步提升用户的体验。

2. 以智能创意设计丰富智能生活细节

现代家居生活倡导智能场景布局，家居生活产品从实用性、功能性过渡到了幸福体验、美好品质的高标准。设计师通过技术创新及智能创意设计，为现代家居生活带来了更好服务我们生活的新产品。

无尽之形实业（上海）有限公司根据个性需求来定制和按需生产的数字家具，实现了从工业化海量制造到数字化精准创造的转变。该公司产品既彰显个人品味，又避免资源浪费。这一品牌的作品Sensor Chair装有66个传感器，可读取身体姿势的各项曲线数据。基于数据，计算机能即刻生成丰富而无穷的座椅形态。这款椅子采用精妙的纯物理机械结构，结合生物医学工程和脑神经科学，通过组合28个轴承滚珠，令使用者的身体重心持续稳定且只在水平方向上运动，因而产生无重悬浮体验。使用者能快速放松身心、改善情绪，甚至进入冥想状态。

（四）造：增长模式

未来的工业将人、机、产品三者充分结合，利用信息技术和制造技术的融合实现实时感知、动态控制以及深度协同。因此，传统制造业要向智能制造系统升级，建立智能工厂并打造全新的客户体验，塑造非传统的增长模式。美克家居的智能制造（MC + FA）项目是工业和信息化部认定的家居用品制造智能车间试点示范项目。美克家居希望通过智能制造缩短产品交付周期，提高生产效率，强化成本管理和提升产品品质。智能制造不仅带来了管理变革，还能够在此基础上打造出全新的客户体验和非传统的增长模式。

六、鞋服与饰品：形象共塑、国潮崛起

（一）循环再造

1. 树立人与环境和谐发展的理念

纺织服装产业已成为仅次于石油行业的全球第二大污染行业。该行业所排放的废水占全球总排放量的20%，占全球碳排放量的10%。另外，由于快时尚的消费观念影响，每年还有大量的服装被丢弃，造成资源浪费与环境污染。

为了改变这种状况，凌迪Style3D与环保牛仔技术公司合作。牛仔设计师可以在Style3D中调用牛仔裤纹样和水洗效果图案等，无须制作实物样品即可呈现多种工艺设计效果。高仿真的数字牛仔裤可以直接用于营销展示

和销售。

数字化整个产业（从研发、生产到最终商品展销等全过程），是解决污染问题的有效途径，也是实现可持续时尚的重要方向。

智能制造领域的一个主要研究方向是将智能产品和高端装备的设计智能化作为研究对象，利用人工智能算法和大数据构建支持智能化设计全过程的知识环境。基于设计知识表示学习方法、知识的结构化描述和语义建模方法，研究团队可以实现基于设计知识的计算和推理，从而支持产品智能设计全过程求解，协助设计师更加高效地做出设计决策，激发设计者产生创新概念。通过整合多源异构的大数据、智能算法和计算能力，智能制造系统可以实现设计场景的智能化和数据化，同时融合知识的集成与管理、设计工具与设计过程的集成，以及设计知识的推理与辅助决策。最终，研究人员可以构建出人工智能和大数据驱动的产品智能设计知识服务系统，提升知识服务水平和产品智能设计的质量。

2. 探索绿色循环的智能创意设计革新材料

加拿大运动品牌露露乐蒙（lululemon）与澳大利亚环保科技初创公司 Samsara Eco 展开合作，双方的合作将持续多年，双方将共同创造全球历史上第一个无限回收的尼龙和聚酯，为未来的高性能服装提供低影响的替代品。Samsara Eco 作为全球领先的材料回收公司之一，可以基于酶的技术分解塑料，并利用废物生产新的塑料产品。这些新产品又可以被再次分解，从而实现无限的塑料回收。两家公司正在合作扩大这项技术的应用规模，lululemon 计划在 2030 年前将所有材料过渡为更可持续的替代品。

深圳市朴飞生物科技是一家专注于时尚和奢侈品行业的生物基材料研发与应用创新公司，其使命是利用生物科技来满足该行业低碳、绿色和可持续发展的需求。通过不断进行生产技术的研发和迭代，公司致力于加速时尚材料领域的可持续发展，并填补市场上百分之百生物基、可降解材料时尚产品的空白。公司研发了百分之百可循环利用的可降解生物材料 Peelsphere，其充分利用水果废料和海藻的潜力，可回收、重新设计和重新使用。Peelsphere在土壤中最快于6个月内实现完全降解，同时具有美感和高性能的特征，是皮革和合成皮革的理想替代品。

3. 推动鞋业绿色创新

北京化工大学副校长张立群带领的团队成功研制出了一款全生物基可降解鞋。这种鞋子的鞋底采用了他们自主研发的生物基可降解聚酯橡胶材料，鞋面和鞋垫则选用了天然材料，如大麻纤维、竹纤维和玉米秆乳胶材料等。这款鞋子的鞋底采用了全球范围内唯一一种可降解的橡胶材料，而且所有原料都取自自然资源。普通鞋子的传统橡胶鞋底无法在自然环境中降解。以往，人们通常采用热解或高分子化学方法处理这些被废弃的鞋子，但这些方法会产生二次污染。可降解橡胶鞋底的独特之处在于，在130天内能够实现70%的降解并完全转化为水和二氧化碳，而不会对环境造成任何污染。此外，由于微生物降解高分子材料需要一定的环境，这种材料在正常使用过程中的耐用性也得到了保证。

通过此环保再利用项目，耐克中国团队已经在国内建造了15个Nike Grind运动场和活动空间，累计用了141吨环保材料。这些材料是由回收的91万多双旧鞋转化而成的。

（二）传承再创

中共杭州市委和杭州市人民政府共同发布了《关于实施"新制造业计划"推进高质量发展的若干意见》，强调了保护和传承经典产业的重要性，并提出要保护、传承丝绸、茶叶、工艺美术、中药等特色产业，推进时尚产业发展，努力打造一批历久弥新的历史经典产业。此外，该文件还提出要加快老字号保护立法工作，建立老字号品牌保护、传承、发展机制。

1. 智能创意设计解锁丝绸设计新方式

万事利是国内民族丝绸品牌中的第一集团，始创于1975年。该公司一直以来致力于"跳出丝绸做丝绸"，希望打破"丝绸即面料"的传统认知，通过"丝绸+"的理念，不断拓展产品的边界。为了实现这一目标，万事利制定了公司发展战略，计划在设计、研发、销售、柔性化生产和供应等业务环节中，采用新技术如AI和大数据等，充分让AI服务于丝绸的设计、研发和生产。

以基于AI算法的丝巾个性化定制平台为例，万事利于2019年联合微软中国有限公司开发"西湖一号"平台，并以微信公众号的形式应用。客户可以通过"西湖一号"平台与内置问答机器人对话，实现丝巾的个性化设计。

除了个性化定制，万事利还实现了从实体产品向数字藏品的转换，不断拓展丝绸产品的边界。公司推出了基于AI超级算力的万事利AI平台，赋能消费者参与AI设计。在微信搜索"万事利高端定制礼"公众号，按照指引从底部菜单"丝礼定制"进入AI设计，可以选择克莱因蓝、金黄等颜色，并结合马鞍、皮带、骑士等元素，设计出颇具奢侈品大牌美学的丝巾。

2. "数据流+智能化管控"提升纺织生产效益

纺织市场快速变化的需求加上用工形势的变化，使得纺织领域原有的生产管理模式已经无法满足高品质、快速交付等要求，出现了发展瓶颈。为了适应市场变化，魏桥纺织股份有限公司开始推动生产管理模式向柔性化、数字化、智能化的方向发展。基于数据流的智能纺纱关键技术及产业化项目突破了纤维流全流程无人桥接、纺纱全流程智能检测与监控、数据流行动与智能执行等关键技术，率先实现了纺纱全流程物流的自动衔接、全生命周期在线监测与追溯，以及生产过程的智能管控，从而显著提升了研发周期、综合能耗、用工效率等方面的效益。

3. 智能创意设计助力中医药与时装新国潮

随着人们精神需求的不断提升，文化创意产业蓬勃发展，传统企业也意识到必须与时俱进，进行改革创新。拥有200多年历史的中华老字号张同泰为了改变传统中医药产业的形象和消费体验，实现产业链的升级与联动，于 2017 年初推出了桐泰文化。

桐泰文化在 2018 年举办的第十二届杭州文化创意产业博览会上首次亮相，给张同泰这个以传统中药材闻名的中华老字号注入了新的活力。设计师以独特的方式将传统中医药的文化底蕴与现代女装完美结合，展现了别样的风采。在展览中，桐泰文化推出了三大主题系列时装作品，分别是"来未来""花非花"和"香入香"，以芬芳、自然和轻扬的风姿，彰显了创新的魅力。这次展览不仅展示了传统中医药文化的吸引力，而且开辟了中医药文化与女装跨界融合的全新领域，实现了神奇的碰撞。

桐泰文化的亮相标志着张同泰向前瞻性思维的转变。智能创意设计成功引领传统中医药文化与现代女装相融合，创造出独特的艺术表达方式，为传统企业注入新的活力，同时也引领中医药文化与时尚产业的融合趋势。这一举措不仅彰显了张同泰的创新意识和战略眼光，也为中国传统文化的传承和发展做出了积极贡献。

（三）国潮再生

1. "消费者大数据＋智能创意设计"助力鞋服新零售转型

随着互联网原生代（也被称为 Z 世代或互联网世代，是指出生于 1995 年以后的一代人）逐渐成为主流消费人群，制造企业所获得的数据变得更加丰富，在广度和深度上都有所提升。从数据广度来看，企业的数据和信息来源包括线上平台、线下门店、各类小程序、各类直播及线上客服的反馈数据等。从数据深度来看，产生了一系列覆盖消费全生命周期的多触点、多维度的消费交易和行为数据，如消费者"需求产生—寻找—选择—交易—收货—使用—客户维护—推荐"的行为数据涵盖电商平台、小程序、线下门店的消费交易数据，用户聊天、转发、提问、评论、投诉等行为互动数据，导购端、门店 POS 机、客服、微信或社群、内容推送、直播等多触点信息（见图 5-6）。

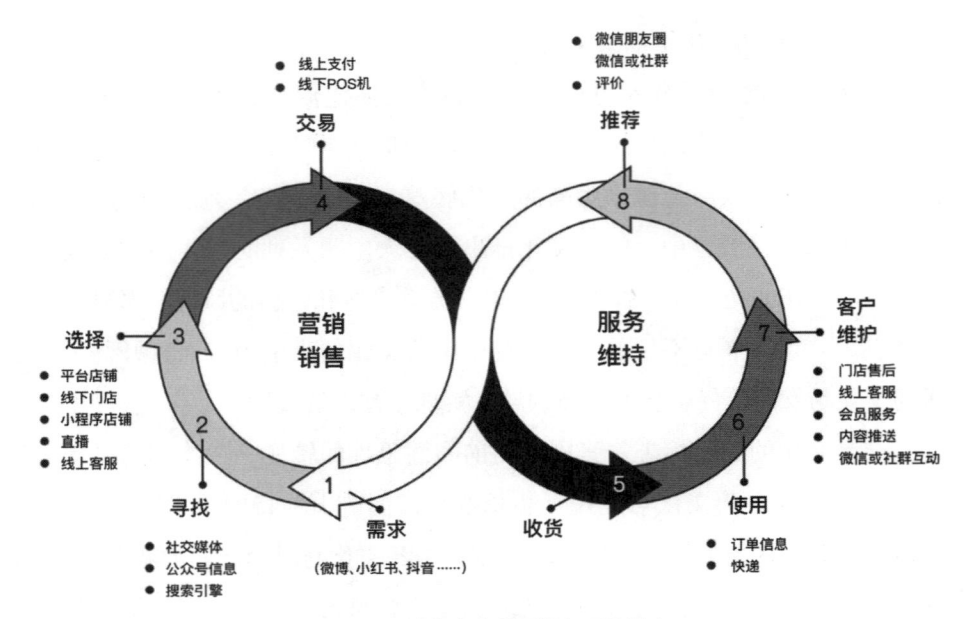

图 5-6　消费全生命周期各环节触点

　　由于消费数据在广度和深度上的延伸，传统的鞋服零售消费者层级面临着扩容（见图 5-7），过去企业会员是通过门店或官网注册，通过会员卡消费确认。但是，现在通过大数据识别的方式，即使是那些关注但尚未购买的消费者和已经购买但还没有成为会员的消费者，也会被纳入企业会员。这使得鞋服制造企业关注的消费者层级得到了扩容。

　　随着数字智能时代的到来，服装制造业发生了重大变革。最核心的变化点在于打通中间环节，通过网络的效能使消费者和生产商直接互动，品牌商和批发商、零售商之间也可以直接交流。在获取了海量的客户数据信息之后，企业通过数据清洗和整合，按照单体客户身份进行管理，将不同渠道的信息通过姓名、手机号码、地址等唯一识别标识进行整合和去重；然后，通过行为聚类、特征拟合等智能算法，对消费者群体进行精准画像，制定不同的营销策略。目前，个性化营销正深受欢迎，可以通过多维度标签和 AI 算法进行千人千面的个性化营销。因此，传统的客户关系管理（customer relationship management，CRM）体系迫切需要进化和升级。

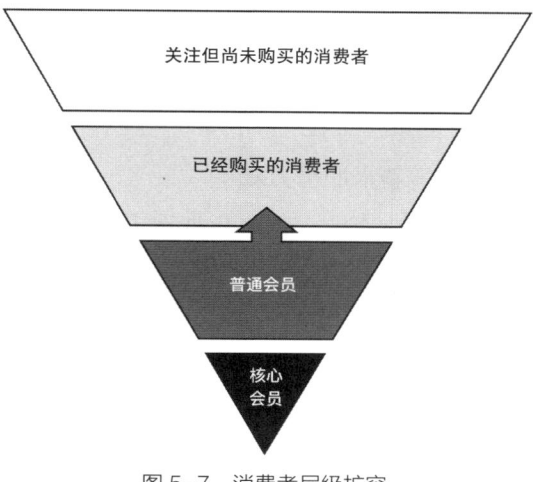

图5-7 消费者层级扩容

与过去不同的是，现在生产商可以直接得到消费者的反馈，进而设计产品和营销策略，同时也可以在天猫等电商平台上构建直销渠道，与消费者通过咨询和评论等形式发生更直接的互动。有些生产商在设计新产品时，甚至会有意识地找到一些非常有代表性的用户，寻求对产品和设计的反馈。这意味着，生产商有能力更好地关心消费者的个人需求，而不再是通过中间渠道间接获取信息。

2."数据通路＋平台赋能"推动国潮服饰新零售转型

太平鸟与阿里巴巴达成合作，为服饰产业赋能。太平鸟能够实现供应链快速反应，关键就在于数据驱动。公司在销售门店获取大量信息数据，以便了解各种尺码、款式的产品在门店的销售情况。对于销售量大的产品，太平鸟通过每周两次的产销协调会议确定补单，并根据数据分析结果和不同数量将补单货品分发到不同的门店。这样，太平鸟成功将以前40天的补单周期缩短到10—14天。太平鸟将供应链数据打通，不仅各个数字化门店的销售动态实时数据将直接提供给供应商和加盟商，而且太平鸟ERP实现了和外包生产工厂的数据打通。数据在产业链上各个环节畅通，最终实现快速跟踪市场变化，以销定产。

太平鸟和阿里巴巴的合作是中国服饰行业新零售未来转型路径的典型

样本。其利用平台统筹管理各业务板块数据，并在未来做到精准营销和智慧运营。这是推进太平鸟战略未来走向纵深的关键布局，也是推动传统服饰行业与新技术深度融合的全方位变革。

3. 智能创意设计开辟新兴服务方式

对中国鞋服行业的企业而言，数字化带来了新的销售渠道和互动传播方式。同时，数字化也对传统的分销体系和门店模式构成了严峻的挑战，但是也带来了新的技术和创新动力。这些变化在很大程度上影响了品牌的研发、设计和供应链等各个方面。传统鞋服制造企业需要通过智能创意设计来占据市场制高点。为了满足人民群众对美好生活的需求，工业设计可以帮助产品变得更美观、更时尚、更贴近市场。

吴海贺等通过收集人体步态以及关节受力数据，开展个性化3D矫形鞋垫的创新设计。[1] 人工智能有效促进了创意思维、设计创作、设计专业属性和学科融合方面的发展，充分证明了针对人工智能优势的合理开发能够推动设计产业模式的创新升级。这种发展不仅涉及设计产业的发展理念、技术研发、商业模式和组织架构，还关系到从业人员的技能培养。通过合理有效地应用人工智能，我们能够预见到设计产业将迎来更具发展潜力的未来。[2]

（四）效率再新

服装行业同时属于传统制造业和时尚行业。在数字经济背景下，服装行业的目标是满足消费者的个性化服装需求，同时降低生产成本和缩短库存周期，以及提高供应链效率。

库存周转天数是衡量产品吸引力和竞争力的指标。国际领先的服装企业财报显示，其库存周转天数通常在100天左右；但国内品牌服装周转周

---

[1] 吴海贺，魏宝刚，王永祥，等.膝关节骨性关节炎步态分析特征及3D矫形鞋垫设计应用[J].科技导报，2021(22): 49-56.
[2] 王凯，李翔龙，熊艳，等.人工智能和大数据驱动的产品创新智能设计研究[D].成都：四川大学，2020.

期长，周转天数是国际优秀品牌的 2—3 倍。从经营效率角度来看，国际品牌成品库存占比仅为 25%，但国内品牌占比达到 95%；国际品牌正价销售产品比例能达到 90%，但国内批发平台只能做到 30% 正价销售。数据显示，我国每年服装库存积压规模达 8000 亿—9000 亿元，库存积压严重。

数字智能时代，服装行业仍存在许多短板。因此，服装行业需要深入了解消费者需求，以实现更好的产品设计；通过优化整个供应链，提高交付能力，减少库存。

1. 智能创意设计赋能服装高频上新

我国的中小型服装品牌面临着缺乏足够的设计师和专属供应链的问题。在数字智能时代，这些品牌需要解决高频上新、预售和翻单等难题来满足消费者日益变化的需求。为此，犀牛智造提出了一种一站式解决方案，即"新款开发＋智能供应链托管"，将智能技术和创意设计深度融合，利用阿里巴巴的数字商业基础设施，助力传统服装行业发展。

犀牛智造的目标是通过从需求侧到供给侧的整合，解决高频上新所面临的问题。具体而言，它与天猫、淘宝平台进行紧密协作，进行趋势洞察和热点预测，为商家提供新款建议和预售服务。同时，犀牛智造利用智能打版平台，帮助商家快速迭代和确认新款设计，从而提高产品开发的效率。通过云端工艺地图的智能应用，犀牛智造能够实现产品和工艺的自动适配，以及工艺与设备的智能匹配。

此外，犀牛智造还提供生产调度平台。该平台能够自动将不同订单中具有相同面料和相似工艺的生产任务进行聚类，从而更好地统筹调度，集群式供应网络资源。通过柔性快反[①]的制造方式，犀牛智造能够高效地满足订单需求，并通过菜鸟科技全链路优化供应链和蚂蚁集团提供的供应链金融服务，解决需求预测、工艺与设备的匹配、相似生产任务的聚类、供应链优化及金融保证等问题，打通需求侧和供给侧（见图 5-8）。

---

① 柔性快反是一种供应链管理模式，旨在通过优化订单和产能管理，使供应链变得更加灵活和高效。

图 5-8　犀牛智造模式

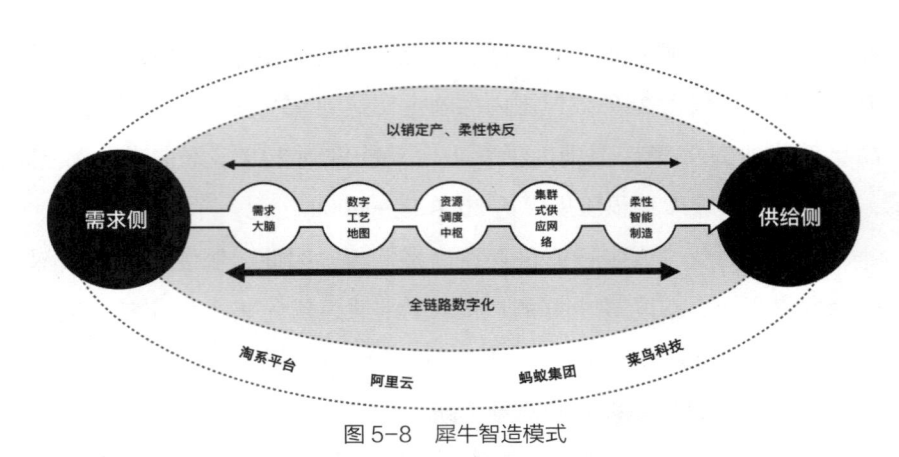

（1）人工智能多模态大模型辅助实现定制化设计

为了实现需求侧与供给侧的通路，犀牛智造应用人工智能多模态大模型 M6，自动学习某个产品的图片和描述，使系统能通过商品的文字描述自动生成若干图片，从而缩短产品设计周期并且帮助设计师做定制化的尝试。

（2）智能打板与模块化设计实现用料最优

智能打板的很多优化技术可以实现打板过程中的布料用度最优。通过在一块布料上进行模块化设计，如袖口风格、领子设计，可以生成可选配模块，进而通过不同版式拼搭在一起来实现用料节约。

（3）云端工艺地图助力设计实现工艺和设备的匹配

通过云端的工艺地图，可以进行工艺匹配。不同工厂擅长的生产类型不同，库存布料不同，产线效率也不同。在多种可选配的情况下，根据实际情况和最优选择完成工艺与设备的匹配。

（4）犀牛智造全链路优化供应链

犀牛智造利用下游生产商生产衣服的基本组件，比如一些定制的领口、袖口的绣花等。下游生产商最好离用户较近，以方便物流。此外，犀牛智造还帮助解决供应链的金融问题。很多厂商可能没有足够的流动资金买原材料来进行设计和生产，需要借助于供应链金融。

通过智能创意设计赋能，犀牛智造实现了以销定产、柔性快反及全链路的数字化管理，精准预测服装生产需求，优化整个供应链与生产调度及决策，力争在小单快反的情况下，既能响应客户个性化需求，又能提供像大品牌标准化生产那样的品质。

在此过程中，数据是决定生产力的关键因素。犀牛智造通过数据了解客户需求、生产设备和控制系统，将生产厂商相互连接；此外，通过数据，将创意设计与工艺设备相匹配，实现智能排产及全局的实时调度，在优化生产效能的同时助力传统服装行业达到新高度。

2. 智能创意设计赋能服装选购模式创新

生成对抗网络（GAN）的出色图形性能为虚拟试衣带来了变革，特别是在电商领域，尤其是服饰方面。照片吸引消费者的作用不言而喻，但是快速运转周期也决定了商家需要在短时间内上新大量产品。如果每个单品都需要经过"构图—拍摄—修图"等一系列操作，将会极大地增加营销成本。

美国AI初创公司ZMO基于生成对抗网络开发了一款自定义模特软件。商家可以通过简单地设置面容、身高、肤色、身材等参数来创建服装模特。操作分为四步：第一步，上传自己的模特肖像并从预设模特中选择合适的模特原型；第二步，调整面部表情和模特的背景；第三步，上传产品多角度照片；第四步，生成结果。

ZMO的目标是降低拍摄成本，同时AI模特也可以用于前期调研，进一步缩短生产周期。商家可以通过AI模特的试穿，确定不同人群适合的服装版型和颜色，也可以发布AI模特的试穿照片，收到订单后再开始制作，从而减轻库存压力。ZMO还计划应用GPT-3算法让AI模特学习人类语言习惯，为AI模特创建语音功能，从而帮助商家更快捷地制作短视频，在TikTok等平台推广产品。

3. 智能创意设计助力大规模定制

新的定制时代已经到来。很多服装品牌都有实现大规模定制的愿景。芰荷曾是一家私人定制工厂，已通过建立自有的深度整合工厂和芰荷服装私人定制平台，使设计师从烦琐的面料寻找、谈判和制作中解脱出来，实现了一站式地获取需求、在线设计、自动打版和智能化生产。

芰荷以"让私人定制走进大众生活"为目标，希望通过低成本、低门槛的方式为顾客提供服装私人定制服务。其使命是"让每一个终端用户都能快捷地寻找到自己的服饰美，享受跨时代超值体验"。芰荷以智能创意设计为核心，将人文情怀、科技专利和服装定制产业升级有机结合。

芰荷的智能创意设计分别从三个维度展开。在生产材料维度，芰荷将生产材料、生产工艺重新细分并标准化，采用数码印花方式生产个性化面料，打造矩阵式供应链。在生产制造维度，芰荷利用物联网、AGV、大数据技术，创造性地打造了国内第一个拓扑式数码生产车间。在用户维度，芰荷利用AR技术研发了三维互动式在线服装设计系统，帮助用户实现自主设计，用户即使没有设计功底也能轻松完成"高大上"的服装设计。用户可以浏览大量优质设计师的作品，轻松与设计师在线沟通，选择自己喜爱的风格。

通过芰荷平台的赋能，专业设计师们可以实现设计工具、设计材料和生产能力的优化，节省90%以上的成本。用户从设计完成、下单到服装发出只需要48小时。芰荷的拓扑式生产完全颠覆了流水线作业，极大提升了私人定制生产效率，降低了生产环节成本，工期也大大缩短，极大地实现了生产创新。

（五）创意再现

1. 服装产业智能创意设计数字化特征凸显

随着科技手段不断更新换代，服装制造产业也受到了新科技的全新推动。相较于传统制造方式，数智时代的服装产业智能创意设计数字化特征日益凸显。具体表现在以下几个方面。

（1）数字化展示给服装产业带来新的活力

数字模特越来越频繁地出现在时装数字秀场上，为时尚界注入了数字科技的新力量。未来，数字模特将成为时尚界不可或缺的组成部分，也必将成为服装品牌争相抢购的资产。近年来，虚拟模特为知名品牌代言已成为新风尚。奢侈品品牌Balmain率先推出3个虚拟模特作为品牌代言人，知名虚拟人物蜜葵拉（Miquela）则受邀成为Prada、Balenciaga、CK、UGG等多个知名品牌虚拟代言人，Dior、PUMA、Tommy Hilfiger等品牌更是直接采用3D技术进行服饰产品展示。凌迪Style3D自主研发的虚拟模特Lucy，也将投入使用。

随着数字化技术的不断成熟，产品仿真度越来越高。未来，时装周、订货会等活动也将以数字形式展现给大众。

（2）数字化普及刺激服装跨境电商发展

服装产业的跨境电商对上新频率、柔性供应链的要求相对较高。新冠疫情防控期间，阿里巴巴国际站的服装行业交易额增速超过了60%。从产品研发到制造，以天为单位计数。例如，跨境快时尚品牌SHEIN，每天生产的服装款式已过千。在服装行业小单快反成为潮流的今天，这样高频次、大量的研发所带来的挑战，并非传统制造模式可以应对，而必须使用全新的工具并以全新的模式来完成。智能创意设计工具的介入为这一转型奠定了基础。

（3）营销逻辑发生颠覆性改变

在数字化的推动下，传统服装制造中的"人找款"模式正在转变为"款找人"。以手机淘宝为例，系统会根据顾客的个人资料以及以往的浏览和购买记录自动向顾客推荐他们感兴趣的产品，形成了产品找人的模式。这种推荐算法正逐渐在服装行业中应用。这要求服装企业在设计款式时能够更加简单、快速、高效地接触到客户，并且能够根据客户的反馈进行快速的调整和二次设计。

2. 服装产业智能创意设计研发优势明显

（1）支持服装设计数字化资产的大规模积累

服装企业通过数字化处理服装设计涉及到的轮廓、辅料、面料、图案等要素，最终形成数字化款式图。这些数字资产可以进一步演变成数字孪生资产，以支持服装企业构建知识产权。服装企业可以随时调用、二次设计和开发这些数字资产，同时也可以进行设计知识产权的追溯。此外，这些数字资产具有安全性，不会因为人员离职而丢失，可以安全可控地存储于服务器和云端，成为服装企业非常重要的资产。

（2）促进客户驱动的灵活快速设计的实现

服装企业拥有知识产权的设计数字资产后，可以及时响应客户的需求，实现快速设计。传统的成衣制作流程包括打版、调面料、样衣制作和拍照等环节，传统的服装企业利用智能创意设计工具完成服装版型和数字资产后，可以让客户在线进行二次设计。这种方式大幅提高了研发速度和效率，并能够精确地对应客户需求。例如，凌迪Style3D使用3D设计工具，将研发周期（从设计到上架定款）缩短至24小时。3D数字化是基于企业可制造的版型、可生产的面辅料和工艺制定的，所以设计完成后，产品可以直接进行生产。

3. 服装产业智能创意设计应用场景多元

凌迪Style3D是一家深耕服装数字化领域多年的服装互联网企业，已经成长为唯一集软件、内容和生态于一体的3D数字化服务平台，可为服饰类企业提供全链路数字化解决方案，包括3D设计、推款、审款、快速改版、直连生产和在线展销，从而提高了服装设计效率，帮助企业建立了智能化供应链，实现先销售后生产，有效避免了生产风险。

凌迪Style3D从服装行业设计的源头开始，使得设计师、品牌、工厂、渠道和消费者都可以使用3D模型作为沟通和决策的"语言"。通过不同产品组合，凌迪Style3D可以精准地连接服务品牌商、原始设计制造商、面辅料商和泛电商等。它从多个角度（如面料数字化、研发数字化、生产数字化和营销数字化）提高了服装制造效率，有望成为定义服装产业链数字化标准的基础设施。在服装产业的智能创意化应用场景方面，凌迪Style3D进行了许多尝试，包括虚拟店铺、数字走秀、电商虚拟上新、虚拟试穿和链接元宇宙。

　　随着底层技术的不断发展和服装产品的快速发展，越来越多服装企业意识到在设计领域提升效率的重要性。这些企业将持续创新迭代，力争让数字世界和物理世界高度接近，并不断探索游戏、动漫、影视等领域，发挥其元宇宙能力。

第六章
信息新场景：数据为王 服务至上

> 苟日新，日日新，又日新。
> ——《礼记·大学》

数智时代，信息产业的新场景不断拓展。从数字社交的互动体验、数字办公的高效协作，到数字商业的创新发展、数字出行的智能便捷，再到数字健康的保障和数字民生的温暖，智能创意设计在信息产业中得到全新应用。我们通过深入剖析各个领域的互动关系和未来趋势，阐明了智能创意设计数据为王、服务至上的核心理念和价值取向。这些信息新场景为人们提供了更加便捷、高效、个性化的数字生活体验。

新经济 新设计 新动能

智能技术与创意设计的结合催生了智能创意设计这一新兴领域。智能创意设计源自不断发展的智能及信息技术。信息产业作为智能创意设计的来源产业和服务对象，为其提供了形态各异的新场景。这种紧密的关系使得智能创意设计与信息产业形成了相辅相成的态势。信息产业中的新型智能技术为智能创意设计提供了强大的工具和支持，智能创意设计则通过其创新成果推动信息产业的发展。

随着生成式预训练模型技术的不断进步，数据在信息产业中发挥着越来越重要的作用。在新的信息场景中，数据不仅是宝贵的资产，也是创意的源泉。智能创意设计利用数据为驱动力，推动产业创新与发展。同时，虽然人工智能技术能够解决许多问题，但在智能创意设计中，人类的情感和"温度"仍不可或缺。因此，在智能技术的背景下，提供优质的服务和用户体验成为智能创意设计的核心目标，正所谓"数据为王，服务至上"。

一、数智时代的信息产业

（一）数字化浪潮势不可挡

1. 数字化的国际趋势

在世界历史上，产业革命是推动经济和社会发展的重要力量。在前两次产业革命中，蒸汽和电力分别成为主导的能源形式，带来了生产力水平的极大提升。人类社会已迎来第四次产业革命——智能革命时代。数字革命则是一个宽谱系概念，包括信息革命后半段的内涵，也包括智能革命的部分内涵。① 社会批评家杰里米·里夫金（Jeremy Rifkin）提到，经济转型的关键在于新的通信技术、能源和能源管理模式、交通技术，三者融合构建出经济转型的技术平台、基础设施，并从根本上改变文明与经济、社会活动之间的驱动、赋能、管理方式。数字革命的背景下，这三种技术分别表现为移动互联网、可再生能源、数字交通与物流网络。它们共同架构在物联网平台上，为经济转型提供强大的基础。与第二次产业革命相比，数字革命对经济的驱动力更为强大。传统的经济增长模式已无法满足当今全球的需求，环境问题也日益严重。数字革命不仅将成为全球经济新格局的关键驱动力，还是解决全球变暖等环境问题的必由之路。

2. 中国的数字化发展

2021年3月，《中华人民共和国国民经济和社会发展第十四个五年规划和2035年远景目标纲要》明确将"加快数字化发展，建设数字中国"作为我国"十四五"期间经济社会异性的重要目标。② 同年12月，《"十四五"数字经济发展规划》对此进行了详细指导。③ 2022年10月，党的二十大报告中提出"加快发展数字经济，促进数字经济和实体经济深度融合，打造具有国际竞争力的数字产业集群"④的任务，明确了数字产业在数字经济发展中的重要位置。2023年，中共中央、国务院印发的《数字中国建设整体布局规划》指出，建设数字中国是数字时代推进中国式现代化的重要引擎，

---

① 高琦. 国家数字能力：数字革命中的国家治理能力建设 [J]. 中国社会科学，2023(1): 44-61, 205.
② 参见：《中华人民共和国国民经济和社会发展第十四个五年规划和2035年远景目标纲要》（http://www.gov.cn/xinwen/2021-03/13/content_5592681.htm）
③ 参见：《国务院关于印发"十四五"数字经济发展规划的通知》（http://www.gov.cn/gongbao/content/2022/content_5671108.htm）.
④ 参见：《习近平：高举中国特色社会主义伟大旗帜　为全面建设社会主义现代化国家而团结奋斗——在中国共产党第二十次全国代表大会上的报告》（http://www.gov.cn/xinwen/2022-10/content_5721685.htm）.

是国家竞争新优势的有力支撑，并擘画了"2522"整体推进框架和路径。①

根据 2023 年 5 月发布的《数字中国发展报告（2022 年）》，数字中国建设取得显著成效，数字基础设施规模能级大幅提升，以信息技术、智能技术为代表的新一轮科技革命和产业变革突飞猛进，为加快建设数字中国、推进中国式现代化提供了强大发展动能。②通过加强人工智能、操作系统、芯片、传感器等关键数字技术的应用，推动大数据、人工智能、云计算、区块链等新型数字产业发展，推进服务业、制造业、农业等传统产业数字化转型，打造我国的数字经济新优势；通过聚焦就业、医疗、教育、养老、文体等民生相关的公共服务数字化，推动乡村管理、城市建设数字化，打造数字消费、数字生活、数字旅游、数字出行等各种数字化场景，让数字化深入国民生活，建设我国特有的数字社会态势；通过建设我国公共数据安全体系、推动政务信息化建设、推进数字化赋能政府运转，提升我国数字政府治理水平；通过建立数据要素市场规则、构建引导数字经济发展的政策体系、构建网络安全法规制度、构建网络空间命运共同体，营造数据安全、健康发展的数字生态。

3. 浙江是数字变革的先锋

浙江拥有数字变革的天然土壤，阿里巴巴、华为、海康威视、网易、字节跳动等互联网巨头均坐落于杭州。2020 年，习近平总书记在浙江考察时指出，浙江要抓住产业数字化、数字产业化赋予的机遇，大力推进科技创新，着力壮大新增长点、形成发展新动能。③

近年来，浙江大力发展数字经济。在数字经济领域，浙江是领跑者。浙江的数字化一直走在全国前列。数字化改革是浙江新发展阶段全面深化改革的总抓手。早在 2017 年 12 月，浙江便提出把数字经济作为"一号工

---

① 参见：《中共中央 国务院印发〈数字中国建设整体布局规划〉》（http://www.gov.cn/zhengce/2023-02/27/content_5743484.htm）。
② 参见：《〈数字中国发展报告（2022 年）〉发布 我国 5G 用户达 5.61 亿户》（http://www.gov.cn/lianbo/bumen/202305/content_6875868.htm）。
③ 参见：《浙江努力打造数字变革高地》（http://zj.cnr.cn/tt/20210204/t20210204_525407122.shtml）。

程"来抓，2021 年提出打造"2.0 版"。省政协委员、省经济和信息化厅副厅长吴君青认为，"2.0 版"将是对"1.0 版"的持续深化和迭代升级。浙江的数字经济将从单点扩展走向全面深化的发展新阶段。①

浙江数字经济发展取得积极成效，全省数字经济增加值从 2014 年的 1.09 万亿元增长到 2022 年的 3.93 万亿元，占 GDP 比重达 50.6%，大力推动数字经济创新提质，让浙江呈现出数字经济带来的精彩蝶变。②

杭州力争成为"数字经济第一城"，以数字化撬动各领域、各方面的惠民、惠企的治理改革政策。"数字之城""数据之城""人工智能之城""5G 之城"是杭州新的城市标签，数字经济已成为杭州乃至浙江的桥梁和支柱，将会造就城市未来发展的新高度。③

（二）新时代带来数字化转型机遇

2020 年的新冠疫情对中国经济、政治和社会产生了深远影响。为了应对疫情，数字经济得到了迅速发展，健康码、钉钉等线上办公软件和网课平台的普及，有力地支持了居家办公和学生在线学习。疫情成为数字经济快速增长的助推器，为产业、政府、企业和社会数字化转型带来了新的机遇。

政府方面，各级政府积极搭建数字化政务治理平台，提升响应能力。例如，浙江的"浙里办"和"浙政钉"、上海的"一网通办"和"一网统管"，以及北京、广东、江苏等地推出的各种数字化政务服务平台，不仅提高了政府服务效率，还增强了政府公信力。

为了遏制疫情传播而采取的居家隔离措施使得商家寻求线上经营模式，产业数字化的机遇蕴含其中。一方面，以实体店为主要客流渠道的产业加

---

① 参见：《数字经济要两端发力》(https://zj.zjol.com.cn/news.html?id=1609031.)。
② 参见：《发展数字经济，推动创新提质》（http://paper.people.com.cn/rmrbwap/html/2023-11/09/nw.D110000renmrb_20231109-2-06.htm）。
③ 参见：《如何垒起数字经济第一城的"柱"和"梁"》(http://www.hangzhou.gov.cn/art/2019/1/22/art_1621351_29897901.html.)。

速了线上渠道建设；另一方面，提供数字化转型服务的企业可以赋能实体产业的数字化进程。

对于企业而言，疫情的冲击促使它们反思自身管理运转的短板，并寻求通过数字化进行弥补。企业开始进行多维度的数字化转型，包括管理、业务、服务、系统等方面。在数字化的过程中，企业不断审视自身的数字化现状，从观念上进一步理解数字化转型，并在实践中把握方向，全面部署数字化进程。

如今，进入后疫情时代，数字经济将继续蓬勃发展。中国正积极推进数字化转型，优化升级基础设施，提升数据质量和应用效率，并大力推进企业和产业数字化转型，建立支撑数字化转型的服务体系，强化核心数字技术的创新能力与核心产业的竞争力，构建基于数字经济的新业态、新生态、新模式。同时，数字化也应用于公共服务，将提升政府治理效能和公共服务数字化普惠能力，打造数字生活和数字城乡。在发展数字经济的同时，中国也将完善数字治理体系，提升数字安全水平，与国际社会展开数字经济合作。[1]

（三）信息新场景爆发

数字经济促使人们的生活、工作、商业和民生等方面发生了深刻变化。

生活场景中，虚拟身份成为人们表达个性的新渠道，数字娱乐和社交边界不断拓宽。人们穿戴上精心设计的"数字自我"进入虚拟时空，与天南地北的亲朋好友聚会、游戏、运动、竞赛，还可以追随数字明星、听数字歌手的演唱会，娱乐与社交的范围变得更加广阔。

工作场景中，居家办公成为另一种选择，远程办公软件广泛使用，网络课程、远程会议、线上办公已经成为人们的日常。商业场景中，数字化让消费者可以自助购物。在大数据的驱动下，设计师能更精准、更全面地

---

[1] 参见：《国务院关于印发"十四五"数字经济发展规划的通知》(http://www.gov.cn/gongbao/content/2022/content_5671108.htm)。

洞察用户需求，提供更具体验价值的服务，吸引消费者买单、复购，为商业赋能。民生场景中，浙江搭建了数字政府平台，"浙里办"为市民提供全面的便民服务，"浙政钉"为政府运转提效，数字化逐渐渗透民生场景，为便民利民事业添砖加瓦。

二、数字社交：随时随地交流

信息产业的发展带来许多新的生活场景，极大地丰富了人们的娱乐与工作生活。在数字环境的浸润下，诸如虚拟数字人、数字身份、数字资产、数字商品等新事物应运而生。在数字世界中，人们可以沉浸于数字演唱会、数字晚会、数字电影、数字体育和数字旅游等各种新场景。此外，还有虚拟数字人的带货直播、虚拟偶像的演唱会等，为人们提供了更加丰富的娱乐体验。

在数字世界中，人们每天都在进行数字社交。传统的数字社交主要通过文本、语音、视频等形式进行交流，用户被限制于电脑或手机等设备的有限界面。而许多老年人更喜欢面对面交流，当无法面对面时，也会更倾向于使用视频聊天，因为这种方式可以更真实地传达对话者的情感和意图，而不仅仅是冷冰冰的文字。

如今，随着技术的不断进步，我们试图取消手机界面的边界，将界面拓展到无限大的空间，使人周围的所有空间都成为交流的舞台。这种技术将使人与人的交流不再局限于传统的界面框定范围。通过消除界面边界，可以实现更真实、更全面的交流体验，进一步拉近人与人之间的距离。

马克·扎克伯格对未来有着宏大的设想。他希望构建一个数字的元宇宙世界，用户通过数字穿戴设备，可以进入这个全新的虚拟空间。在这里，每个用户都会拥有一个个性化的主空间——Horizon Home，相当于在虚拟世界中的家。用户可以根据自己的喜好自由定制虚拟形象，并在家中摆放各种数字物品，如照片、录像、火炉和桌面等，充分展现自己的个性和创意。Horizon Home不仅是个人的空间，还可以与好友分享。用户可以邀请好友进入自己的家，一起进行各种活动，增进彼此之间的友谊。除了Horizon Home外，Horizon Worlds是另一个重要的社交场所。在这个公共虚拟空间中，用户与来自世界各地的朋友相聚，共同参加数字活动，实现跨地域的社交互动。

（一）虚拟数字人

虚拟数字人是依托于人工智能、计算机图形学等技术，在虚拟世界中创造的具有各维度人类特征的数字产物。虚拟数字人具备三个特性：虚拟、数字、人。

"虚拟"指存在于虚拟世界，依托图片、视频、直播、投影等形式出现，且基于各平台驱动要求、时延要求，其技术实现难度、运营工作量有所差异。"数字"指虚拟数字人依赖于动作捕捉、图像识别、语音识别、多模态技术、深度学习、CG建模等多项技术的综合运用。核心技术的发展与成熟对其有很大推动作用。"人"指虚拟数字人的外表与交互行为高度拟人化。其外表受美术风格（真人、二次元等风格）、五官细节（眉毛、眼睛等建模）、设计审美与渲染技术等影响；其行为方式受训练数据以及驱动模型的类别、方式与精度等影响；其交互方式依赖于自然语言处理、语音识别、知识图谱等技术。

从实现技术上，虚拟数字人可分为真人驱动型与计算驱动型两种。前者在互动灵活、行为流畅上凸显优势，主要适用于影视、直播等领域；后者依赖于深度学习模型、语音识别、自然语言处理、语音合成等技术，主要适用于虚拟客服、虚拟助手等领域。

从应用角度上，虚拟数字人可分为服务型与身份型两种。前者体现功能性，注重为客户提供服务，降低服务成本，典型应用如虚拟客服、虚拟主播、虚拟助手等；后者用于娱乐社交，是一种身份象征，典型应用有虚拟IP、个人在虚拟世界里的第二分身等。其中，身份型虚拟数字人的变现能力更强、市场更广阔，服务型虚拟数字人可细分为替代真人服务的虚拟数字人和多模态AI助手两类。将服务业中可标准化的内容交由虚拟数字人承担，可以减少人力成本与制作成本。此外，随着社会老龄化、单身现象普遍化、工作压力增大，以及疾病康复等问题的加剧，人们对个性化关怀的需求日益增长。针对这一需求，多模态AI助手在特定场景中应运而生，旨在提供关怀、慰问和陪伴等服务。这类虚拟数字人在外表审美、交互精度和复杂度上有着较高的技术要求，实现起来有一定的难度。在身份型虚拟数字人的拓展方面，虚拟偶像满足了文娱市场对IP运营的需求，已经在音乐、直播和综艺等领域成绩斐然。虚拟身份则出于个人对自身虚拟世界形象的需求，是元宇宙基础设施的一部分，是个人在虚拟世界进行社交的载体。①

1. 虚拟美妆博主：柳夜熙

2021年10月31日，抖音的虚拟美妆博主柳夜熙横空出世，发布了第一个视频，并登上热搜。3天之内，其涨粉百万，短期内火"出圈"（见图6-1）。

（a）虚拟美妆博主：柳夜熙　　（b）虚拟偶像：洛天依　　（c）虚拟KOL：翎Ling　　（d）硅语数字人APP界面

图6-1　虚拟数字人的若干案例

"会捉妖的美妆达人"柳夜熙发布的视频具备电影级画面、高质量特效

---

① 参见：《虚拟数字人深度产业分析报告》(https://www.qbitai.com/2021/09/28721.html)。

与背景剧情，并融入美妆、元宇宙等元素。视频中，柳夜熙的外貌与真人相差无几，妆容独特，动作自然，乍一眼看不出与真人的区别。观众纷纷留言"你干短视频吧，我不干了""你干美妆吧，我不干了""不买票也能看电影了""柳夜熙拉高抖音天花板"，等等。

虚拟主播在出道即超越现实主播、收获百万粉丝的原因是什么？柳夜熙集各种热门元素于一身，本质是一种虚拟IP。虚拟数字人的一切都是创作者精心设计的。柳夜熙的背景故事、人物元素、精致模型、视觉特效等是吸引观众的地方。另外，互联网时代，快速产出是第一要义。虚拟数字人背后的支撑技术趋于成熟，只要创作力与设计力持续在线，一个IP即使热度下降，也能及时推陈出新，重新俘获观众。

2. 虚拟偶像：洛天依

虚拟偶像源于20世纪90年代的日本，代表作是日本虚拟歌姬初音未来。2012年，中国首位基于语音合成的虚拟歌姬洛天依诞生。

洛天依作为典型的二次元人物，拥有鲜明的外貌特征和中国元素，如灰色头发、绿色眼睛、碧玉发饰以及腰间的中国结。她不仅是一个平面形象，背后还有丰富的背景设定。洛天依被塑造成一个既温柔又坚强、有些天然呆的歌手。她怀揣着用歌声感动和造福别人的梦想。洛天依的成功并非偶然。她源于二次元文化的深厚土壤。二次元文化在全球，尤其是日本，已经积累了广泛的粉丝基础。这使得虚拟偶像具有广大的潜在受众群体，且避免了现实偶像可能带来的"塌房"风险。现代年轻人更加习惯数字和虚拟的陪伴，拥有更强的自主意识，但也可能更加孤独。虚拟偶像作为完美和纯洁的化身，在一定程度上满足了年轻人的心理需求，成为他们寻求陪伴和关怀的重要选择。

3. 虚拟KOL：翎Ling

翎Ling是采用智能技术实现的、定位国风传统文化的虚拟KOL（key opinion leader，关键意见领袖）形象。自推出以来，翎Ling已与多个知名品牌展开跨界合作，包括特斯拉、奈雪的茶及百年润发等。不仅如此，她还登上了中央电视台综艺节目《上线吧！华彩少年》。在舞台上，翎Ling用梅派第三代传人的声音，演绎了梅派京剧《天女散花》的片段。翎Ling身上集聚了丰富的中国传统文化元素，如毛笔、戏曲、茶艺等。这些传统文化元素被拆解、重组，与现代潮流、智能科技等联结，展现出独特的魅力。作为虚拟人物，翎Ling的影响力能与真人相媲美。翎Ling的形象设计参考了中国旦角演员的眼部妆容。她的五官并非流行的"网红脸"，而是充分展现了东方文化的韵味。翎Ling的脸部虽然并不完美，但却非常耐看。作为虚拟人物，翎Ling的外表是其吸引力的重要组成部分。制作团队在满足大众审美需求的同时，也坚持和保留了传统文化的特色。

4. 硅语数字人APP

短视频在大众中迅速走红，凭借其低门槛、强社交、高互动和碎片化等特点，成为许多企业新的营销推广平台。然而，企业在营销推广中面临诸多问题，如真人代言的高昂费用和风险，以及制作短视频所需的资金和精力。随着元宇宙概念的兴起，虚拟数字人开始受到资本的青睐，为企业营销带来新的流量。相比真人，虚拟数字人的安全性更强，不必担心"塌房"等风险。同时，虚拟数字人具备规模化和商业化的潜力，是企业自身的专属资产，一次投入可带来持久的产出。

为了降低短视频制作门槛，硅语数字人APP应运而生。这款APP提供了以真人形象克隆虚拟数字人、定制虚拟数字人声音与形象、制作虚拟数字人视频等功能，让用户可以轻松制做出高质量的短视频。用户只需上传自己的视频，即可生成自己的虚拟数字人，使之成为制作视频时可供选择的数字形象之一。同时，用户还可以选择喜欢的虚拟数字人形象、声线类型，并录入短视频台本，完成由定制声音与形象的虚拟数字人出镜的短视频。硅语数字人APP的应用场景非常广泛，包括直播带货、录制口播、录制VLOG、视频宣讲等。通过这款APP，企业可以轻松制做出高质量的短视频，提高营销推广效果。同时，个人用户也可以使用这款APP来制作自己的短视频，展示自己的个性和创意。

（二）数字身份

数字身份也可称作虚拟身份，是人进入数字世界后用来社交、沟通的第二身份。随着移动互联网时代的到来，数字身份成为上网必不可少的"外衣"。

1. QQ厘米秀

数字身份是现实个体在网络世界的映射，由一些特性或数字属性组成，也可能和别的数字身份相关联，比如电子邮箱、微博等。QQ作为大众常用的社交工具，每个QQ账号都是一个独特的数字身份。用户在使用QQ的过程中，逐渐在数字世界中留下自己的痕迹，从而丰富自己的数字特征，塑造个性化的数字身份。这种个性化的数字身份又反过来塑造和强化了他们在互联网上的形象（见图6-2），手机QQ的厘米秀功能允许用户创造自己的虚拟形象。这一功能的前身是2003年上线的QQ秀。随着移动端的发展，QQ厘米秀于2016年推出，满足了用户在虚拟世界中自我表达的需求。

（a）QQ厘米秀功能　　（b）哔哩哔哩的虚拟形象　　（c）Apple的Memoji功能　　（d）扎克伯格的数字形象

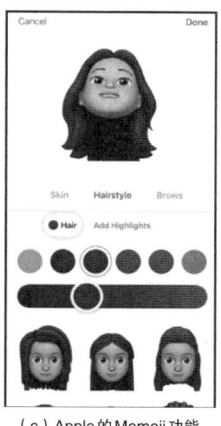

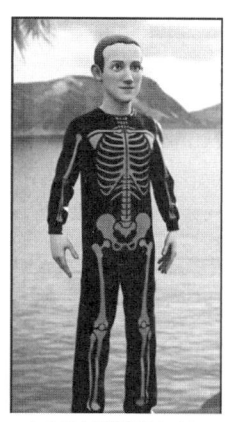

图6-2　定制数字虚拟形象

2. live2D虚拟形象

在数字世界中，用户不断探索新的表达方式，数字身份的边界也在逐渐拓宽。哔哩哔哩等平台上，经常可以看到摇头晃脑的二次元形象。这些虚拟形象采用了Live2D、动作捕捉等技术，使得主播在摄像头前摆出动作时，虚拟形象能够实时做出相应的交互姿势。观众则可以在视频中通过虚拟形象欣赏主播的动作、语言和表演等。这是数字身份的一种新拓展方向。基于动作捕捉技术的虚拟形象，使用户仿佛戴上了一个二次元的外壳，扮演了一个动画形象。这种形象在二次元直播领域中非常受欢迎，因为它可以免去主播对"颜值"的顾虑。只要戴上虚拟形象，用户就成为了这个形象本身。在某些情况下，主播使用可爱、帅气或漂亮的虚拟形象甚至比真人形象更吸引二次元爱好者的眼球。

3. Memoji

数字身份在3D领域也有了新的展现形式。苹果公司的Memoji功能为用户提供了动物、人以及自定义的3D卡通头像选择（如图6-2所示）。用户在录制手机视频时，可以看到自己转化成3D头像的样子，摄像头会捕捉用户的表情，并实时表现在3D头像上。Memoji的3D头像适合在社交平台发布个人内容、开启直播时使用，不仅保护了用户的面部隐私，还增加了趣味性。此外，该功能还拓展到了APPle Watch的表盘设计中。用户可以创造自己的Memoji 3D头像，每次唤醒手表时都能看到不同的随机表情展示，仿佛看到了"亲切的自己"，从而提升了用户的使用愉悦度。

4. 元宇宙里的数字身份

数字身份在元宇宙里也会作为个人身份象征继续活跃着。想象这样一个场景：当你初次进入元宇宙，先为自己定制一个个人形象，然后可以像玩游戏一样，为自己"捏脸"，从而调整五官细节，定制一个自己喜欢的面孔，而且五颜六色的头发随意更改，可以任意尝试不同的着装风格。数字身份关系个人在虚拟世界社交的形象与自信，是用户自我展现的渠道。马克·扎克伯格在2021CONNECT上畅想了未来在元宇宙里定制自己的数字形象的具体场景。

（三）数字NFT

NFT（non-fungible token）即非同质化通证，是备受瞩目的热词。在现实世界中，资产分为同质化与非同质化两类。同质化资产具有可分割、可替代和可交换等特性，如流通货币、股票和贵金属。以人民币为例，其面值可分割、可互换且规格统一。相反，非同质化资产则具有不可分割、不可替代和独特性等特征，如艺术品、收藏品，在世界上独一无二、稀缺珍贵。在数字资产领域，同样存在同质化与非同质化的区分。同质化数字资产包括虚拟货币，如以太币和比特币，而非同质化数字资产则涵盖数字艺术品、数字藏品等。这些数字资产凭借其独特性和稀缺性，在数字世界中展现出无限的价值和魅力。NFT作为非同质化数字资产的代表，为数字世界带来了新的可能性和机遇。[1]

NFT具有不可替代、不可分割、可追溯等特性的区块链上通证。这些特性使得它在收藏品交易、身份认证、产权保护等领域具备广阔应用前景。在收藏品交易领域，NFT可以为艺术品生成独一无二的数字凭证。数字艺术品的最初来源与每一次交易流转都会被记录在区块链上，确保其不可篡改，为艺术品交易提供了透明、公开的环境。这不仅解决了传统艺术品交易中的真伪问题，还可以通过时间戳和加密签名进行追溯，从而杜绝伪造真品的风险。此外，NFT的特性也可以用于个人身份信息的保护和管理。通过唯一的数字凭证，可以实现身份认证和授权，确保个人信息的真实性和不可替代性。在国内，NFT数字艺术品被称为数字藏品，主要用于对艺术品、作品等进行NFT化，使其获得唯一的数字凭证。国内多采用联盟链发行数字藏品，蚂蚁集团推出的"鲸探"就是数字藏品交易平台的代表。通过与艺术创作者签约，该平台致力于提供优质的原创数字藏品。腾讯也推出了基于至信链的数字藏品平台"幻核"，百度则自主研发了开源的百度

---

[1] 秦蕊,李娟娟,王晓,等.NFT：基于区块链的非同质化通证及其应用[J].智能科学与技术学报,2021(2):234-242.

超级链，并上线了数字藏品平台。

数字藏品在国内市场上与IP联动，产生了许多备受追捧的数字藏品。例如，冬奥会吉祥物冰墩墩的数字盲盒在国际奥委会的nWayPlay平台上发行后，很快被抢购一空。限量500份的冰墩墩徽章展现了冰墩墩在冬奥赛事中的可爱形象。此外，亚运会也推出了数字火炬和数字吉祥物等具有文化内涵的数字藏品，深受收藏者喜爱。

浙江大学125周年校庆之际，发起"灿若星辰NFT"的周年校庆特别活动。无数浙江大学师生校友受邀参与NFT绘画活动。受邀者选择自己的年级与身份，在浙江大学7个校区的标志性建筑构成的画布上选择位置，绘画创作。创作完成后，星辰亮起，形成连片的星系。受邀者还可以发送弹幕，表达期望和祝福，保存自己的数字名片并分享在朋友圈。基于NFT这一形式，创作者的作品将会获得数字认证，在数字世界永久保存，成为属于每一位创作者的数字资产。"灿若星辰NFT"提倡一种群智共创的产出模式，由无数浙江大学师生共同创作。

三、数字办公：在线办公新场景

数字技术改变了工作场景，后疫情时代催生了远程办公需求。钉钉等软件满足了日常办公需求，未来元宇宙将带来虚拟会议室办公体验。

（一）智能时代的办公需求

数字技术的广泛应用为工作场景带来了巨大的变革。随着远程办公需求的增加，移动考勤、线上打卡等成为普遍现象。钉钉作为一款企业协作工具，在这个过程中得到了迅速的发展。

钉钉1.0版本重点关注的是企业内部协作和有效沟通的需求。为了解决沟通中的问题，钉钉提供了"DING"功能，能够将工作信息迅速传达给员工，并确保所有员工收到并回复，大大提高了沟通效率。这一版本以中小企业为目标群体，以免费通话和内部沟通为切入点，历时1年半，到2015年底服务企业数量达到了100万家。

在2.0版本中，钉钉解决了考勤与审批的问题。传统的考勤系统只能监督固定的工作岗位，无法兼顾外地出差的情况，钉钉实现了移动考勤，让企业能够有效监督员工的出差情况。同时，钉钉的OA审批功能也大大提高了工作效率，让烦琐的审批流程变得高效、有序。这一版本推出后，钉钉合作的企业数量达到了300万家。

在满足中小企业的普遍需求后，钉钉在3.0版本中开始关注行业差异性问题。不同行业有着不同的业务偏重和需求，为了更好地满足各行业的个性化需求，钉钉打造开放生态，引入各行业的应用服务商，让应用服务商在钉钉平台推广自己的业务。这一版本的服务范围进一步扩大，截至2017年底，钉钉的注册用户超过1亿名，服务的企业数量超过500万家。

钉钉在4.0版本中推出了人脸识别打卡的解决方案，既保证了安全又提高了效率。至此，钉钉打造出线上、线下统一，软件、硬件协同的企业协作办公生态。

在不断完善和升级的过程中，钉钉逐渐与阿里巴巴集团的其他部门建立了联系，打通了业务。2018年，钉钉提出了企业场景的人、财、物、事的全链路数字化解决方案。随着数字化转型的需求日益迫切，许多企业开始重视线上办公的需求。在这一背景下，钉钉的用户群体也逐渐拓展到大企业。截至2019年6月底，钉钉用户数量突破1亿名，企业数量超过1000万家。

随着钉钉用户数与企业数的增长，用户留存的问题逐渐浮现出来。为了帮助企业降低运营成本、留住用户，钉钉5.0版本推出了"圈子"功能。这个功能并没有明确的目标用户群体，而是分为内部圈和外部圈两种。内部圈主要用于企业内部的信息交流和知识分享；外部圈则有商业交流、教学培训、社群运营等多元化功能。通过这些功能，企业可以举办商业峰会、进行行业交流，学校可以开展教学培训和校园活动，社群可以分享共同话题、培养兴趣爱好。

数字化转型的加速使企业对于高效协同的需求越来越迫切。钉钉6.0版本通过设计优化创造了三个方面的价值：优化沟通体验、促进高效协同、降低开发成本。在沟通方面，钉钉从细节入手，推出了消息聚合和群抽签等实用功能，解决了群聊中重复消息刷屏和选择困难的问题。此外，钉钉还通过培养员工准时考勤、规范日程管理等工作好习惯，帮助企业提高工作效率。在协同方面，钉钉优化了快速会议发起功能，提升了团队协作的效率和便利性。在开发方面，钉钉为企业提供了组织文化套件和组织运营工具等解决方案，简化了开发流程，降低了开发成本。

钉钉在新冠疫情防控期间推出的基于GPS、Wi-Fi、蓝牙等技术的无接触考勤方案，避免了物理考勤机器的传播感染风险。同时，响应国家在线办公的号召，发布了在家办公全套免费服务，包括群直播、视频会议、DING功能、日程共享、在线文档协同等功能。这些功能的推出不仅满足了企业的需求，也推动了国家的数字化基础建设进程。

（二）数字商业会议

1. Horizon Workroom

在数字时代，办公场景已经突破了物理环境的限制。Horizon Workroom作为元宇宙中的工作场景，为我们展示了虚拟世界中定制工作场所的可能性。在虚拟世界里工作，我们无须担心电脑等物理设备的限制。工作界面可以随时调用，处理各种任务就像使用手机一样方便。这让我们即使身处不同的地方，也能感受到办公室的临场感（见图6-3）。

在虚拟世界里开会更是令人兴奋的事。传统会议只能通过二维屏幕与他人交流，体验有限，但Horizon Workroom的虚拟会议室则提供了更加真实的体验。通过头戴式显示器、手柄等设备，每个用户都能以数字身份参与会议，看到其他与会者的真实动作和表情。这使得远程会议更像是一次面对面的交流，仿佛大家身处同一个会议室之中。此外，虚拟会议室还支

（a）虚拟世界的办公界面　　　　　　　（b）室内使用办公界面

（c）发起线上会议　　　　　　　　　　（d）以虚拟投影方式与会

图 6-3　虚拟世界的办公方式

持共享办公界面和虚拟白板功能，让与会者可以自由地发表观点、记录灵感和进行头脑风暴。而且，Horizon Workroom 的环境可以定制，可以根据用户的喜好设置为海洋、森林等。

2. 全息会议系统

为了让世界各国参赛者突破时空限制自由参赛，中国设计智造大奖的团队与新华智云共同研发了全息会议系统（smart holo-conference conference system）。这一系统的核心是一个全息盒子和一张透明的玻璃纤维幕布。与会者只需通过组装收到的盒子，即可参与到会议中。借助无绿幕抠像算法，摄像机捕捉图像后能够将人物从背景中分离出来，并在玻璃幕布上呈现出一个清晰的轮廓。这一系统不仅突破了地理限制，还满足了远程会议中的情感交互需求。在 2020 中国设计智造大奖总决赛上，两位海外评委——印度嘉宾帕瑞纳·维亚斯和韩国嘉宾李健杓，由于疫情原因无法亲临现场，通过全息会议系统全程参与了总决赛。这一技术的应用展示了在特殊时期保持国际交流与合作的无限可能性。

随着应用场景的不断拓展，全息会议系统的功能也在不断完善。2021 年，这一系统被应用于苏州市两会的主会场，市民能够与现场委员、代表共同参与会议。这一实践证明了全息会议系统在提升会议体验、加强互动和情感交流方面的优势。未来，随着技术的进步和应用场景的丰富，全息会议系统将继续优化和完善。它不仅将为国际交流提供便利，还将成为推动数字化时代发展的重要工具之一。①

（三）数字展会

网易瑶台是一个领先的在线虚拟活动平台，注重用户体验，可提供多场景、强互动和沉浸式的活动体验。平台首创 AI 会议新模式，已成功举办了多个虚拟活动，包括华为云沉浸式虚拟发布会、第十六届国际生物矿化研讨会、杭州动漫游戏协会行业年会、网易雷火校招宣讲会以及第二届国际分布式人工智能学术会议等。以华为云沉浸式虚拟发布会为例，与会者虚拟数字人形象参与"瑶台仙境"中的云端会议。会议场景布置为美妙的古风场景，与会者可以定制自己的虚拟形象，自由行动，给人新颖独特的会议体验。在第二届国际分布式人工智能学术会议上，全球学者在《逆水寒》游戏中召开学术会议，其古风场景的沉浸感和社交性受到认可。这种虚拟学术会议相比于传统视频会议，更能满足社交性、互动性和仪式感的需求。②

四、数字商业：交易新模式

在数智时代，数据已成为推动商业发展的关键要素。随着设计理念的不断演进，如今的设计关注点已转向提供优质服务和用户体验。服务体验云作为一个基于大数据的服务设计工具，旨在通过数据收集与分析、用户行为洞察和设计输出优化，提升用户体验。服务体验云通过跟踪用户在网站的行为逻辑和动作数据，绘制典型用户画像，并为其添加业务、行为和

---

① 参见：《"设计界的奥斯卡"get！新华智云全息会议系统获 iF 设计奖》（http://www.xinhuanet.com/2022-04/18/c_1128571699.htm.）。

② 参见：网易瑶台首页（https://yaotai.163.com.）。

态度属性标签。这些数据支撑了产品运营和设计迭代，优化了用户体验，提升了业务转化率和客户忠诚度。以购物网站的用户访问漏斗为例，其每一步的用户留存量逐级递减，只有极少数的用户最终完成订单转化。通过分析用户的行为，可以洞察用户流失的原因，并优化设计以提升业务转化率。服务体验云通过大数据分析，洞察用户行为，优化设计输出，提供基于大数据的服务设计和用户体验设计。通过实时动态预测用户行为，为产品运营和设计迭代提供数据支撑。在未来，随着技术的进步和应用场景的拓展，服务体验云将为更多行业和领域提供数据驱动的服务设计及用户体验优化解决方案。

（一）数字支付

在购物时，寻找二维码、亮出付款码已成为大众的习惯。以支付宝、微信为代表的第三方移动支付在中国广泛普及，几乎取代现金成为主流支付方式。与此同时，指纹支付、人脸识别等支付方式也逐渐兴起。尽管第三方支付方式已经十分成熟，但其内部的安全隐患一直困扰着人们。

为了提升数字财产安全水平，中国人民银行大力推行数字人民币。数字人民币与实体人民币具有同等的法律地位和经济价值，由中国人民银行进行中心化管理、全生命周期管理。数字人民币的双离线支付和可控匿名性质是对当前电子支付体系的补全，且以国家信用为保障，比银行账户、第三方支付等更具安全性。数字人民币的技术架构包括"一币、两库、三中心"，即数字人民币、中国人民银行发行库和商业银行的银行库，以及登记中心、认证中心和大数据分析中心。数字人民币的发行由多种因素推动，包括争取更多使用者、经济利益及金融话语权，应对超主权货币Libra对国际货币体系的影响，以及建立新的支付结算体系以制约美国霸权和促进人民币国际化。数字人民币有可能成为传统金融向数字金融发展的基础设施。

（二）无人超市

无人超市的"无人"体现在店铺无人值守。顾客进入无人超市，可以独立完成商品选择、扫码录入、支付结账的流程。

海外的 Amazon Go 是无人超市先驱者，为顾客带来了全新的购物体验。顾客进入超市后直接挑选心仪的商品，"拿了就走"。当顾客离开超市时，人工智能技术会自动根据货架上的商品状态完成结账，并给顾客发送一份结账清单。

国内的淘咖啡也是无人超市的先锋。顾客首次进入淘咖啡，需要使用手机淘宝扫码领取电子入场券。在购物区，顾客可以自由选择商品。淘咖啡采用计算机视觉和传感器技术跟踪用户的购物行为。顾客还可以在餐饮区点单，通过语音识别技术，人工智能可以理解顾客的需求并完成下单。确认支付后，用户即可离开；经过两道结算门，支付宝会自动完成扣款。[1]

上述案例说明无人超市提供的是免排队、免结账的服务。这项服务背后是大数据、人工智能、物联网等多项技术的结合。

（三）数字零售

线上、线下打通的新零售方式为零售业做出了巨大贡献。新零售以门店为基本单元，门店场景的关键要素有店员、消费者、商品等。传统新零售从消费者的体验入手，通过布局线上、线下双渠道来改善消费者的体验。尽管商家提供线下移动支付和线上商品外送到家的服务，但随着人工智能、物联网、区块链等数字技术的发展，新零售还有很多机会可以挖掘。门店场景的各种要素都存在可以优化的空间，盒马的设计师就发现了新零售不够"新"的地方，店员给消费者结账时，使用的还是贴满标签、界面斑斓的传统收银设备，效率十分低下。实际上，当时已经有基于 AIOT（AI + IOT）技术的零售工具研究，然而，前沿技术的成本过高，不适合零售门

---

[1] 宋杰. 缤果盒子、淘咖啡等相继亮相 无人智能零售店来了 [J]. 中国经济周刊, 2017(28): 86-87.

店的大规模推广。盒马针对门店零售低效的情况，综合前沿技术和通用技术的平衡、商家与消费者双方价值的兼顾、AIOT与零售场景的匹配情况、业务模式的创新等方面的考虑，推出了低廉、普惠的零售门店的自助收银机。[1]

用户在使用手持的电子设备时，用手指进行操作，操作空间也局限在手掌范围内。门店零售的场景中，消费者使用自助收银机，操作的范围远大于手持设备的狭窄交互空间，操作方式也不只有手指操作一种，还包含商品扫描、手机扫码、人脸识别等交互方式，设计师在空间、语音、界面、视觉等多维度进行设计重构，能够提升消费者在零售场景的用户体验。降低人力成本、提升服务效率是商家所需要的。零售工具在创造消费者体验价值的同时，还应该兼顾商家的人效价值，使零售场景里的各利益相关方都能从中获益。

技术的运用应该匹配场景的需求，并非越前沿的技术越有应用市场，通用技术的体验重塑也能带来体验价值和人效价值的双重升级。

盒马孵化的AIoT设备除了自助收银机，还有外卖自提柜、自助售药机等。外卖自提柜让消费者取到保鲜的食物，自助售药机提供24小时售药的服务，两者都为消费者带来了体验升级。盒马设计师还针对超市、便利店、餐饮、菜场、百货、医药等小业态多场景，设计了满足一人多能工作需求的飞鼠一体机。这台设备分为消费者端和员工端两个操作界面。在便利店场景，消费者可以对标准化商品进行自助扫描结算，无须排队等待工作人员服务；员工则在另一侧界面辅助进行非标品的结算、收银。农产品交易场景里，它可以帮助消费者对果蔬进行自助称重、标签打印……数字化赋能新零售，设施的数字化之外，业务的数字化也需跟上脚步。

---

[1] 参见：《艾瑞咨询. 2017年中国无人零售行业研究报告》（https://www.iresearch.com.cn/Detail/report?id=3098&isfree=0.）。

（四）数字营销

小微商户是市场中的重要组成部分，却常常被忽视。它们深度融入居民的日常生活，提供各种便利服务，但由于受到营销能力和服务能力的限制，在市场中往往面临较大的生存压力。营销和服务上的困难、物料的缺失，都是阻碍其发展的难题。

支付宝的设计团队深入挖掘小微商户的实际需求，发现了通过数字化手段解决问题的可能性。团队将物料这一营销和服务的载体作为解决问题的切入点。通过数字化物料的设计，可以实现多种目标，如数字化营销、服务升级等，不仅可以引导线下客户转移到线上，提高客户留存率，还能通过多种引流方式增加客户数量，提升商品销售转化率。有了专业的数字物料支持，小微商户能为客户提供更便捷、更智能的服务，进而降低运营管理成本。

支付宝的设计团队为小微商户设计了多种具有针对性的物料，如会员营销体系的数字物料、创意数字物料等。这些物料旨在吸引新用户，以及提升老用户的消费次数和单次消费价格。其中，会员营销体系的数字物料主要围绕优惠券展开，通过让线下顾客扫码进入线上渠道，实现了从线下到线上的引流。具有创意的数字物料则更注重情感营销、活动营销和公益倡导，以打动消费者并提升销售转化率。设计师在进行物料数字化设计时，也碰上一些问题，比如：如何满足商家自定义物料设计、物料制作的需求；商家如何使用不同种类的物料、用在哪里；如何保证物料的使用体验、落地性和有效性；等等。

针对第一个问题，支付宝的设计团队给出的解决方案是打造一个支付宝创意物料定制小程序。商家只需选择模板定制并一键下单制作，就能以低成本获得高品质的宣传物料。第二个问题涉及物料在具体店面场景的实际使用、摆放位置等信息。设计师针对不同商家类型做出具体的线下经营模型；商家将自己的店面匹配对应的经营模型，就能找到合适的物料解决方案。经营模型需要权衡场景里人、物料、空间之间的关系，考虑顾客在环境的空间动线，物料类别与点位布置，消费者与商品、物料的触点。第三个问题涉及消费者和商家双方的体验。对消费者来说，物料存在是否易读、易懂的问题。消费者在商店里观察商品时，有视觉的优先级和难易度，所以要根据人体工学划分黄金视觉区、次要视觉区并安排物料投放。对商家来说，一方面，物料需要在许多环境中通用，就要保证它的普适性；另一方面，物料也要匹配一些特殊环境，即与场景的适配性。

五、数字健康：个性化精准施治

（一）数字医疗

数字技术正在逐步改变医疗行业的运作方式。医疗机构通过使用数字医疗基础设施，可使患者就诊更加便捷、高效。自助挂号区的挂号机器已经成为医疗机构的标准配置，患者不再需要长时间在人工窗口等待。通过"浙里办"等平台，患者可以享受预约挂号、疫苗接种预约、体检报告查询等服务，极大地简化了就诊流程。

数字医疗让每个病人都有自己的电子病历，实现了疾病档案的数字化管理。这种管理模式不仅简化了医疗流程，还提高了医疗服务的效率。通过数字医疗平台，医生可以快速查阅患者的病历信息，减少不必要的检查，降低医疗成本。同时，这也有助于解决医患之间的信息不对称问题，提升患者对医疗服务的信任度。

中国有庞大的慢性病患者群体。随着人口老龄化趋势的加剧，慢病患者数量还将持续增长。慢病管理是患者长期的需求，数字化技术在慢病管理中发挥了重要作用。智云健康开发的互联网医院平台串联起医院、医生、患者、药店等，通过整合个人电子病历和康复情况等医疗数据，提高了数字化慢病管理的效率。这一平台不仅降低了患者的就医成本，还为医疗机构缓解了压力，实现了降本增效的目标。

慢病管理具有长期持续性护理、就诊、治疗的需求。智云健康针对慢病管理的痛点开发了互联网医院平台。其主营业务分为医院业务、药店业务、个人慢病管理业务三大块。其中，医院业务即医院端平台，核心内容是建立个人电子病历记录并跟踪就诊、检查、康复情况等医疗数据。其利用AIOT技术联通医疗器械，将采集的医疗数据传输到个人电子病历；电子病历自创建之后还可以进行管理、储存、分析、同步等操作，有助于提升数字化慢病管理的效率。

尽管数字化在慢病管理中可提供许多方面的便利性，但依然无法取代医院场景就诊的必要性。智云健康认识到数字化是辅助而非替代，医院场景仍然是中国慢病管理的核心，因此采取"医院为先"的发展战略，通过与医院建立强关联性的服务系统，以院内场景为主，延伸出院外场景，并挖掘出用户院外问诊、持续治疗、长期监测的潜在需求，使院外场景的业务得到快速增长。

（二）数字健身

随着年轻一代对形体美和健康生活的要求越来越高，健身已逐渐成为他们日常生活中不可或缺的一部分。然而，繁忙的工作和日常生活的压力使得坚持去健身房成为一项挑战。在这一背景下，居家健身和自我监督的健身方式受到了年轻人的青睐。数字健身应用如Keep、悦动圈、咕咚等因此迅速走红。

数字健身的应用不仅限于室内。用户可以在家中跟随视频做瑜伽，在户外跑步并用APP记录步数，在泳池里使用运动手环记录游泳数据。这些多元化的健身场景为用户提供了丰富的选择，使他们可以根据自己的需求和喜好进行锻炼。

这些数字健身产品之所以受到用户的喜爱，除了因其便捷性和个性化外，还因为它们能够实时监测用户的身体数据，并提供针对性的建议和反馈。用户可以通过APP查看运动数据、身体指标的变化，从而更好地了解自己的身体状况，进而调整锻炼计划，实现更有效的健康管理。

六、数字民生：便捷生活新方式

数字化赋能民生场景，也造福千万百姓，对菜场管理、外卖卫生等民生的细枝末节产生巨大影响。

（一）未来菜场

菜场是最贴近百姓、反映民生的地方，物价、菜价是老百姓们每日的关注点。在我们所熟知的传统菜场里，买菜要经历挑菜、问价、比价、称重、付款等流程。菜场内摊贩众多，各家定价不一，食材来源不好管控，人员流动性大，食品安全和卫生环境也难以保证，而且菜场是易传播疾病的场所之一。

象山县的未来菜场参展2021世界数字经济大会，是数字化造福民生的典型案例之一。未来菜场以象山县的中心菜场为项目试点，于2021年9月实行了撤秤换码行动，取消了传统手动称重的秤，以自动采集商品数据、自动识别蔬菜并称重、将交易信息与后台进行数据联动的智能电子秤取代，并推广二维码支付方式，建立了集中管理农贸市场所有信息与交易的数字统计平台。"撤秤换码"措施既便利了消费者，也方便管理人员监管农贸市场。对于消费者来说，移动支付的方式省时省力。有了综合的数字监管平台，整个农贸市场的菜价都是统一的，无须再货比三家。称重的同时，消费者能从电子秤上获知与蔬菜相关的信息，解决了消费者的对蔬菜安全、新鲜度、价格等方面的担忧。对市场管理部门来说，数字监管平台实时跟踪农贸市场的商户销量、交易总额、品类排行、品类占比等信息，并将信息可视化呈现，使管理人员能全方位掌握市场的经营状况，并根据数据反馈动态调整农贸市场的商品供给。

未来菜场如此受欢迎，得益于数字化手段的运用，其本质上是对民生问题的解决。数字化是一种途径，未来也许会有更先进、更惠民的手段出现。但无论何种手段、怎样的新奇体验，最终都要回到民生这个根本。技术是改善民生的工具，如何发挥技术的作用并将其运用在合适的场景、场合，是设计需要考虑的事。

（二）浙江外卖在线

年轻人工作紧张、生活忙碌，为了节省时间和精力，点外卖成了许多打工人的选择。外卖行业有庞大的消费市场、广阔的发展空间、强大的产业支持，但是一直欠缺强有力的监管制度，餐馆的环境卫生、食材安全等一直是顾客关注的焦点。针对外卖餐饮安全问题，浙江给出的答案是数字化，浙江外卖在线问世。浙江外卖在线深入网络餐饮系统，打造了覆盖全链路、多场景的监管系统。浙江外卖在线打通了从商家进货到消费者食用的监管路径，实现了外卖餐饮从菜单到厨房、从出餐到配送、从商家到骑手、从线上到线下、从骑手到消费者的全流程、全方位的闭环管理。

浙江外卖在线致力于解决外卖行业的多个关键问题。一是强化平台监管，确保各方责任落实，提升平台监管力度。二是加强商家合规经营的监管，包括执照和人员规范，确保食品安全。三是后厨监管方面，利用浙食链系统加强食材安全管控，安装后厨摄像头，并定期巡察。四是配送环节监管，旨在避免食品二次污染和落实限塑政策，同时加强餐饮具的卫生与质量监管。五是骑手管理问题，包括骑手的人事和信用管理，以及严惩违法行为，提升交通安全。六是优化消费体验，解决信息不对称和食品浪费问题，让顾客更放心和舒心。七是实现执法全程闭环管理，确保违法行为查处的顺利进行。

浙江外卖在线并非独立的APP，而是与饿了么、美团等外卖平台集成。用户可以查看商家的营业执照和从业资质信息，并实时监控后厨情况。这一举措利用成熟的技术解决了民众关心的民生问题，通过完善外卖平台的监管体系，旨在构建健康、规范、有序的网络餐饮市场。

七、数字治理：智能高效协同

随着我国数字化进程不断推进，数字经济融入国家治理的方方面面，建设数字政府、发展数字健康、打造数字民生……数字经济已然造福百姓，成为社会不可缺少的力量。

（一）浙江数字政府平台建设

《2021省级政府和重点城市一体化政务服务能力调查评估报告》显示，浙江在省级政府总体指数排名中与上海、广东并列第一，杭州在重点城市总体指数排名中与深圳、广州、南京并列第一。浙江省全方位深化政府数字化转型，凭借浙里办和浙政钉两个平台满足民生、政务需求。浙里办APP集成500项便民服务、300多项民生事"一证通办"、40个跨部门"一件事"网上联办；浙政钉则为百万余名政府工作人员提供在线沟通、协同办公的统一平台，大大提高了办公效率，为社会治理、政府决策、便民服务提供了保障。[1]

杭州更是数字治理的先锋模范。阿里巴巴开发的健康码率先在杭州推广，在疫情防控中引入数字化精准防控形式。杭州打造了亲清在线新型政商关系平台，促进形成政企沟通、政策兑现、效果反馈的动态闭环。

（二）基层治理

社区是城市治理的"最后一千米"，社区治理长期存在工作冗杂繁重、工作内容无痕迹、市民求助无响应、反馈渠道少等问题。数字化深入社区层面，让百姓近距离感受数字化带来的便利。杭州多个街道、社区打造了

---

[1] 参见：《2021省级政府和重点城市一体化政务服务能力调查评估报告》（http://zwpg.egovernment.gov.cn/xiazai/2021zwpg.pdf.）。

邻里治数字化平台，实现了数据采集、可视建模、便民服务一体化，提高了社区基层治理水平和治理质量，提升了居民认同感、满意度。

杭州成立了数智治理中心，民众有任何公共服务、行政管理相关问题，可以通过扫"西湖码"来反馈问题、寻求响应。有关部门利用数字化技术快速定位投诉地点，及时处理民众的投诉、矛盾，使得杭州的城市治理更高效、更精准。

第七章
四维动能引擎

CHAPTER 7

终日乾乾，与时偕行。

——《周易·乾·文言》

　　以创意性、技术性、文化性、商业性四个维度构建智能创意设计的四维动能引擎，从创新性的多元发展、技术性的新技术加持，到社会意义的全局赋能、商业性的可持续发展以及在文创、智能制造及数字信息领域的表现，展示了其强大作用和广阔前景。在四维动能引擎的驱动下，创新和发展如云涌动的景象正在上演。创意如同明灯，照亮了未来设计的探索之路。

新经济 新设计 新动能

智能创意设计提升新经济新动能的评价模型与指标体系由创意性、技术性、人文性、商业性四个维度组成（见图7-1）。无论是对主体动能、技术动能、业态动能、模式动能的内生路径的评价，还是对文化创意领域、智能制造领域、数字信息领域的外协路径的评价，四个维度都缺一不可。其中，创意性和技术性是本质性评价指标，人文性和商业性是价值性评价指标。

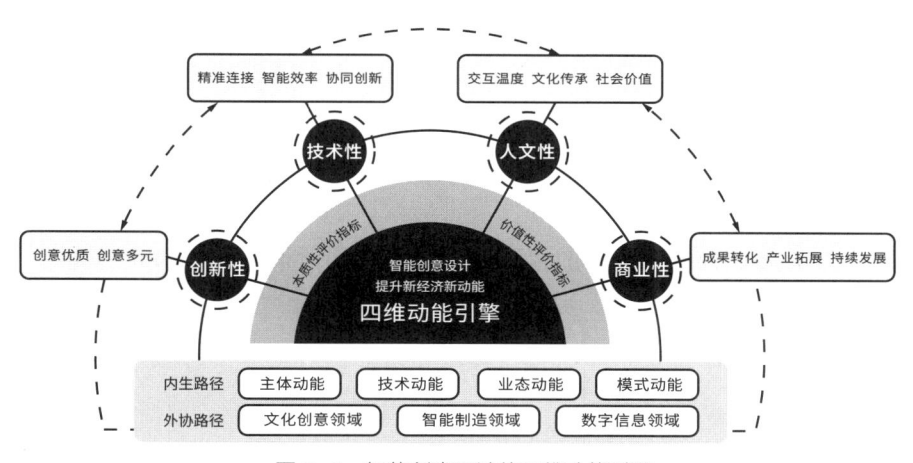

图 7-1　智能创意设计的四维动能引擎

一、创新性：优质与多元齐发

智能创意设计是融合新兴智能技术，将富于创造性的思想、理念以设计的方式予以延伸、呈现与诠释的过程，创造了形式多样的新产品、新服务、新装备、新工艺等。智能技术是丰富创作形式与过程的手段，创意设计是根本与落脚点。因此，对于智能创意设计提升新经济新动能的评价，创新性应是第一评价指标，表现在创意的优质性和多元性两个方面（见图7-2）。

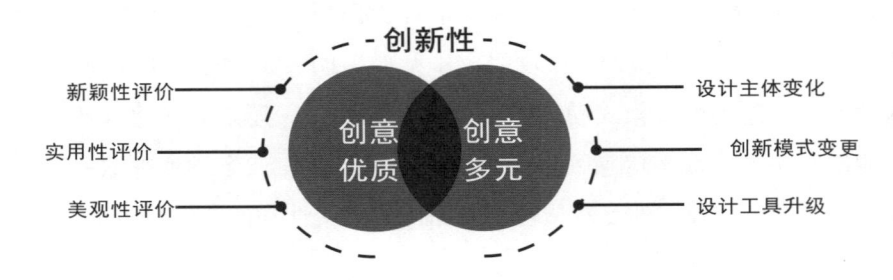

图 7-2　智能创意设计的创新性

（一）创意优质

智能创意设计的创意优质判断包含评价主体、评价客体和评价方法三个部分。评价主体除了传统设计评价中的设计师、消费者群体等具备主观能动性的人类之外，人工智能也可为创意设计的评价提供更加客观和高效的参考建议。[1] 评价客体是融合了创意设计与智能技术的智能创意设计，在整个评价活动中供评价主体进行评价和考核。对于评价客体可以从内在和外在两个方面去进行评价：内在是创意设计的底层逻辑，包括目标定位、设计理念、执行思路等；外在是创意设计的表现形式，包括外观造型、色彩搭配、材质肌理、图案图形等。评价方法可从创意设计评价中三个常见的维度（新颖性、实用性、美观性）展开。在智能创意设计的创意优质评

---

[1] 徐千尧, 吴琼, 宫未. 基于美学计算的智能设计方法分析与启示[J]. 装饰, 2022(9): 17-22.

价活动中，评价主体根据评价方法对评价客体进行创意优质评价，最终评价结果为智能创意设计的创意优质评价提供技术参考。

1. 新颖性

新颖性在智能创意设计领域中占据着核心的地位。它不仅直接影响着设计的吸引力和市场竞争力，还是设计创新和创意产业发展的关键动力。用户通常会选择独特、有创新的产品或服务，因为它们可以提供不同寻常的体验。新颖性可以为智能创意设计增加新的功能、特性或体验，使其具有更高的价值。对新颖性的追求涉及对传统设计理念、技术应用以及用户体验的深度挖掘和创新性重构。它要求设计师不仅要在视觉和功能上提供前所未有的创新方案，而且要在文化和情感层面与用户产生共鸣。

对于创意新颖性的判断，根据已有研究，沙阿等提出，在创意方案集合中，某类解决方案的数量越少越新颖。[①] 将这个研究结论应用至智能创意设计领域，有两种判断一个智能创意设计新颖性的方法：一是通过定义哪些设计或者设计元素是落后的，来判断一个智能创意设计是否新颖。可以通过了解市场上和竞争对手的产品或服务，找其已有设计的共同点和不足之处，确定设计中可能存在的机会和缺口，从而判断创意是否新颖。二是提取该智能创意设计的关键属性，找到具有该属性的所有解决方案。市场上或者现有研究中应用某种解决方案的次数越少，这种解决方案的新颖性越高。如果该解决方案与现有产品或服务相似，那么它不具有很强新颖性。也可以通过专利和版权数据库来查找已有的相似设计，从而更好地判断设计是否新颖。另外，也可以多向专业人士寻求意见，如设计师、行业专家等，获得宝贵的反馈和建议，从而更好地判断设计是否新颖。

2. 实用性

实用性在智能创意设计中扮演着关键角色，直接影响设计是否能够满

---

① Shah J J, Smith S M, Vargas-Hernandez N. Metrics for measuring ideation effectiveness[J]. Design studies, 2003 (2): 111-134.

足用户需求并解决用户问题。

智能创意设计的实用性可从两个维度进行考量：其基本实用性和附加实用性。基本实用性指其基本功能和性能，如产品的性能、耐久性和易用性等基本要素。这些要素是设计过程中的重要考虑因素，有助于确保设计实现其既定目的。附加实用性则指在基本实用性基础上所提供的额外的实用性，如环保性、节能性、文化传播和社会正面影响等。这些虽非设计的基本要素，却能增加设计的吸引力，更好地满足用户的需求和期望，如改善生活质量、减少能源消耗、丰富娱乐体验和社交互动等。

因此，在智能创意设计过程中，设计师需全面考虑设计的基本实用性和附加实用性，并力求在这两者之间寻找平衡。设计师必须确保设计能够实现其既定的目的，并在日常使用中稳定、可靠。同时，设计也要提供附加实用性，例如，一个智能家居系统不仅能提高居家的安全性和便利性，同时也能通过节能模式提高能源效率，这就是一种附加实用性表现。设计师还需要考虑设计如何适应不同用户群体的特定需求。这要求设计师深入理解目标用户的生活方式、文化背景和个人偏好，从而确保设计能够为用户带来切实的帮助和增值。

3. 美观性

美观性在智能创意设计中占据着极为重要的地位，不仅影响着个体对设计的感知和接受度，还可能决定其购买行为。一个具有吸引力的、美观的设计可以引起人们的兴趣和注意力，提高产品的竞争力和市场份额。

评估智能创意设计的美观性是一个既主观又需要一定客观标准的过程。这一过程不仅关注设计的形式美，也探讨设计如何在功能性与美学之间达到平衡，以及如何在传递文化和情感价值方面发挥作用。首先，色彩搭配、形状、线条、纹理以及整体布局等元素是构成设计视觉吸引力的基础。它们如何协调组合，不仅影响设计给人的第一印象，也决定了设计能否在视觉上提供持久的吸引力。其次，设计不仅是视觉艺术的展现，也是文化表达和情感交流的媒介。设计的文化和情感深度能够使其超越纯粹的视觉美感，具备更高层次的美学价值。一个设计如何反映特定的文化身份，如何在用户与设计之间建立情感联结，都是评估美观性时不可忽视的方面。最后，用户的反馈和市场的响应可以提供重要的参考信息。设计能否得到广泛的认可，能否在目标群体中引发共鸣，都是评估美观性时需要综合考量的指标。

智能技术的融合拓宽了美学评估的渠道，在传统的人工进行美学评估的基础上，计算机也可以模拟人类思维对视觉表达设计进行美观性评估。有学者将卷积神经网络应用在图像风格、美学和质量评估中，大大提高了图像美学评价的准确率。[1] 还有学者提出利用深度学习自动计算和量化网页美学的工具Webthetics。[2] 该工具采用迁移学习的方法，即基于图像风格识别任务对评价模型进行预训练，然后将预训练的评价模型迁移到网页美学评价任务中，能够有效地提供与真实用户评价高度相关的美学预测。人工智能和机器学习算法也可以分析大量设计案例，识别和预测审美趋势，为设计师提供基于数据的指导。

（二）创意多元

世界已从二元（物理—人类，physics-human，PH）空间演变为三元（信息—物理—人类，cyber-physics-human，CPH）空间。在三元空间和数字经济时代，设计主体、创新模式和设计工具都发生了转变，创意的多元性日益涌现（见图7-3）。[3]

---

[1] Lu X, Lin Z, Shen X, et al. Deep multi-patch aggregation network for image style, aesthetics, and quality estimation [C] //Proceedings of the IEEE International Conference on Computer Vision. 2015: 990-998.

[2] Dou Q, Zheng X S, Sun T, et al. Webthetics: Quantifying webpage aesthetics with deep learning[J]. International Journal of Human-Computer Studies, 2019(124): 56-66.

[3] 罗仕鉴. 群智设计新思维 [J]. 机械设计, 2020(3): 121-127.

二元（物理—人类）空间 ➡ 三元（信息—物理—人类）空间

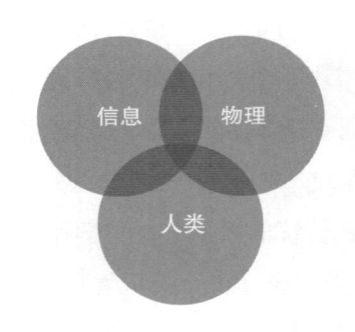

设计主体方面
消费者在创意设计过程中的话语权越来越大。
创新模式方面
消费者群体参与设计过程已成为企业共识。
设计工具方面
智能创意设计依赖于新兴技术，移动互联网技术的加入使得更多创新主体与创新企业的参与成为可能。

图 7-3　创意的多元性

1. 设计主体：消费者在创意设计过程中的话语权越来越重

随着移动互联网技术和大数据驱动的人工智能系统的飞速发展，消费时代开启了以消费者为核心的新消费时代。[①] 传统上，品牌和企业主导着创意设计过程。它们通过广告和营销来传达品牌形象和价值观。然而，随着社交媒体和互联网的兴起，消费者可以更容易地表达他们的意见和感受，并直接与品牌进行互动。传统的以设计师经验智慧为主导的产品设计模式越来越难以满足消费者不断变化的个性化需求。作为设计的使用者，消费者群体关于产品的使用知识、使用经验、个性化需求，以及对产品不断改进的创新动力，使其具有专业设计人员所不具备的创新优势——消费者不再仅仅是被动接受产品和服务的终端用户，而是变成了参与设计过程、影响设计决策的重要力量。

在智能创意设计中，品牌和设计师积极引入消费者的想法和反馈，能够帮助他们更准确地捕捉市场需求、预测消费趋势，从而设计出更符合市场和用户需要的产品和服务。同时，消费者参与的扩大还反映了一种更加民主、互动的商业文化的形成。在这种文化中，消费者和设计师之间的界限变得模糊，创意和创新更多源自广泛的群体智慧，而非个别天才的灵感。这种模式不仅加速了创意设计的迭代，也促进了多样化和个性化需求的满

---

① 向为. 创意设计柔性众包的方法与应用 [D]. 杭州：浙江大学, 2017.

足，为设计创新提供了更广阔的空间和更丰富的可能性。这种创新模式不仅改变了产品和服务的设计过程，还推动了企业和品牌向更加开放、协作、用户驱动的创新模式转型。

2. 创新模式：消费者群体越来越多参与设计过程

在创新模式方面，消费者群体参与设计过程已成为企业共识。越来越多的企业开始注重群体创造力，收集群体多元的创意灵感，充分挖掘每个人的创意智慧。[①] 这种创新模式被称为用户中心设计（user-centered design，UCD）或参与式设计（participatory design，PD）。它强调将用户置于设计过程的核心地位，不仅鼓励用户贡献他们的创意灵感，还允许他们直接参与产品或服务的设计和开发过程。这种创新模式的核心在于充分利用群体智慧，聚集来自不同背景、具有不同经验和知识的个体，以收集广泛且多元的创意灵感。企业通过社交媒体平台、设计竞赛、在线论坛等渠道，激励消费者分享他们的想法和需求，进而将这些想法和需求融入产品设计与开发。这样做，不仅可以提高产品的市场适应性和用户满意度，还能够加速创新过程，减少产品开发的时间和成本。同时，消费者感到他们的声音被听到，他们的贡献被重视，这种参与感和归属感能够提升他们对品牌的忠诚度。

在实践中，众多品牌和企业已经开始采纳消费者参与的创新模式，将其作为推动产品设计和服务创新的重要手段。例如，乐高通过其在线平台LEGO Ideas鼓励乐高爱好者提交自己的创意设计。经过社区投票和官方审查后，一些优秀的设计会被选中并生产成为真实的产品。在小米社区，用户们可以讨论小米产品、交流使用心得、测评小米新品等。这个过程常常伴随着产品的缺陷挖掘、产品的更新换代，并创造双赢局面。消费者参与设计已经成为企业设计和创新的重要组成部分。这种趋势预计会继续发展和推广。

---

① 张辉，徐岚，张琴，等．顾客参与创新过程中授权对消费者创造力的影响研究[J]．商业经济与管理，2013(12)：37-44．

3. 设计工具：智能技术融入创意设计实现多方参与设计过程

随着移动互联网技术的普及和新兴技术的快速发展，智能创意设计已经成为推动产业数字化、智能化和网络化转型的关键力量。这种转型不仅仅体现在产品和服务的创新上，更在于它所催生的去中心化、全域性的创新模式，极大地扩展了创意的发展空间和可能性。在这个创新模式下，创意不再是个体行为的简单叠加，而是转变为一个动态的、群体智慧的网络。其中，来自不同领域和背景的创新主体能够共享海量、多样化的创意灵感与知识，促进创意的交融和裂变。[①]

移动互联网技术的应用使得随时随地的信息获取、交流和互动成为可能，从而极大地促进了创新主体与消费者之间的互动，加速了对消费者需求和市场反馈的捕捉。这种互动性和即时性为产品、服务的快速迭代提供了便利，使得企业能够更灵活地适应市场变化，更有效地满足消费者的个性化需求。移动互联网还促进了创新过程的透明化和开放化。通过互联网平台，创新主体可以轻松地与其他创新者进行交流和合作，共享资源和知识。这不仅加快了创新的步伐，也降低了创新的成本。同时，消费者的直接参与使得创新过程更加民主化。消费者不仅能够获得关于产品和服务创新的最新信息，还能够通过提供反馈和建议，成为创新过程中不可或缺的一部分。这种创新模式不仅改变了产品和服务的设计过程，还推动了企业向更加开放、协作、用户驱动的创新模式转型。

二、技术性：新技术加持创意

智能技术对创意的加持使得创意技术不只是辅助设计的工具，还是设计的参与者、合作者。与常规创新范式不同，智能创意设计依托于互联网实现创新。海量数据的深度获取与有机融合需要借助数据挖掘、自然语言

---

① 罗仕鉴. 群智创新：人工智能 2.0 时代的新兴创新范式 [J]. 包装工程，2020(6): 50-56，66.

处理、机器学习等智能化技术，对智能技术提出了更高的要求，其体现在精准连接、智能效率和协同创新三个方面（见图7-4）。

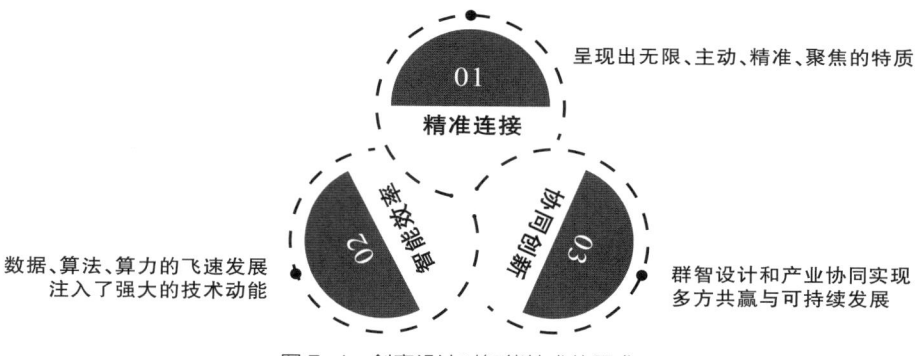

图7-4　创意设计对智能技术的要求

（一）精准连接

随着智能技术与吃、穿、住、行、用、游等行业的结合，智能创意设计表现出巨大的市场潜力。对于智能创意设计而言，想要立足市场、赢得客户，最为关键的是精准连接客户需求，即发现和洞察客户的痛点与期望等，这是产品创新、商业模式成功的关键。

创意设计融合智能技术的有效性以精准连接为标准。智能技术融入前，创意设计在挖掘需求时，通常采用问卷、访谈等方式收集用户性别、年龄、地域、需求等信息，会有较多的主观影响，且时效性差，真实性欠佳。麦肯锡2021年的研究报告表明，基于客户调查的测量系统不能满足当下客户体验管理的需求，所收集数据十分有限（limited）、被动（reactive）、模糊（ambiguous），且不聚焦（unfocused）。

随着互联网和大数据技术的精进，智能技术开始向人们生活工作的方方面面渗透，所获取的需求信息也在原有主观性数据的基础上，增加了客观数据的支持，消除了传统需求调研范围小、主观性强的劣势。在创意设计需求数据处理方面，数据采集与预处理、数据存储、数据清洗、数据查询分析和数据可视化等都起到了关键性作用。[1] 同时，物联网技术、群智感知技术等也增加了数据获取的途径。利用互联网、大数据、区块链等智能技术，全渠道、全设备、全触点地收集用户真实数据，快速对用户进行行为观察和心理探知，并基于对社会观念和潜流生活方式的洞见，洞悉用户偏好、习惯、痛点等综合条件，解读群体用户数据内涵，有助于更深刻地理解用户、更精准地把握用户、更有效地连接用户，后期还可以为用户提供差异化、个性化的产品和服务。与传统调研方式不同，融合了智能技术的创意设计在连接用户方面呈现出了无限（unlimited）、主动（active）、精准（precise）、聚焦（focused）的特质（见图 7-5）。

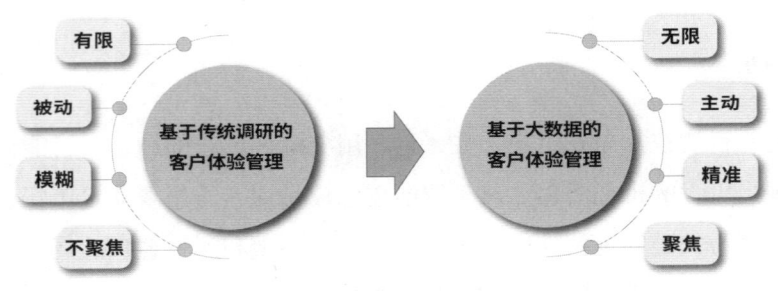

图 7-5 客户体验管理

例如，浙江大学华南工业技术研究院用户体验创新研究中心研发了服务体验管理云，建立了从数据采集、内容整合、信息洞察到行动指导等的客户体验管理架构（见图 7-6）。

在数据采集阶段，企业需要对客户的客观和主观数据进行采集。其中，客观数据包括线上端和线下端。线上端主要是对客户在使用网页、APP、小程序等的过程中产生的行为数据进行全面采集。企业可以通过各种数据采集工具和技术对客户行为进行跟踪和分析，如点击次数、停留时间、访问路径、转化率等。线下端则是通过摄像头、RFID、语音等获取客户行为数据。例如在商场、酒店、医院等场所，企业可以获取诸如进出次数、停

---

[1] 罗仕鉴，朱媛，田馨，等. 智能创意设计激发文化产业"四新"动能 [J]. 南京艺术学院学报（美术与设计），2022(2)：71-75.

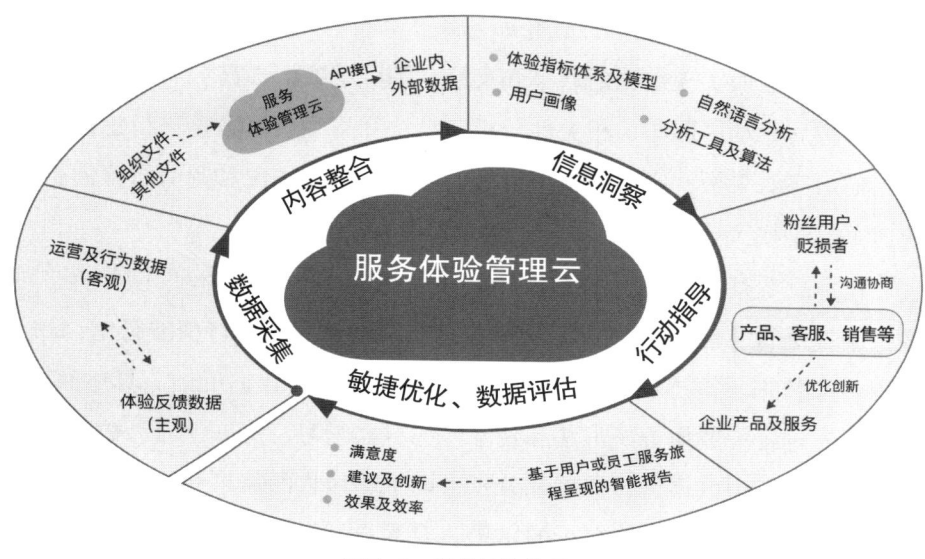

图 7-6　服务体验管理云

留时间、购买行为等数据。主观数据则是用户在体验过程中的真实心声。企业可以通过各种方式，如在线调查、电话访谈、面对面访谈等，对客户进行调研，获取客户的主观反馈和意见，以便了解客户的需求和期望，从而优化产品和服务。在设定调研场景和方式时，企业需要根据不同客户群体的特征和偏好，采用不同的调研方式和工具，以获得精准场景下精准客户的精准反馈。

在内容整合阶段，主要任务是将采集到的各类数据信息进行整合，与企业的CRM、OA等系统对接，建立数据链路，消除"信息孤岛"，从而实现实时的数据共享和交换，提高企业各部门之间的协同效率。同时，结合回归、相关性分析等算法和模型，可以输出实时看板，帮助企业及时了解业务情况和趋势走向，更加科学地决策。在具体实践过程中，首先，将采集到的不同来源、不同格式的数据信息进行整合，包括客户数据、销售数据、营销数据、服务数据等，从而建立统一的数据模型和数据仓库。其次，与企业的CRM、OA等系统对接，实现数据的共享和交换。通过数据接口，可将数据信息实时同步到各个系统，避免数据重复录入并消除"信息孤岛"。再次，将数据模型和数据仓库与各个部门的数据系统连接起来，建立数据链路，进而实现数据的共享和交换，消除"数据孤岛"和信息不对称现象。最后，利用回归、相关性分析等算法和模型，对数据进行挖掘和分析，输出实时看板。实时看板可以展示企业的业务情况和趋势，帮助企业快速了解业务状况，进行数据驱动的决策。

在信息洞察阶段，利用各类模型和算法对用户行为进行反馈分析，对客户画像进行智能动态刷新，洞察客户，对正确的人进行精准营销；同时呈现产品数据、情感及后台情况，对客户旅程进行数据反馈。具体而言，首先，通过各种数据分析方法和技术，如机器学习、深度学习、数据挖掘等，对用户行为数据进行挖掘和分析，以了解用户的需求和行为特征，洞察客户。其次，根据反馈分析的结果，对客户画像进行智能动态刷新，不断完善和优化客户画像，以更好地了解客户需求和行为特征，实现精准营销。再次，基于反馈分析和客户画像的结果，对正确的人进行精准营销，制定个性化的营销策略和方案，提高营销效率。最后，利用数据可视化技术，将产品数据、情感及后台情况呈现出来，以便企业了解产品的情况和客户的反馈，不断优化产品和服务。通过对客户旅程的数据反馈，可了解客户在不同阶段的需求和行为特征，进而优化客户旅程。

在行动指导阶段，企业需要建立业绩、体验双增长的体验指标体系，评估体验管理闭环，通过实时、智能的看板数据推送，让每一类角色了解当前工作的价值和状态，优化客户体验。首先，要建立业绩、体验双增长的体验指标体系，包括客户满意度、客户忠诚度、客户抱怨率、客户流失率等指标，以便评估和优化客户体验。其次，通过预警机制，对客户体验进行实时监控和评估，及时发现和解决问题，不断提高客户满意度和忠诚度。再次，利用数据可视化技术，将实时、智能的看板数据推送给企业中肩负不同职责的员工，让他们了解当前工作的状态，从而积极行动并优化客户体验。最后，根据体验指标体系的评估结果，制定相应的优化策略和方案，改进产品和服务，优化客户体验，提高客户满意度和忠诚度。

（二）智能效率

智能效率是智能技术在创意设计中融合效率的评定指标。数字经济时代的关键资源是数据、算力和算法。[①] 实际运用人工智能技术解决创意设计的过程中也主要面临数据、算法和算力方面的阻碍。其中，数据是生产资料，算力是生产力，算法是生产关系，三者共同构成了智能创意设计的生产基石（见图 7-7）。

图 7-7 智能效率的三大生产基石

1. 数据：智能技术增加数据获取途径

智能技术的迅猛发展极大地增强了数据获取的能力，为企业和研究人员提供了前所未有的信息获取途径。通过物联网设备、智能手机、可穿戴设备以及社交媒体平台等工具，企业能够实时收集和分析大量的用户行为数据。这些数据不仅包括用户的基本信息，还包括用户的偏好、习惯、活动模式以及与设备的互动情况等。借助人工智能和机器学习算法，企业可以从数据中识别模式、预测趋势，甚至洞察到用户未明确表达的需求，为产品创新和市场策略提供科学依据。这种数据驱动的决策模式使得企业能够更快速地响应市场变化，提升竞争力。

---

① 兰帅辉，尹素伟. 数据、算力和算法：智能传播的多维特征、问题表征及应对 [J]. 当代传播，2022(5): 93-96, 101.

智能技术的发展为数据获取带来了巨大的影响，使我们可以更全面、更及时、更多样化地了解现实世界。但是，其中难免会存在噪声数据，那么数据集是否有效排除了错误或异常数据，使得大数据获取的用户需求更加接近真实？另外，训练数据集和实际数据结构差异较大，也会导致设计模型出现偏差。训练数据样本是否尽可能大而多样，且质量较高？模型匹配度如何？另外，在新兴的服务模式主导逻辑下，产品成为服务的输出窗口，创意设计也逐渐从一个阶段性行为转化为一个涵盖产品和服务生命周期的持续过程。数据综合是指数据覆盖了智能创意设计整个生命周期，包括但不仅限于智能化设计需求数据的挖掘与处理、各类用户数据的多维分析与展示、设计创意的生成与迭代，而后，设计创意供用户使用又形成了新的用户数据，周而复始，循环迭代。数据是否做到了一站式？能否有效帮助企业实现数据之间的联通，消除"数据孤岛"？这些都需要纳入考量。

2. 算法：智能技术为创意设计注入强大动能和生产力

在算法方面，智能技术的运用已经成为推动创意设计领域革新的重要动力。通过深度学习、机器学习以及其他先进的算法，智能技术不仅能够处理和分析庞大的数据集，还能够模拟人类的创造过程，为设计师提供前所未有的支持。这些算法能够在设计的各个阶段发挥作用，从初步的概念生成到最终产品的细节完善，智能技术都能够提供高效的解决方案和创新思路。

智能技术在算法方面的应用可以帮助设计师通过模式识别和数据挖掘，发现新的设计趋势和用户偏好，从而指导创意的方向。例如，在设计的实现阶段，智能算法能够自动优化设计参数，实现复杂设计的快速原型制作。此外，智能技术还能够通过仿真和虚拟现实工具，提前预测和评估设计在现实应用中的表现，帮助设计师尽早发现并解决潜在的问题。

更进一步，智能算法还能够直接参与创意生成的过程，帮助设计师快速生成各种设计方案，并进行智能评估和优化，从而提高设计效率和质量，节省时间和成本。例如：设计师可以通过风格迁移算法[1]、图像到图像的转移方法[2]、基于构件的形状生成方法[3]等辅助设计生成与优化，并能够根据需求目标迭代，实现批量化设计；生成对抗网络[4]可以帮助设计师快速生成各种样式和风格的图像，为创意设计提供更多的灵感和可能性；基于大语言模型（LLM）的人工智能代理可以更好地理解用户反馈和需求，为产品设计和改进提供灵感[5]。这种由算法和人类共同创作的模式开辟了创意设计的新领域，使设计作品能够超越传统思维的局限，达到新的创新高度。

在这种应用场景下，算法要处理的数据的数量级越来越高，处理问题的场景也千变万化。这些都依赖于技术性算法的不断优化。但是随着计算模型的复杂化，算法的执行会消耗更多计算资源，导致系统延迟。在解决创新设计问题时候，算法的优化程度，包括时间复杂度、空间复杂度、正确性、健壮性等是非常重要的考虑因素。

3. 算力：智能技术实现跨学科领域人群参与创意设计过程

随着海量用户数据的涌入以及分布式协同创新模式的兴起，对算力的需求已迅速上升至前所未有的水平。网络状、分布式的平台包括分布式协同创新平台、云设计平台等，使得更多跨学科领域人群参与到创意设计过程中，先进的计算能力成为支撑智能技术发展和实现复杂数据处理的基石。算力的强大不仅意味着能够快速、有效地处理和分析海量的用户数据，揭示消费者的行为模式、偏好以及市场趋势，而且对于推动分布式协同创新具有至关重要的作用。在这种创新模式下，来自不同地点、具有不同专业

---

[1] Jing Y, Yang Y, Feng Z, et al. Neural style transfer: A review[J]. IEEE Transactions on Visualization and Computer graphics, 2019 (11): 3365-3385.

[2] Isola P, Zhu J Y, Zhou T, et al. Image-to-image translation with conditional adversarial networks[C]//Proceedings of the IEEE Conference on Computer Vision and Pattern Recognition. Honolulu, HI, USA. 2017: 1125-1134.

[3] Kalogerakis E, Chaudhuri S, Koller D, et al. A probabilistic model for component-based shape synthesis[J]. Acm Transactions on Graphics (TOG), 2012 (4): 1-11.

[4] Goodfellow I, Pouget-Abadie J, Mirza M, et al. Generative adversarial networks[J]. Communications of the ACM, 2020 (11): 139-144.

[5] Lee S, Law M, Hoffmom G. When and How to Use AI in the Design Process? Implications for Human-AI Design Collaboration [J], Intenational Journal of Human-Computer Interaction, 2024: 1-16.

背景的个体和团队通过网络平台共同参与创新项目，共享资源、信息和知识，进行跨界合作。这一过程依赖于强大的算力来实现实时通信、数据共享、协作设计和远程仿真等，从而确保创新过程的高效和协同效果的最优。

算力的增强也为采用人工智能、机器学习等先进技术的创新项目提供了可能。这些技术需要巨大的计算资源来训练模型、优化算法以及处理复杂的运算任务。同时，数字经济的发展也需要高质量算力基础设施的大力支持，如大规模数据中心、云计算平台等。提升算力不仅是提高数据处理效率的需要，还是实现技术创新、推动创意设计发展的关键因素。

（三）协同创新

协同创新是智能技术融合创意设计的重要支撑。随着互联网和智能技术的深入发展，社会的群体性在互联网上以群智方式呈现，人类的创新设计从强调与追求个体智能，转化为重视网络的群体智能，这一转变体现在群智设计和产业协同两个方面。

1. 群智设计

群智设计是新经济新环境下聚集多学科资源、开展协同创新设计的一种活动。其基于互联网，运用群智创新体系架构技术、数据感知与表达技术、创新评价技术、创新知识生态演化技术等，整合多学科、跨领域资源，挖掘全民创意。群智设计通常由一个组织或个人发布设计任务，然后向大众征集设计方案，通过互联网进行投稿、评选、协同设计等。在群智设计中，设计者来自全球各地。他们可以根据自己的经验和想法提出多种不同的设计方案。设计方案通常会经过评选和投票，最终选出一些获胜方案，作为最终设计的基础。例如，星巴克的 My Starbucks Idea、小米公司的小米社区、戴尔的 Idea Storm、华为的开发者社区、Nike 的 Nike Talk 等。

群智设计能为企业和社会从要素驱动向创新驱动型的转变提供核心驱动力，而且个人在群智创新过程中也能自由吸收知识、自主表达价值诉求，个人效能能够得到进一步发挥，同时提升个人归属感、成就感。需要注意的是，群智设计绝不仅局限于人与人之间以自主协同方式共同完成任务，其更加强调多学科资源、多方机构、多种新兴技术的协同创新。群智设计是动态、多元、开源、持续的过程，也是多方协作、螺旋式推进，最终实现方案系统化、复杂化、全面化的过程。群智创新能够实现"1＋1＞2"的效能。

在群智创新网络空间，不只有个人参与生产和共享，还有多个组织共同参与和协作。[①] 其过程中产生的数据流和思想流可以被存储、传递、迭代和优化等，并在一定程度上共享。传统的所有权和产权观念已经转变为使用、信任、合作和参与，以实现创新资源的最大化。在技术上，使用区块链技术确认信息权：利用分布式节点验证、存储和更新数据的分散计算范式，利用分散性、不信任性、匿名性和可篡改性的特点，构建连锁经济。然而，群智设计也存在一些问题和挑战，例如：如何保护知识产权和版权？如何确保设计的质量和可行性？因此，在实践中，需要制定合适的规则和机制，以保证群智设计的有效性和可持续性。

2. 产业协同

产业协同是指不同产业之间、不同企业之间或不同部门之间通过协同合作，在产业链上的不同环节共同完成产品或服务的生产和提供，实现优势互补、资源共享、风险共担、效益共享的目的。[②] 产业协同通常包括技术协同、产品协同、市场协同等多个方面，可以实现生产效率、经济效益和市场竞争力的提升，可通过促进企业之间的合作和互动，形成一个相互依存、共同发展的生态系统，推动整个产业链的协同发展。产业协同在实践中有着广泛的应用，尤其是在信息技术、新材料、智能制造等领域。通过产业协同，企业可以充分发挥各自的优势，实现资源共享和技术创新，提高产品质量和服务水平，从而更好地满足市场需求，提高市场占有率，实现共赢发展。

---

① 罗仕鉴, 张德寅. 设计产业数字化创新模式研究 [J]. 装饰, 2022(1): 17-21.
② 罗仕鉴, 田馨, 梁存收, 等. 设计产业网构成与创新模式 [J]. 装饰, 2021(6): 64-68.

随着互联网、大数据和人工智能技术的不断发展，以设计为牵引的多方共赢、可持续发展的群智创新设计生态网络云平台已经成为可能。这种云平台涉及设计、研发、制造、物流、销售等多个创新主体。它们可以依托云平台进行分布式协作，实现资源共享、协同创新和互惠互利的发展。在这个云平台上，设计可以成为连接各方的纽带，带动各方共同参与和做出贡献。设计师可以通过云平台发布设计方案，吸引各方参与，包括科研机构、制造企业、物流服务商、销售渠道等。通过平台上的数据共享、协同研发等方式，各方可以在一个生态系统中协同创新，共同推动创新产业的发展。此外，这个云平台也可以基于大数据和人工智能技术，提供更智能、高效的服务，如数据分析、智能推荐、智能制造等。通过这些智能服务的支持，各方可以更加高效地协作，收获更快、更好的创新成果。这不仅成为高效应对设计需求的有效方式，而且可助力打通从基础研究到产业化的链条，推动科研成果转化。

在整个产业协同网络中，创新型企业、高校、科研机构、中介机构等相互联系、深度融合。高校、科研机构发挥智囊团作用；创新型企业利用自身人才、资本、技术、市场等方面的优势，以最优方式实现产品落地，供应链各环节企业之间的协作也可以助力产品生产、物资仓储、物流运输等多环节的精细化高效管理；金融机构、传媒机构等中介机构为产业协同提供保障。多主体之间优势互补、资源共享，共同促进多产业融合，延伸产业链条。

三、人文性：综合赋能社会意义

数智时代背景下，世界经济的产业重点从有形的物质内容生产转向无形的服务模式生成，文化软实力竞争也成为国际竞争新常态。我国高度重视文化产业的高质量发展，习近平总书记在党的二十大报告中对"推进文化自信自强，铸就社会主义文化新辉煌"做出重要部署，要求"繁荣发展文化事业和文化产业"。[①] 智能创意设计产业由于其服务于群众，不能仅以经济利益或功能收益为衡量指标，在创意设计融合智能应用的过程中更要注意其人文性，包括交互温度、文化传承与社会价值三方面（见图 7-8）。

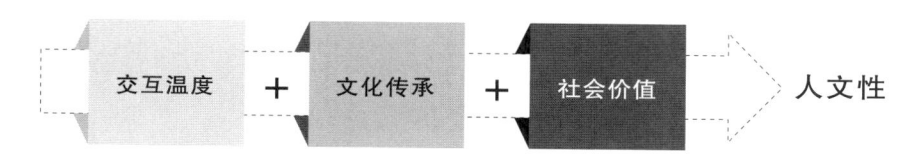

图 7-8　智能创意设计的人文性

（一）交互温度

温度是人类最基本的生理感知之一。随着现代社会发展，在设计领域，它体现为一种把用户体验放在首位的人文关怀。融合智能技术的创意设计不应是冷冰冰的，而应是因为融合了用户数据和群体创意而变得更加有血有肉。融合智能技术的创意设计应该将人类情感和智能技术相结合，既满足用户的情感需求，又能够实现数据分析和优化。通过融合用户数据和群体创意，可以更好地了解用户的需求和反馈，让设计更加符合用户的实际需求，从而实现更好的用户体验和市场效益。

由于智能技术的加入，用户与创意设计之间建立了一种双向联系。用户为创意设计提供客观使用数据与创意灵感，创意设计融合用户数据进行生成与进化并供用户使用，这个过程不断迭代优化。[②] 通过收集、分析和利用用户数据，设计师可以更好地了解用户需求，不断调整和改进设计。同时，智能技术也可以为用户提供更加个性化、智能化的体验，提高用户的参与感和满意度。这种双向联系不仅可以促进企业和用户的互动，还能够加强创意设计和市场之间的联系，提高设计的商业价值。在此交互过程中，用户既是创意设计的使用者也是其发明者，因此要更加注重提高用户

[①] 习近平. 高举中国特色社会主义伟大旗帜　为全面建设社会主义现代化国家而团结奋斗：在中国共产党第二十次全国代表大会上的报告 [M]. 北京：人民出版社，2022.

[②] 梁存收，罗仕鉴，房聪. 群智创新驱动的信息产品设计 8D 模型研究 [J]. 艺术设计研究，2021(6): 24-27.

群体的参与感、认同感、沉浸感和幸福感。例如，可以让用户更多参与研发环节和决策与反馈环节。用户群体在设计前期参与用户研究可以帮助检验设计需求的真伪性，在设计中期可以为设计迭代提供良性依据，在设计后期能够检验设计是否达标，为后续的设计改进提供方向上的指导。此外，结合沉浸式的智能化技术，用户可以更好地参与设计过程或体验过程。这也是提高用户参与感、幸福感等的重要方式。

《2022年中央广播电视总台春节联欢晚会》开创了一种新的直播方式。往常过年的时候，看春节联欢晚会都是一家人围坐在电视前。近几年随着移动端娱乐的发展，越来越多的人喜欢在手机端看视频。所以，2022年的晚会除了电视直播，还推出了手机竖屏的直播模式。除夕当晚，有超过1.2亿人通过视频号观看了晚会。手机端与电视端最显著的不同是比例的不同，手机端为9∶16，可以让观众更加完整地看到演员的全貌，也更加凸显演员表演的细节和微表情。手机端的弹幕评论也更加方便。观众一边看节目，一边发送评论，年味更浓。实现竖屏直播的背后，是一套解决观众视角、播放质量和沉浸体验等方面问题的技术方案。智能技术赋能交互温度，体现了数字时代的新年俗。

（二）文化传承

当前，中国新型数字文化产业的兴起与传统文化产业的数字化转型处于重要阶段，文化信息的交流、碰撞以及融合的重要性日益凸显，很多智能创意设计都被赋予了文化内涵。[①] 总体而言，可以从文化表现力、文化塑造力和文化传播力评价智能创意设计应用是否表现、塑造和传播了文化（见图7-9）。

---

① 左惠. 文化产业数字化发展趋势论析 [J]. 南开学报（哲学社会科学版），2020(6): 47-58.

```
文化传承 ──┬── 文化表现力 │ 设计所凸显的文化内涵和底蕴深度
           ├── 文化塑造力 │ 塑造各类文化元素的能力,包括对传统文化的重塑和对现代新兴文化的创造
           └── 文化传播力 │ 传播扩散各种文化要素的广度和深度
```

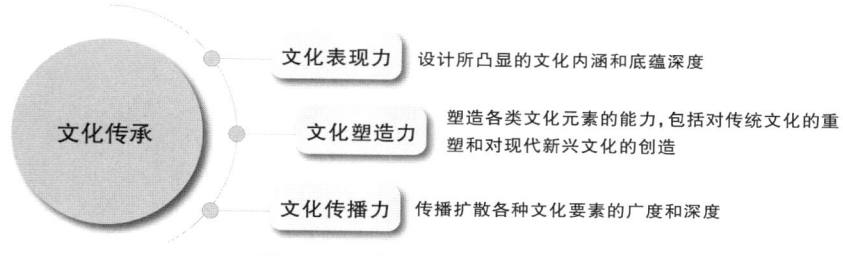

图 7-9　智能创意设计的文化传承

1. 文化表现力

智能创意设计的文化表现力是设计所凸显的文化内涵和底蕴深度。优秀文化的丰富内涵是智能创意设计的源泉,智能创意设计无论是设计理念,还是表现形式,都应体现文化特征与文化内涵,传播主流价值观。在设计的过程中,要充分考虑到产品、品牌、产业等方面所涉及的文化背景、历史沿革、社会价值等。智能创意设计应当具备丰富的文化表现力,能够通过对设计元素、色彩、材质等的选择和组合,传达文化价值观念,展现所在文化的特点和个性,同时又能够与不同文化相融合,产生新的文化表达形式。因此,在智能创意设计的过程中,应当注重对文化的深入理解和研究,尊重和借鉴不同文化的经验及成果,打造具有高超文化表现力的设计作品,为社会和人类文化的发展做出积极的贡献。典型的案例如:百度旗下的人工智能品牌小度推出了小度在家1S故宫文化限定版,在外观设计上使用了诸多来自故宫文物的文化元素,在交互方面也巧妙设置了宫廷指针时钟、故宫典藏相册、文物屏保、节日与二十四节气提醒、故宫中国节主题互动程序及游戏等,让经典文化传承走进生活。这样的智能创意设计将科技和文化集于一体,在传承中国传统文化的同时,通过智能技术,让传统文化能够覆盖更多的年轻消费者群体,铸造了跨界营销案例的标杆。

2. 文化塑造力

智能创意设计的文化塑造力指的是塑造各类文化元素的能力,包括对传统文化的重塑和对现代新兴文化的创造。

在传统文化重塑方面,重新审视传统文化,将传统文化元素与符合当

下社会发展潮流的智能技术和创新文化进行融合重塑。传统文化是一个民族的精神家园和根基，融入传统文化元素可以让设计作品更有文化表现力和独特性。同时，智能技术和创新文化的发展也为传统文化的重新审视和创新提供了机遇。在艺术设计领域，可以将传统文化元素与新型材料、技术相结合，创造出更富有表现力和创新性的艺术品。在传播和推广中，智能创意设计可以通过各种形式的艺术展览、文化节、创新设计比赛等形式，将传统文化和智能技术融合的设计作品呈献给公众，推广传统文化。例如河南电视台的《唐宫夜宴》之所以强势"出圈"，是因为它源于中华民族的深厚的优秀传统文化，并结合了当下的技术手段和互联网传播方式，用时尚的、年轻人喜闻乐见的形式去包装传统文化。传统文化中的美被充分挖掘并赋予新时代的表达后，无疑能够迅速激起现代人的情感和文化共鸣。

在新兴文化创造方面，文化与智能技术的融合会创造文化领域的新业态：大数据能更精准把握多元用户的需求；各类智能技术实现了文字、图像、声音、视频等的有机融合；AR、VR技术提供了沉浸式的展示平台；网络交互设计使得受众和信息之间可以实现双向互动交流，使智能创意设计呈现人性化、沉浸式、互动性的特征。基于移动互联网技术和人工智能的多领域共生，可以打造超级文化IP。一个产品、一个角色或者其他任何大量用户喜爱的事物都可以成为一种新兴文化符号。例如：丁真是脱贫攻坚、带动文旅产业发展的IP；《唐宫夜宴》是传统文化与新时代完美结合的IP；泡泡玛特是自助销售终端与互联网销售相结合的潮玩盲盒IP……

3. 文化传播力

智能创意设计的文化传播力是传播扩散各种文化要素的广度和深度的判断。

在文化要素的传播扩散方面，创意设计融合各类信息交互技术，可以通过三维模型、H5互动体验小游戏以及AR、VR等技术多维度展现创意设计，拓展原有的文化传播边界，提高传播效能。例如，故宫博物院利用VR技术让《清明上河图》"活起来"。参观者戴上VR眼镜便可穿越回宋朝市井的喧嚣里，泛着小舟，进入传世名画。敦煌研究院的"神秘敦煌"文化展通过数字科技多媒体手段完整还原了最具艺术价值的7个敦煌特窟，给予参观者沉浸式的感官体验。开封博物馆在环形的大屏幕上动态呈现《清明上河图》，大屏幕前还设有交互式的小屏幕，观众用手指点击，便会出现对《清明上河图》的进一步解读……智能技术的融入让文化突破了"次元壁"，扩大了文化的展示空间，优化了传播效果，观众可以"跨越时空"，沉浸式感受文化。

一方面，对于文化传播力的评价要考量智能创意设计是否以设计思维消融物理空间与虚拟空间的边界，扩大了文化的表现空间；另一方面，文化的流变、共享、互动和重组也是考量文化传播力的重要因素，表现为运用各类文化元素来实现内容和表现形式上的混搭和拼贴。比如，《经典咏流传》等电视节目将传统诗词、戏曲等与说唱、摇滚等有机结合，以流行音乐的形式传播传统文化成果，用大众喜闻乐见的形式传播了文化。

（三）社会价值

优秀的设计不仅仅是艺术和创意的体现，还是社会经济发展、资源利用、文化成就和技术进步的集成展示，为塑造社会价值观指引方向。1919年成立的包豪斯设计学校在设计领域提出了划时代的理念，主张"艺术与技术的统一""以人为本的设计目的"以及"遵循自然和客观规律的设计过程"。这些核心原则不仅对设计实践产生了深远影响，还为设计教育奠定了基础，引领现代设计从艺术的自我表达和浪漫主义，转向理性和科学的思维方式。这种转变反映了当时德国社会对产品品质和工艺的重视，以及对产品实用性和合理性的追求。这种设计哲学贯穿至今，使得德国在精密制造和功能性设计方面享誉全球，被誉为"制造业强国"。设计作为一种综合性活动，涵盖了社会经济、资源配置、文化传承和技术革新等多个层面。因此，优秀的设计不仅需要展现美学价值，还必须满足实际需求，符合社会的价值导向，具备向社会传递正面价值的能力。

智能创意设计不仅能够赋能产品、品牌和产业，其影响力更深远地扩展到社会层面，引领科技、文化、艺术等多个领域的创新。这种设计通过创新的思维和技术手段，不仅满足了人们在物质和精神方面日益增长的需求，还推动了社会价值观的演进和文化的传承，促进了社会的进步和可持续发展。智能创意设计的社会价值体现在公众对其社会性功能的认知上。它通过设计实践，满足了人们对幸福、快乐、文化涵养、社会地位等方面的追求。作为企业与市场、生产与消费、技术与应用、创意与生活之间的桥梁，智能创意设计既受到社会群体价值观倾向的深层影响，同时也向社会输出价值观，对受众群体产生深远影响。这不仅体现在产品和服务的层面，还是一种价值观的传递和引领。

通过智能创意设计，企业能够深入理解市场需求和消费者需求，进而有效地满足消费者的多样化需求，为社会创造更多价值。同时，智能创意设计也是推动产业转型和升级的重要力量，能够促进技术进步和应用，提升生产效率和产品质量，带动经济增长和就业，对社会的整体发展具有积极贡献。因此，智能创意设计产品不仅要关注其功能性和美观性，还应注重所传达的价值观的正确性与深度，弘扬正能量，发挥其在社会价值观上的作用。针对老龄化社会设计、社会服务设计、传统文化弘扬设计等领域的创新实践，便是其社会价值的具体体现，展现了智能创意设计在推动社会更加美好和多元化方面的重要作用。

四、商业性：创意变现和持续发展

当今世界，新一轮科技革命和产业变革呈现多领域、跨学科、群体性突破的新态势。我国经济发展进入了新常态，智能创意设计提升新经济新动能的评价维度要落实到经济与产业发展上，商业性是必不可少的一个维度，主要体现在成果转化、产业拓展和持续发展三个方面（见图7-10）。

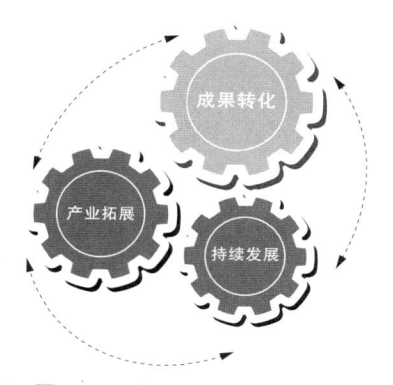

图 7-10　智能创意设计的商业性

（一）成果转化

现今中国经济的增长方式已由投资驱动向创新驱动转变。科技成果的转化一直是创新驱动的瓶颈，体现在能够对国家产业和经济起较大支撑作用的成果较少，能够引领产业变革、形成产业核心竞争力的成果较少，并且大量"卡脖子"技术难题尚未解决。[1] 智能创意设计是科研成果转化为生产力的桥梁和纽带。它将科学技术与实际应用相结合，通过创新性的思维和先进的技术手段，使得科研成果能够转化为具有实际生产价值的产品和服务。智能创意设计的应用广泛，不仅能够促进传统产业升级换代，还可以推动新兴产业快速发展。因此，智能创意设计不能是空中楼阁或纸上谈兵，一切都要落实到对我国产业、市场、技术、业态的优化上来。

智能创意设计是基于用户需求、社会需求以及特定应用场景提出的，是智能技术与市场用户之间的桥梁。只有通过创意设计，科技创新才能落地，技术语言才能转化为市场应用。面对复杂的智能创意设计问题，要强化目标导向和需求导向，先充分研判政府与市场需求，整合创意人才、资本和科研成果，然后借助计算机网络技术、信息技术、电子商务技术等，依托优良的市场环境、创新环境、文化环境、政策环境，融合设计、技术、

---

[1] 王宇. 创新生态视角下科技成果转化的机制设计 [J]. 现代经济探讨, 2021(11): 7.

商业等多种学科交叉知识，构建产学研联盟，实现高校、新型研发机构、企业、科研院所、金融机构等之间的高效联结，推进创新链与产业链、服务链、资金链融合发展，最终形成智能创意设计驱动的跨领域商业方式，助推智能创意设计成果转化。

国家在助推科技成果转化方面也出台了一系列政策法规。《中华人民共和国国民经济和社会发展第十四个五年规划和 2035 年远景目标纲要》明确提出，要创新科技成果转化机制，完善金融支持创新体系。例如：在财政方面，引导社会力量和地方政府加大对科技成果转化的投入，由中央财政设立国家科技成果转化引导基金；在税收方面，面向科研人员、科研机构、科技企业孵化器等给予一定优惠政策；在人才方面，对人才评价做积极的探索，建立与促进科技成果转化相适应的职称评价制度；在金融方面，引导银行业金融机构加大对科技型中小企业的信贷支持；等等。近年来，浙江省也一直在探索符合科技成果特点和转化规律的转化模式，着力畅通科技与产业的通道。杭州通过"五员领创"活动，即克难攻坚员、调查研究员、联络服务员、科技特派员、创新协作员，在科创成果转化上"扶一把""送一程"，成效显著。

（二）产业拓展

将数字技术、信息技术、智能技术应用到供需链、价值链、产品链、技术链、空间链等，可促进技术融合、产品融合与业务融合，提升产业加工生产的广度和深度。[1] 其中，产业拓展包括横向拓展和纵向延伸两部分。

横向拓展指产业的扩张方向是向产业链的上游和下游延伸，将企业的业务范围向相关领域进行拓展，增加产品线和服务种类，从而获得更多的市场份额和竞争优势。在智能创意设计产业中，横向拓展可以使企业向与智能创意设计相关的领域如智能硬件、大数据、人工智能等延伸。例如，

---

[1] 冯蔚蔚, 辛向阳. 我国创意设计产业可持续发展的对策路径研究 [J]. 湖南社会科学, 2015(6): 152-156.

电子产品制造企业可以向智能家居、智能穿戴设备等相关领域进行拓展，横向拓展的好处是，可以增强企业多元化经营和分散风险的能力，同时扩大企业的市场份额和品牌影响力。横向拓展还可以促进不同产业之间的协同发展，推动相关产业的协同创新和产业链的协同优化。

比如，阿里巴巴最初是一个B2B电商平台，提供在线贸易市场和贸易服务，但现在已经拓展到包括C2C电商、B2C电商、O2O生活服务、云计算、金融科技、数字娱乐等多个领域。这种横向拓展的战略帮助阿里巴巴在中国电商市场中获得领先地位，并将业务拓展到全球市场。阿莱西（Alessi）为了更好地对接市场，针对不同的目标客户和产品定位对产品线进行了细分，诞生了3个不同的商标Officina Alessi、Alessi、Adi Alessi，分别代表最精致昂贵的产品、最佳量产产品、高功能低价位的大众化产品。设计领域内颇负盛名的美国青蛙设计公司（Frog Design）也是在传统的工业设计基础上拓展自己的业务范畴，成立数字媒体部门，提供工业设计、用户界面设计、商业战略设计等解决方案，进而实现产业链最大限度的增值。

产业的纵向延伸指的是从原有产业的某一个环节向上或向下延伸，进入该产业的上游或下游环节，实现产业链的延伸和完整化。以制造业为例，纵向延伸可以分为向上游和向下游的延伸。向上游的延伸，即原材料或零部件的生产，如汽车厂商向发动机、轮胎、电子元器件等的生产进军；向下游的延伸，即对成品的销售和服务，如智能家居厂商向家居装饰、家庭保洁等领域拓展。纵向延伸的好处在于，可以降低供应链的成本，提高效率和质量，增加企业的收入和利润。此外，纵向延伸还有助于企业掌握产业链上下游的关键资源，提升企业在产业链中的地位，增强市场竞争力。纵向延伸可以使智能创意设计企业从单纯的创意设计服务提供者拓展到产业链的上下游，向上游延伸到基础产业环节和技术研发环节，向下游则进入市场拓展环节，从而涵盖用户研究、技术研发、生产制造、产品包装、品牌营销等的全流程设计，实现上游资源端、设计端与中游制造端及下游市场端、消费端之间的高效联结。信息传递更加顺畅，有利于企业获取涵盖设计全生命周期的全部数据；通过这种高效联结，企业可以更加敏锐、及时地应对市场需求的变化。国内外不少工业设计公司和制造企业已经实现了全产业链的延伸，如宜家家居、小米科技等，集自主研发、生产、销售于一体，保证了发展的独立性和可持续性。

（三）持续发展

21世纪是知识经济时代，也是循环经济时代。所谓的循环经济，是一种以资源高效率利用和循环利用为核心，以减量化、再利用、资源化为原则，以低消耗、低排放、高效率为基本特征，符合可持续发展理念的经济增长模式。中国政府编制了《中国21世纪议程——中国21世纪人口、环境与发展白皮书》，首次把可持续发展战略纳入我国经济和社会发展的长远规划。2020年9月22日，习近平主席在第七十五届联合国大会上宣布："中国将提高国家自主贡献力度，采取更加有力的政策和措施，二氧化碳排放力争于2030年前达到峰位，努力争取2060年前实现碳中和。"[①] 中国碳达峰、碳中和目标的提出，在国内国际社会引发关注。在此背景下，智能创意设计不能仅以经济增长作为商业性的指标，更应注意产品生产、使用中的能源消耗和环境污染问题，做到可持续发展。

从实现方式方面来讲，智能创意设计应从能源、使用方式、回收等角度，以绿色设计为理论指导，在产品生命周期的各个环节中利用各种绿色技术和管理方法，使得产品在从设计研发、生产制造、产品包装、用户使用、售后维修到报废的整个生命周期中，对环境负面影响小，资源利用率高，综合效益大，经济效益和社会效益得到协调优化。目前，设计可持续发展的实现方法包括但不仅限于轻量化设计、延长产品生命周期、使用清洁能源代替不可再生能源、模块化设计、材料循环利用等，还应从源头减少垃圾、有害物质的产生以及不可再生能源的浪费。

---

① 习近平. 在第七十五届联合国大会一般性辩论上的讲话 [N]. 人民日报, 2020-09-23(03).

在家居领域，智能家居产品通过自动化控制家庭能源使用，如自动关闭灯光、电器等，降低能源消耗，实现绿色低碳生活；在建筑设计领域，智能建筑利用智能化技术，如太阳能发电系统、自动化采光、空气净化系统等，实现绿色能源的利用和能源消耗的减少；在交通系统领域，智能交通系统通过数据分析和智能控制，实现交通拥堵的缓解，减少车辆尾气排放的污染，从而实现绿色交通；在智能制造领域，智能制造利用数字化、智能化技术，优化制造过程，减少原材料和能源消耗，实现可持续发展的绿色制造。

目前，除了产品层面之外，可持续设计也已渗透到产品服务设计层面，正在探索可持续的服务模式，引导生活方式的转型，实现服务设计的可持续发展。例如，非洲裔年轻人在伦敦创立了社会企业品牌Give Me Tap。用户凭借Give Me Tap的不锈钢材质的水瓶，可以到本地加盟咖啡店和餐馆免费补水。与此同时，每个水瓶的销售额都有一部分被用于帮助解决非洲干旱地区贫困居民的健康饮水问题。在这种模式下，"1个空瓶子＋1个配套APP＝无限期免费饮用水＋商家客流量增加＋非洲干旱地区公益资助＋大量塑料瓶消耗的减少"，看似毫无关联的事情被联系起来。

另外，智能技术的加入也可赋能创意设计的绿色发展。例如：利用智能化的生产技术实现材料的准确计量和精准切割，减少材料使用量和产品重量，可以实现材料的分类回收和再利用，促进循环经济的发展。另外，也有学者将数字孪生技术贯穿于绿色制造全生命周期，以数字化的方式建立与物理实体高保真映射的五维虚拟孪生体模型，通过实时交互、能耗数据感知、绿色特征提取、能耗及能效评估、仿真及智能优化、虚实共生演化等手段，映射、监控、诊断、预测和优化产品在绿色制造物理环境中的形成过程和行为，系统地考虑环境影响和综合效率。[1]

---

[1] 向峰，黄圆圆，张智，等．基于数字孪生的产品生命周期绿色制造新模式[J]．计算机集成制造系统，2019(6)：1505-1514．

五、四维引擎动能：不同领域的表现

智能创意设计的四维动能引擎在不同领域会有不同的表现（见图7-11）。文化创意领域里，人文性的动能表现会更强劲也更突出；智能制造领域里，技术性引擎的动能更明显，产业的技术嗅觉也更灵敏，技术革新的驱动力更强，经济与商业性相较于脱胎于数字技术的信息产业领域来说，也更加明显；数字信息领域里，除了技术性动能引擎外，创新性的需求更突出，智能创意设计的创新性引擎表现也更突出。

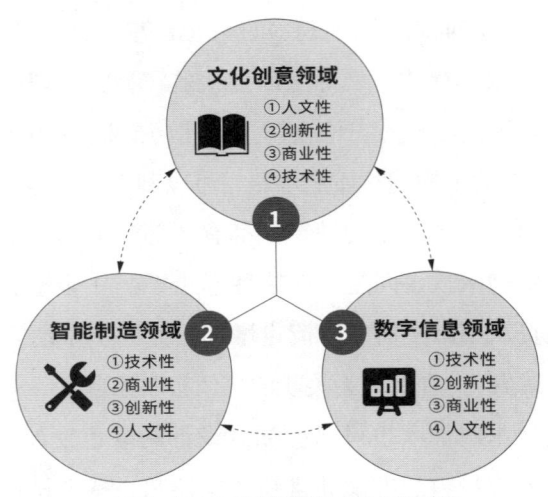

图 7-11　不同领域的不同动能引擎

（一）文化创意领域

文化创意产业被公认为 21 世纪最具商业价值和增长潜力的朝阳产业、黄金产业，也成为经济发达国家和地区新的经济增长的引擎和切入点。[①] 文化创意领域和智能技术的交融指的是，将智能技术应用于文化创意领域，从而实现文化产业的数字化、智能化、网络化，推动跨界融合和创新发展。智能技术可以应用于文化创意领域的各个环节，包括文物保护、数字化展

---

① 傅才武. 当代公共文化服务体系建设与传统文化事业体系的转型 [J]. 江汉论坛，2012(1): 134-140.

览、虚拟现实体验、文化娱乐、文化旅游等。

文化创意和智能技术的相互交融，大大丰富了文化产业的内容与空间，文化创意呈现出数字化、共创化、智能化的特点，可以为文化产业注入新的生命力和活力，推动文化产业的转型升级和数字化发展，促进文化产业的创新发展和国际竞争力的提升。考虑到文化创意领域的行业特点和当前的政策环境，智能创意设计激发文化创意领域的动能引擎表现按照重要性排序依次为人文性、创新性、商业性和技术性（见图7-12）。

文化创意领域

人文性	→	创新性	→	商业性	→	技术性
·文化内涵 ·文化多样性 ·人文关怀 ·社会价值		·创新理念 ·创新内容 ·创新技术 ·创新模式		·市场需求 ·商业模式 ·品牌价值 ·营销策略		·技术应用 ·人才队伍 ·可持续性

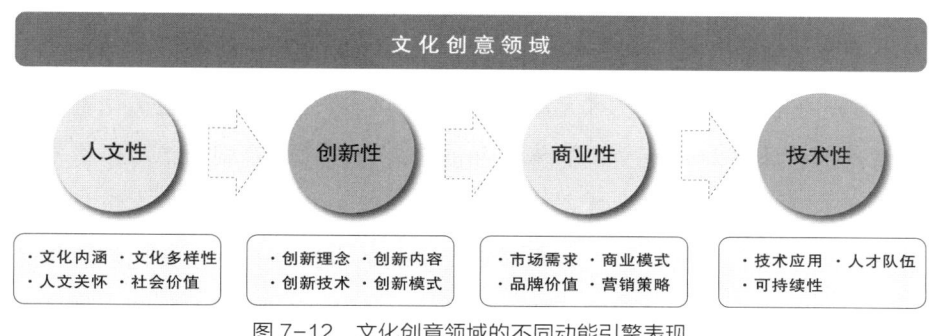

图 7-12　文化创意领域的不同动能引擎表现

1. 人文性

文化创意产业是基于大众消费发展起来的、以文化创意设计为核心的产业。文化创意产品的文化含量和服务性质是文化创意产业的核心，人文性应该作为最基本、最重要的评价指标。评价文化创意领域人文性可以从文化内涵、文化多样性、人文关怀和社会价值四个层面展开。

在文化内涵层面，文化创意领域的智能设计强调文化价值观的传承和弘扬，注重对历史文化遗产的保护和传承，关注人文精神的传承和发展，要求在追求商业价值的同时，更注重艺术美学和人文关怀，既要表达创意，也要传达情感和思想，注重人类文化的本质特征。在文化多样性方面，应当强调文化融合和跨界创新，注重不同文化之间的交流与融合，使不同文化之间相互理解、尊重、欣赏和包容，促进人类文化的多元性和平等性。在人文关怀层面，文化创意作品通常关注人类的内心世界、情感和认知等方面。评价一件作品的人文性需要考虑它对人类的关怀和认同，以及对人类情感、认知的探索。在社会价值层面，文化创意领域强调社会责任和公益性，鼓励文化创意产业参与社会公益事业，发挥文化产业对于社会和谐稳定、经济繁荣发展的积极作用，推动文化产业的可持续发展。

2. 创新性

创新是文化创意领域发展的不竭动力。创新性评价在文创领域具备非常核心和权威的评价地位，可以从创新理念、创新内容、创新技术、创新模式几个层面进行评价。

在创新理念层面，文化创意领域的作品需要具备独特的设计理念和创意，通过对传统文化和艺术元素的重构与再创造，产生出新的文化符号和创意作品，实现对传统文化的传承和创新。在创新内容层面，可以将不同的文化元素、艺术形式和技术手段进行跨界融合，生产出具有多重文化特征和多元审美价值的作品，实现对传统文化的创造性转化。文化创意作品或项目中是否有新颖的内容，能否满足观众或用户的新需求，能否创造出新的价值都是需要考虑的内容。在创新技术层面，可以通过创新技术应用，实现对传统文化元素的数字化、智能化、虚拟化和实体化等多种形态的表达，为传统文化注入新的活力。在创新模式方面，通过对文化创意产品的生产、销售和营销等环节进行创新，可实现对文化产业的可持续发展和商业价值的最大化。

3. 商业性

联合国 2019 年发布的《创意经济展望：创意产业国际贸易》报告显示，2002—2015 年，相较于全球 7% 的增长率，中国创意产品贸易增长率达到 14%，成为经济发展的强劲引擎。文化创意领域是以文化、艺术、设计等为核心的产业领域，同时也是一个具有商业性质的领域。对于商业性的评价，可以从市场需求、商业模式、品牌价值、营销策略四个层面进行考量。

在市场需求层面，文化创意领域的产品和服务需要符合消费者的需求和口味，在市场上得到消费者的认可和接受，实现商业价值的最大化。在商业模式层面，文化创意领域的商业模式目前主要有IP授权模式、自主创作模式、平台运营模式、跨界合作模式、文化旅游模式等。如果一个文化创意企业或项目的商业模式能够实现盈利，且具有长期的可持续性，那么可以认为它在商业模式方面做得比较好。在品牌价值层面，通过挖掘和创造有特色的文化元素，文化创意企业能够打造出独特的品牌形象和文化符号，激发消费者对文化的认同感和情感共鸣，提高品牌的吸引力和认知度。在营销策略层面，文化创意领域的品牌建设非常重要。企业需要通过优秀的文化创意产品、创意营销活动、优秀的客户服务等手段，来提升品牌知名度和美誉度。常见策略包括社交媒体营销、内容营销、事件营销、跨界合作营销等。如果一个文化创意企业或项目能够制定出有效的营销策略，并且能够将其成功地落实到实际操作中，那么可以认为它在营销方面做得比较好。

需要注意的是，人文性的实现，包括良好的交互、优秀的文化形象塑造、品牌的社会影响力增强等都会带来经济效益的增加，尽管不是即时性的。因此，在文创领域，企业负责人对人文性的重视程度要高于对商业性的重视程度。

4. 技术性

智能技术的融入促进了文化创意领域新场景、新产品、新服务、新体验的诞生。文化创意领域的技术性主要指在文化、艺术、设计等领域中，应用科学技术和新兴技术进行创新，从而实现产业的升级和发展。评价文化创意领域技术性的高低可以从以下几个层面考虑。

一是技术应用层面，随着科技的不断发展，新材料的应用在文化创意领域中变得越来越广泛。例如，新型纤维材料、智能材料等都可以被应用到艺术和设计中，为文化创意领域带来全新的可能性。虚拟现实技术在文化创意领域中也得到了广泛的应用，如虚拟博物馆、虚拟展览等。这些应用不仅可以让参观者以更加直观的方式了解文化遗产和艺术品，也可以为文化创意领域带来更加多样化的产业链。人工智能技术和互联网技术也为文化创意领域的发展带来了无限的可能，如 AI 创作、AI 绘画、VR 展览等。这些应用不仅可以为艺术家和设计师带来更加便捷的创作方式，也可以为文化创意领域带来更加广阔的市场，促进信息传播和交流。如果一个文化创意企业或项目能够将先进的技术应用到创意作品或服务中，并且能够实现创意与技术的有机融合，那么可以认为它在技术性方面做得比较好。二是在人才队伍层面，文化创意领域的技术性需要具有一定的人才队伍支撑。文化创意企业或项目需要聚集优秀的技术人才，并且能够提供良好的技术创新和应用平台。三是在可持续性层面，文化创意领域的技术性需要具有一定的可持续性，不断推进技术创新，保持技术应用的领先地位，并且能够持续地为市场提供高质量的创意作品或高效率的服务。需要注意的是，对于文创产业而言，智能技术是丰富创作形式与过程的手段，人文性和创新性是其立足点，不能走入"为了使用技术而使用技术"的误区。

（二）智能制造领域

智能制造的概念源于 20 世纪 80 年代末。随着大数据、人工智能、数字孪生等智能技术在制造产业中的逐步应用，制造领域的创意、数据、技术、信息等生产要素的供给质量和配置效率也在不断提高，智能制造在世界各国的关注度越来越高。

智能制造的核心是基于数字技术实现智能化生产，包括数字设计、数字加工、数字管理、数字服务等方面。智能技术在智能制造领域的融合包括人工智能、物联网、云计算、大数据、自动化控制等多种技术的集成应用。这些技术可以通过传感器、云平台等手段实现生产过程的数字化和智能化。例如，智能化生产线可以通过感知、诊断和决策等智能化功能，实现自主化和自适应生产，提高生产效率和质量。智能制造领域的融合应用不仅可以大幅提升生产效率和产品质量，实现智能化生产和自动化控制，提高生产线的生产效率和降低成本，也可以支持企业开展定制化生产、柔性生产等业务，满足不同客户的需求，还可以帮助企业实现可持续发展和生态保护，减少能源消耗和环境污染，促进绿色生产和可持续发展。

考虑到智能制造领域的行业需求和目前的发展环境，智能创意设计激发智能制造领域的动能引擎表现按照重要性先后依次排序为技术性、商业性、创新性和人文性（见图7-13）。

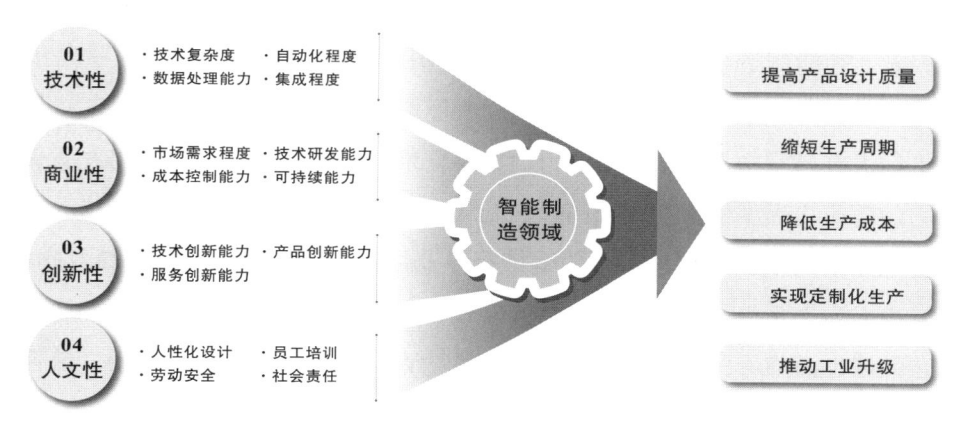

图 7-13　智能制造领域的不同动能引擎

1. 技术性

智能制造领域对智能化技术的需求与日俱增，无论是技术融合、产品融合还是业务融合，新兴智能化技术都是制造领域转型升级的核心驱动力量。智能制造领域的技术涵盖感知、监测与监控、自适应与优化、互联互通、交互与协同、数据信息服务、人工智能等方面。智能制造领域的技术性是智能制造实现数字化、网络化、智能化的重要基础。它通过应用各种技术，可以实现全流程自动化控制和智能化决策，提高生产效率和产品质量，满足不同客户的需求，促进企业的可持续发展。对于智能制造领域技术性的评定，一是要考量其技术复杂度。一个技术复杂度高的智能制造系统可能涉及多个技术领域的交叉，如机器学习、计算机视觉、传感器技术、控制系统等。二是要考量其自动化程度。一个高度自动化的智能制造系统可以更加高效地完成生产任务，同时减少了人为干预的风险。三是要考量其数据处理能力。智能制造系统需要处理大量的数据，包括生产过程中的传感器数据、质量数据、机器数据等。四是要考量其集成程度。一个技术性高的智能制造系统需要具备较强的集成能力，能够高效地将不同组件进行整合。另外，专利授权数量、研发人员数量也要纳入考量。

2. 商业性

智能制造要落实到对新经济新动能的提升上来，商业性是重要的考量因素。智能制造领域的商业性高低可以从以下几个方面进行评价：一是市场需求程度。智能制造技术的商业化程度取决于市场对其需求的程度和其市场占有率。二是技术研发能力。如果技术已经成熟并被广泛应用，那么它的商业化程度也会相应提高。三是成本控制能力。如果智能制造技术在智能制造研发、采购、生产、销售等环节可以降低生产成本、提高效率、减少人为干预等，那么其商业化程度就会更高。四是可持续能力。智能制造领域也面临着资源和环境带来的双重约束，是否可回收、可重用，是否有废弃污染物排放以及噪声污染等涉及可持续发展的问题，也要纳入对商业性的考量。

3. 创新性

智能制造领域的创新性表现在技术、流程、产品和服务等方面，如开发新的制造工艺、实现数字化生产、推出新的智能设备和系统、提供智能制造服务等。智能制造领域的创新性高低，取决于企业是否能够深入挖掘市场需求，迅速调整和优化生产流程，不断推陈出新，推出符合市场需求和消费者期望的新产品、新技术和新服务。在技术创新能力方面，智能制造涉及多个技术领域，如人工智能、物联网、大数据等。技术创新能力是智能制造创新的重要基础。智能制造企业可以通过自主研发、引进创新技术等方式，推出具有自主知识产权的新产品和技术。在产品创新能力方面，智能制造企业可以通过智能化、数字化等手段对传统产品进行升级和改造，也可以开发出新的智能制造产品。此外，智能制造还可以打造个性化定制、快速反应市场需求的产品。在服务创新能力方面，智能制造企业可以通过提供一系列智能制造服务，如智能物流、智能维修、智能售后等，为客户提供全方位、一体化的服务体验。

4. 人文性

智能制造领域是一个技术密集型的领域，但是在追求高技术和高收益的同时，不能忽略对人文性的追求。在智能制造过程中，人类仍然承担着重要的任务，如设计、规划、操作、维护等。因此，要评价智能制造领域的人文性，需要考虑以下几个方面：一是人性化设计。在智能制造设备和系统的设计中，是否考虑人类的特点和需求，以方便人类的操作和使用。二是员工培训。在智能制造企业中，是否重视员工的培训和技能提升，以提高员工的技术素质和职业素养。三是劳动安全。智能制造设备和系统的高效运转离不开工人的操作，因此要注意保障工人的劳动安全，减少工伤事故的发生。四是社会责任。智能制造企业应该承担起社会责任，积极参与公益事业，将其智能技术应用到传统文化的保护和传承中，注重其所传达的价值观的正确性，弘扬传播优秀能量，发挥正面社会价值。

（三）数字信息领域

随着人类社会由信息化时代步入人工智能2.0时代，世界也从二元空间（"物理—人类"空间）演变为三元空间（"信息—物理—人类"空间），数字信息在其中的重要性与日俱增。[1] 考虑到数字信息领域的特点和当今的社会走向，智能创意设计激发数字信息领域的动能引擎表现可以按照技术性、创新性、商业性和人文性依次展开（见图7-14）。

---

[1] 吴朝晖. 交叉会聚推动人工智能人才培养和科技创新 [J]. 中国大学教学, 2019(2): 4-8.

图 7-14　数字信息领域的不同动能引擎表现

1. 技术性

数字信息领域的智能创意设计依托于互联网、大数据、区块链、人工智能等先进技术实现创新。该领域的延伸与拓展都依赖于各项技术的进步和突破。数字信息领域的技术性是评价其发展水平的一个重要指标。数字信息领域的技术性高低可以从技术创新、技术应用与成果转化三方面进行评价。首先是技术创新。数字信息领域的技术创新需要不断推出新的技术、新的产品和服务，以满足市场需求和用户需求。在技术优化方面，要考虑其在原有的技术的基础上各方面性能、稳定性等提升了多少，如软件系统的响应时间、吞吐量、资源使用率、点击数、并发用户数等。其次是技术应用。数字信息技术可以应用于生产、服务、教育、医疗、娱乐等各个领域，所以评价其技术性高低，还取决于其能否将技术应用于各个领域，提高生产力、优化资源配置，为社会创造更多的价值。最后是成果转化。成果转化指的是将科研成果转化为商业化产品或服务，即科研成果是否能够顺利地转化为商业化产品或服务，并得到市场认可和用户青睐。

2. 创新性

新兴技术与创意设计融合，丰富了创意设计的形式与手段，推进了创意设计过程和产业应用的融合发展。数字信息领域的创新性可从其服务逻辑、人机交互、视觉效果三方面进行评价。服务逻辑是对其策略和功能方面的考量；人机交互是考虑其在减少用户的认知负荷、情感传递方面的贡献；视觉效果则是站在美学角度进行评价。具体来讲，在服务逻辑方面，数字信息领域的创新包括了更加个性化、精准化、智能化的服务。例如，利用大数据分析用户行为和兴趣,为用户提供更加个性化的推荐和服务,提高用户满意度和黏性。在人机交互方面,数字信息领域的创新包括更加自然、便捷、智能的交互方式。例如,利用语音识别、手势识别、虚拟现实等技术,打造更加自然的人机交互方式,优化用户体验。在视觉效果方面,数字信息领域的创新包括更加美观、生动、立体的视觉效果。例如,利用虚拟现实、增强现实等技术,打造更加生动、立体的视觉效果,增强用户感官体验和沉浸感。

3. 商业性

数字信息领域的智能创意设计的商业性可以考量其价值主张、盈利机制和发展前景三个方面。价值主张是其立身的根本,即为客户提供什么产品或者服务;盈利机制是其商业模型,即通过什么商业方式来创造利润;发展前景是对未来发展趋势的预见,即其拓展空间。数字信息领域的价值主张是指企业或产品对于市场和用户的价值承诺,即通过数字信息技术提供更高效、更便捷、更优质的服务,帮助用户解决问题、提高生产力、优化用户体验等。盈利机制是指企业或产品的盈利模式,即如何通过数字信息技术创造经济价值。例如,通过广告、付费会员、销售软件、提供增值服务等方式实现盈利。发展前景是指数字信息领域的未来发展趋势和机会,包括技术创新、市场需求、政策环境等方面的因素。例如:市场需求是否稳定或者增长迅速;行业规模是否庞大;商业模式是否具有可持续性,是否能够为用户带来实际的价值和体验,等等。

4. 人文性

新冠疫情的突袭,让数字时代的便利惠及每个公众的生活——健康码、行程码、网课、云会议……这些数字信息领域的产物成为建立信息时代生活方式的新契机,也体现了数字信息领域的智能创意设计的人文性。虽然当前数字信息领域的智能设计还是以商业为主要价值导向,但是也应注重为民众提供更多的生活便利,从追求经济效益转变为文化、社会、环境保护等方面的多重效益,体现我们作为互联网大国在民生方面的担当。首先,应该遵循人性化原则，注重用户体验和需求，同时重视用户隐私和信息安全的保护。其次，应该具备传播文化价值的能力，推动文化交流和发展。比如，数字化的文化遗产资源可以通过数字信息技术得到更好的保护和传承，而数字信息产品也可以为文化产业注入新动力。最后，应该关注社会问题，尊重社会伦理和道德规范，积极参与公益活动，为社会贡献力量。